THE LOST TERRITORIES

從暹羅到泰國

夏恩・史崔特｜著
SHANE STRATE
譚天｜譯

失落的土地與被操弄的歷史

Thailand's History of National Humiliation

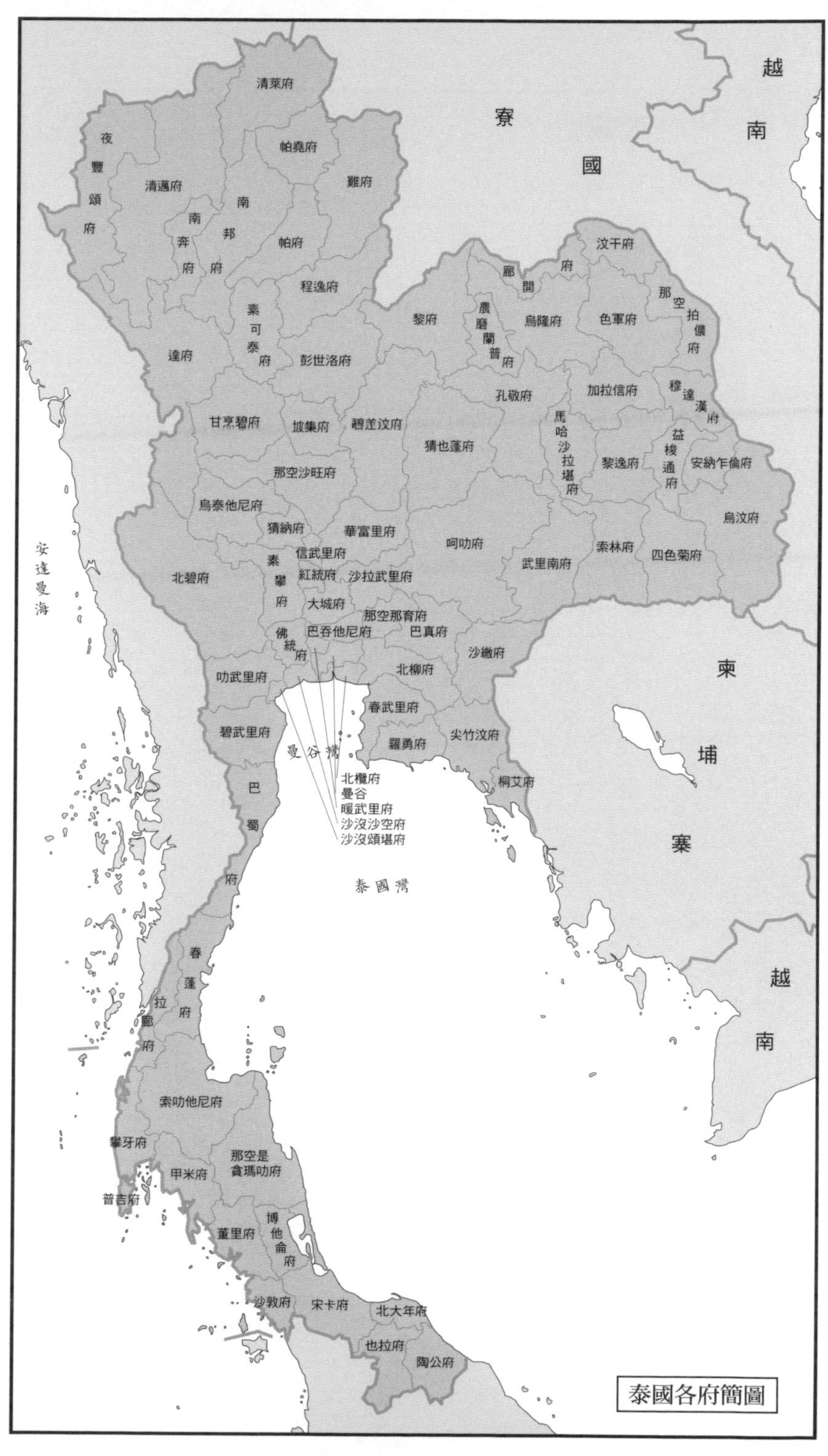
越南
寮國
清萊府
夜豐頌府
清邁府
南奔府
南邦府
帕堯府
難府
帕府
程逸府
素可泰府
達府
彭世洛府
汶干府
廊開府
農磨蘭普府
烏隆府
色軍府
那空拍儂府
黎府
孔敬府
加拉信府
穆達漢府
甘烹碧府
披集府
碧差汶府
猜也蓬府
馬哈沙拉堪府
黎逸府
益梭通府
安納乍倫府
那空沙旺府
烏泰他尼府
猜納府
華富里府
呵叻府
烏汶府
安達曼海
素攀府
信武里府
北碧府
紅統府
沙拉武里府
武里南府
索林府
四色菊府
大城府
那空那育府
佛統府
巴吞他尼府
巴真府
沙繳府
叻武里府
北柳府
柬埔寨
春武里府
碧武里府
曼谷灣
羅勇府
尖竹汶府
桐艾府
北欖府
曼谷
暖武里府
沙沒沙空府
沙沒頌堪府
巴蜀府
泰國灣
春蓬府
拉廊府
越南
索叻他尼府
攀牙府
那空是貪瑪叻府
甲米府
普吉府
董里府
博他侖府
沙敦府
宋卡府
北大年府
也拉府
陶公府
泰國各府簡圖

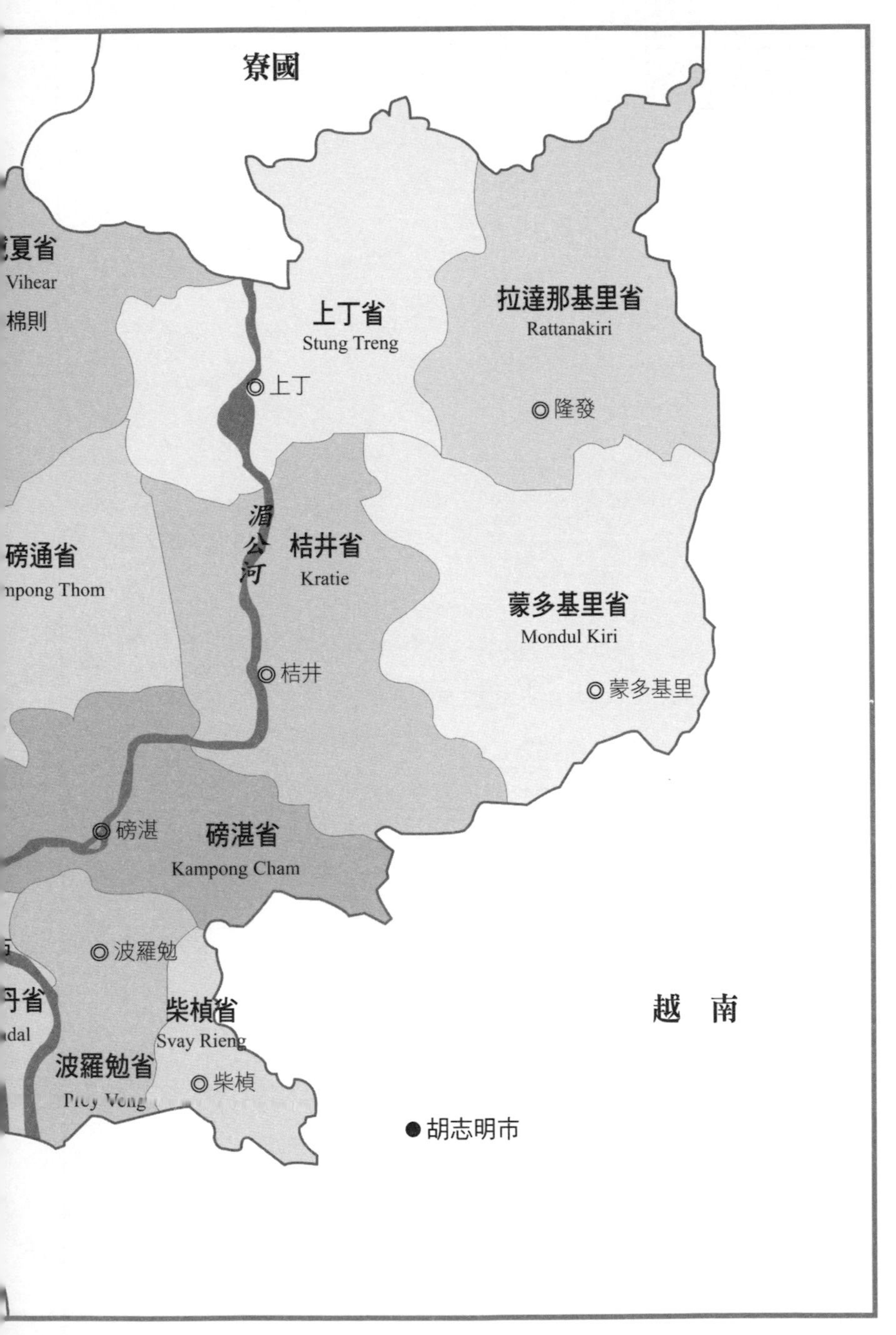
寮國
上丁省
Stung Treng
上丁
拉達那基里省
Rattanakiri
隆發
湄公河
桔井省
Kratie
桔井
蒙多基里省
Mondul Kiri
蒙多基里
磅通省
棉則
磅湛
磅湛省
Kampong Cham
波羅勉
柴楨省
Svay Rieng
波羅勉省
柴楨
越南
胡志明市

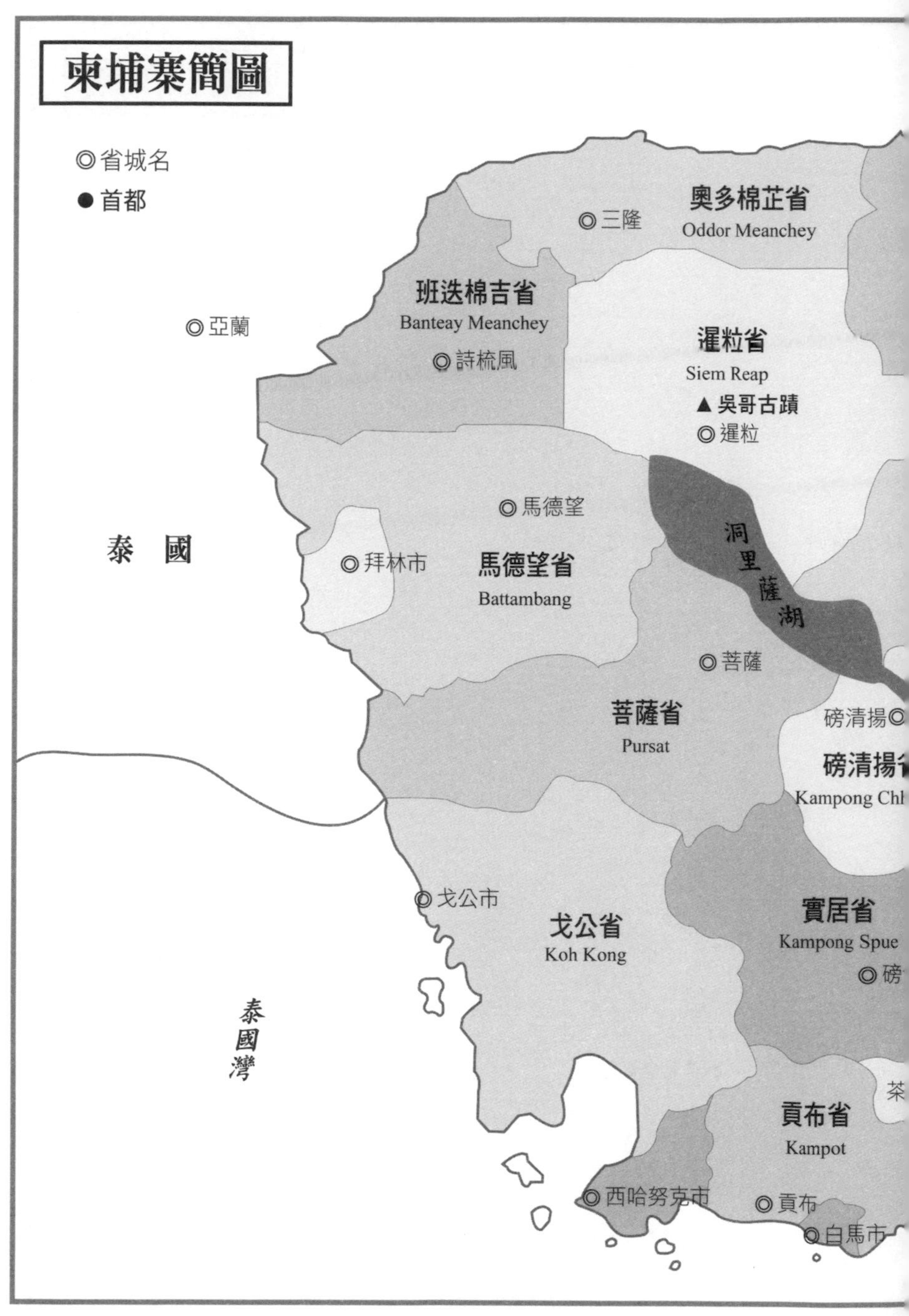

柬埔寨簡圖
◎省城名
●首都
奧多棉芷省
Oddor Meanchey
三隆
班迭棉吉省
Banteay Meanchey
亞蘭
詩梳風
暹粒省
Siem Reap
▲吳哥古蹟
暹粒
馬德望
泰國
拜林市
馬德望省
Battambang
洞里薩湖
菩薩
菩薩省
Pursat
磅清揚
戈公市
戈公省
Koh Kong
實居省
Kampong Spue
泰國灣
貢布省
Kampot
西哈努克市
貢布
白馬市

東南亞簡圖

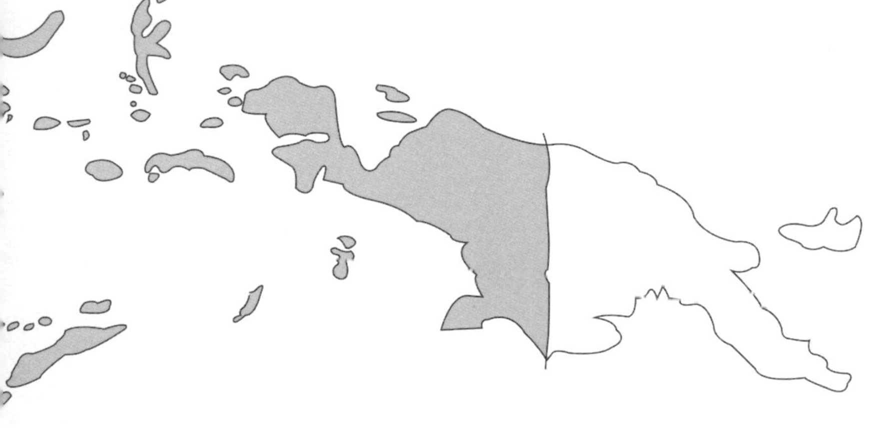

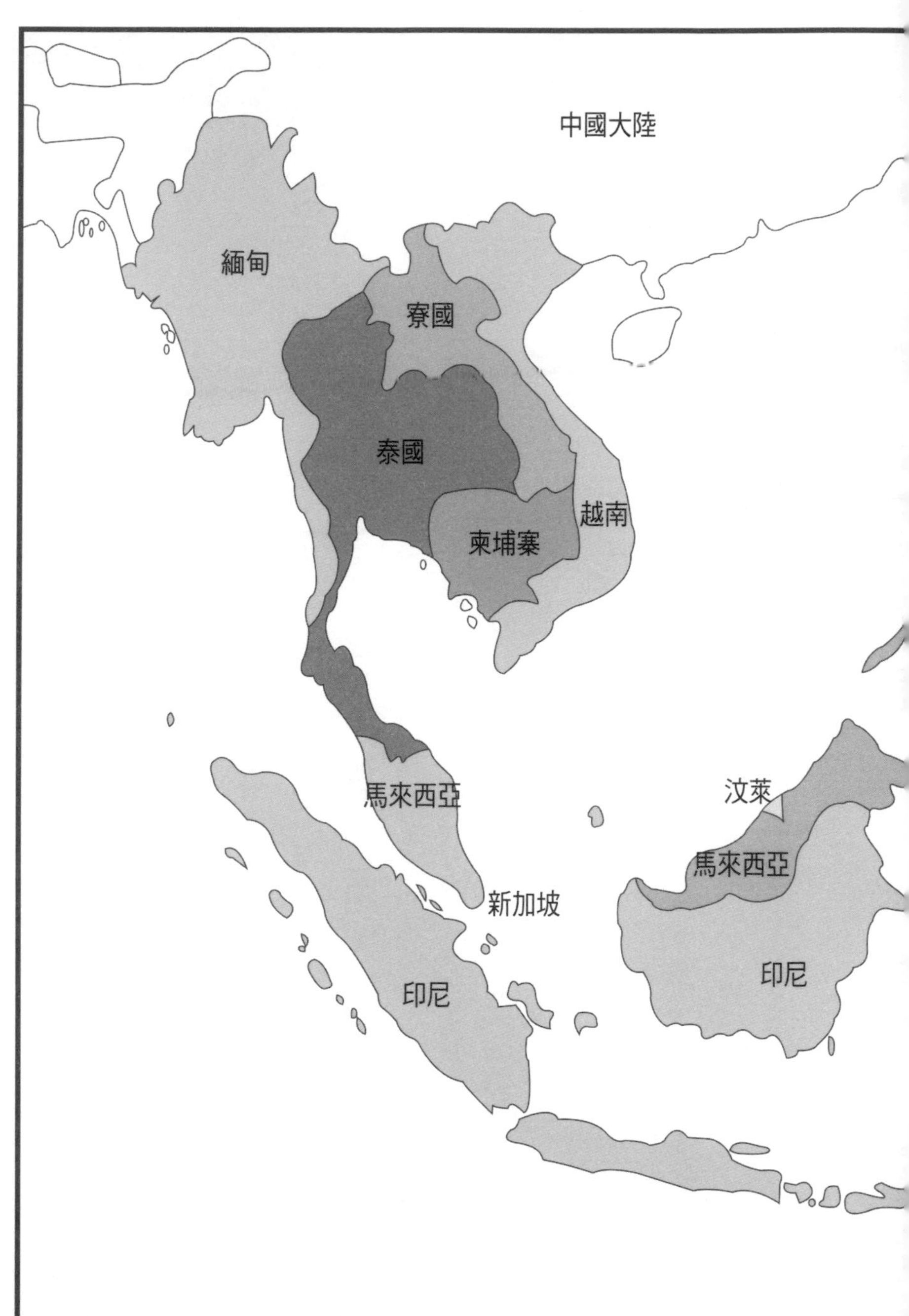
中國大陸
緬甸
寮國
泰國
越南
柬埔寨
馬來西亞
汶萊
馬來西亞
新加坡
印尼
印尼

從暹羅到泰國

失落的土地與被操弄的歷史

目次

The Lost Territories

Thailand's History of National Humiliation

導讀一

以多元角度理解現代泰國的成形

「轉角國際」、「說書」專欄作家
王健安

十九世紀亞洲的挑戰

如果想了解現代世界的起源，十九世紀的全球發展史會是個重要關鍵。在當時，早已開始好幾個世紀的全球化因科技大幅躍進，而有了更為顯著的成果，貨物、訊息與人口流動不再像過去那樣充滿風險且代價高昂。特別是以歐洲國家的角度來看，十九世紀也是個處處充滿拓展機會的年代，他們的軍隊、商人、探險家不斷往世界各地邁進，尋找更往龐大的軍事、政治或商業利益。許多現代所熟悉的事物，便在此背景下一一成形；例如現代印度之所以會生產聞名世界的大吉嶺、阿薩姆紅茶，便與英國殖民印度、大力推廣茶產業的歷史有極密切關係。

相較於自信滿滿的歐洲國家，十九世紀對亞洲國家卻是個充滿挑戰的年代。當西方不斷以優勢技術擴展勢力範圍時，亞洲各國必須在此一迅速轉變的世界中，找到最適合的生存方式，「西化」便為其中一個選項。就如同日本雖厭惡西方帝國主義的到來，卻也能欣賞對方優勢，歷經數十年的積極學習後，順利取得「海外殖民地」，向外宣告沒有豐富資源的島國，也能成為世界列強。直到今日，日本仍是世界上相對強勢的大國之一。

除了追求物質上的進步，亞洲國家還須藉由詮釋歷史，在嶄新的時代找到處世之道。曾在東地中海世界獨霸一方的鄂圖曼帝國，也難以抵擋來勢洶洶的歐洲軍隊，從衰弱到崩解，最終於第一次世界大戰後消失。從帝國殘骸中新生的土耳其共和國知道，如果再以「帝國繼承人」自居，不僅無法適應這個新世界，更無法彰顯令人振奮的成就；在共和國的詮釋下，鄂圖曼帝國的歷史只不過是一段腐敗、黑暗、急於擺脫的過去。為了證明這點，土耳其共和國採取了許多不同於以往的政策：開辦兩性共同上課的教育場所、鼓勵土耳其佳麗成為世界選美比賽冠軍、推動大規模現代化建設等。或是更極端一點，拋棄了過往帝國政府的普世精神，與希臘進行了大規模的「民族交換」，曾混雜而居的希臘人、土耳其人不得不放棄居住好幾個世代的家園，被迫「回到」想像中的故鄉。

透過日本與土耳其的實例可知，現代亞洲國家的樣貌或國策，並非從一開始便自己形成，在很大程度上，其實是為了回應外在世界的挑戰，才逐漸演化而成。稍微試著理解他們是如何回應十九世紀的轉變，絕對有助於我們以更多元的角度理解現代世界的成形。上述前提，正是《從暹羅到泰國》的精彩之處。

為政治服務的國家歷史

乍看之下，《從暹羅到泰國》像是近現代泰國編年史，但書中內容遠多過於此，尤其作者以「國恥論的成形與再利用」，解釋了現代泰國如何運用歷史詮釋，發展國家政策與研擬對外關係，進而打造現代泰國的基本樣貌。作者史崔特在開頭指出，近現代泰國的歷史也是一段與西方帝國主義抗衡、並一度失敗的故事，而對泰國當政者而言，問題在於：該如何詮釋這段歷史？十九世紀中葉的泰國國王為維護尊嚴，將割讓土地一事，宣傳成維護國家獨立而籌畫的政治交易。對此，作者很明確指出，泰國確實是十九世紀少數能維持獨立的亞洲國家，但上述觀點明顯犯了時代錯置；因為十九世紀的泰國比較類似聯邦體制，與那些宣稱被迫割讓的土地之間，更像是「朝貢國」或「勢力範圍」的關係。因此，泰國政府的歷史解釋等於是利用現代民族主義國家的概念，掩蓋了與法國競爭中南半島的企圖。但重點是，無論這種觀點有多不合理，都為「國恥論」提供絕佳養分。

在國恥論的基礎上，衍生出史崔特稱之為「選定創痛」的現象。一九三二年，泰國發生政變，國王被迫退居幕後。新政府為了鞏固權力，必須告訴人民他們所帶來的改變。首先，新政府大肆宣導泰國此前的「失土」、視之為不可分割的領地，並斷定在法國殖民統治之下的印度支那居民，無疑是失去的親族；上述說法禁不起嚴格驗證，但能有效激起悲憤民族情緒，凝聚社會輿論。這種論調在第二次世界大戰期間達於高峰，利用法國一時衰退，泰軍冒險向印度支那發動戰爭而獲勝。此一法、泰爭奪勢力範圍的戰爭，在官方宣傳中，被美化成「擊退西方帝國勢力、重新掌握故土」的英雄事蹟。

民族主義的效應

因為泰國政府的刻意為之，以國恥論為養分的民族主義形塑了現代泰國的基本歷史觀，或者至少說是難以撼動的官方態度。在過去一個多世紀，當然也有人質疑泰國官方的說法，但作者道出了一個相當值得警惕的現象：「國恥論就有一種這樣的效應：它並不強迫每個人都接受民族統一論調，但它能造就一種環境，讓有意表示反對意見的人膽戰心驚，不敢說話。」

因此，《從暹羅到泰國》價值除了評析近代泰國史觀的形成過程，更提醒讀者過度渲染民族主義可能帶來的負面效應。就如同結尾處還進一步提到，民族主義的力量是如何消除異議：

在國恥論當道時，政府散播許多歷史論述，讓泰國人知道他們的國家曾如何遭外國擊敗、羞辱。政治團體運用國恥論傳遞一種國家處境險惡、危機四伏的意識。它表達一種團結訊息：國人應該捐棄成見，團結一致支持政府。

雖然大肆宣揚民族主義的年代早已過去，但民族主義從未完全消失，其仍然強韌地附著在現代國家中。如果我們放棄思辨民族主義宣揚的內容，很有可能造成的最糟結果是：「歷史」再也不是啟發思考的元素，而是控制人心的工具；以「民族大義」為口號，國家的所作所為都將毫無理由顯得合情合理，即便這會侵犯到公民的基本權利。而最後的苦果，得要數個世代才能代謝完畢。

導讀二

進入失土國恥的歷史世界

中央研究院人文社會科學研究中心　助研究員
林育生

泰國歷史在我們普遍認識的東南亞中，或許有其獨特地位。當代東南亞國家裡，唯一歷史上未被歐美國家殖民者，大概就只有泰國這個今日許多旅人造訪的觀光國度。外人如我們或許常聽說，歷史中位於英法勢力間，一方面作為兩方勢力的緩衝區，一方面王室巧妙利用此一中間地位，因而免於歐美列強殖民，得以作為一獨立國度，延續至今。這種說法，實也見於當代泰國自身的歷史論述，英明睿智的王室，在西方列強進逼壓力下，勵行現代化，帶領泰國避免殖民危機，使泰國延續其王國歷史。這種泰國國內外皆熟悉的當代說法，無論是否屬實，作為一種普遍論述，一方面支持了王室作為泰國三大支柱（國家、宗教、王室）的說法，另一方面也支持了泰國近現代自沙立（Sarit Thanarat）政府以來，泰國國家精英對於王室形象的建立與崇拜。

不過，這本書最有趣之處，就是挑戰前述這種泰國國內外的「常識」。作者認為近現代泰國精英用以建構泰國國家的論述，不只是這種以王室為尊的光明面，還有另一重要的黑暗面，以歷史中泰國國家土地喪失為基礎，藉由對西方外來侵略的同仇敵愾感，形塑泰國國族主義。作者將光明面的前者稱為「王室－國族主義」（Royal-nationalism），黑暗面的後者則是以「失土論」（Lost territory）為基礎的「國恥論」（National Humiliation）。這本書告訴我們，這兩面論述實都根基於一八九三年，法國軍隊進逼曼谷的法國－暹羅危機，以及後來所簽訂的相關條約。在條約中，暹羅放棄了對湄公河左岸約泰土國面積三分之一的領土主張。作者根據史料，指出雖然這些事件始於邊界衝突，卻是由暹羅在殖民競爭下主動對法國挑起軍事行動，法國藉機予以反擊的結果。但當時的「王室－國族主義」論述，巧妙地將暹羅轉變為法國入侵的受害者，並將土地喪失，解釋為王室為了和平及國家的獨立性，因而以失土換取國家不被殖民的英雄舉措。然而另一方面，這種失土造成的西方侵略之恥辱感，從未實際在泰國精英心中消散，並在後續歷史關鍵時刻，成為「國恥論」而發酵。

「國恥論」真正的誕生與擴散，主要在一九三〇至一九四〇年代的泰國，尤其是披汶（Phibunsongkhram）主政下的政府。一方面隨著一九三二年立憲革命後成立君主立憲國家，統治者由王室轉為軍事精英；另一方面泰國逐漸步入現代國家，進而強調國族統一。

國家精英諸如披汶、威集・瓦他幹（Wichitwathakan）等人，不再著重「王室—國族主義」論述，反而將一八九三年的失土歷史成為一種「選定創痛」（chosen trauma），形成國族集體的「國恥論」，以支持泰國軍事政權的政治法統。在這種「國恥論」下，合理化了泰國一九四一年對法屬印度支那的入侵，「收回」過去為法國所占的多數土地。另一方面，這種西方入侵的「國恥論」，也用來和二戰時期日本大東亞共榮圈的泛亞主義結合。此論述下，泰國並非只是單純在日本強迫下自保，日本反而是披汶政府大泰國主義的夥伴，用以挑戰西方殖民，建立亞洲民族。另外，作者提到當時政府的反天主教措施，雖看似與他章主要談論泰國對外關係調性不同，但作者以此對泰國國內天主教會的嚴厲打壓指出，這種將與法國相關的天主教會擴散到天主教會整體的外來入侵論述，更加證明了「國恥論」在各方面的發酵。

二戰結束前，泰國倒向同盟國，雖又是一次「竹子外交」（bamboo diplomacy）的成功展現，免於戰後嚴厲的政治清算，然而，一九四六年將「奪回」四府交還法國的協議，卻造成新政府的尷尬，再次經歷如同一八九三年失土的「國恥」。這種泰國屢次被法國帝國主義竊取土地的心態，在後續泰國與柬埔寨邊界的柏威夏爭議又再度出現。一九六〇年代前後關於柏威夏寺的所有權爭議，以及二〇〇八年因柏威夏寺申請世界文化遺產而再一次引起的論爭，都反應了前述一八九三年及一九四〇年代與法國土地爭議而展現的失土史觀及「國恥論」。

《從暹羅到泰國》無論作為學術研究，或是普遍閱讀的書籍都十分具有價值。二〇一五年英文原作出版後，就引起學術界高度興趣，在許多相關學術期刊中，都有其他學者對這本著作的介紹與評論。這本歷史學著作，結合了外交史和文化史兩方面：一方面交待十九至二十世紀之交、一九三〇至一九四〇年代，以及其後柏威夏爭議事件，暹羅（後來的泰國）和法國、日本、英美、柬埔寨等外國交涉的歷史；一方面也探討不同時代的國家精英，如何把歷史以「王室–國族主義」和「國恥論」等論述方式呈現，以作為其政治目的和建構當代泰國國族的工具；尤其是在一九五〇至一九六〇年代沙立政府將其統治與王室形象高度結合前，以披汶為代表的泰國精英及其統治論述。在理論系譜上，這本著作承繼了如班納迪克・安德森（Benedict Anderson）《想像的共同體》（*Imagined Communities*）國族主義形成的學術脈絡，及通猜・威尼差恭（Thongchai Winichakul）《圖繪暹羅》（*Siam Mapped*）現代地理學形成「地緣機體」（geobody）的當代國家概念等相關議論。正是在這些學術巨人之上，也就是現代製圖概念的邊界成為理解當代主權國家的前提下，《從暹羅到泰國》由「失土論」所建構出來的「王室–國族主義」和「國恥論」才更顯重要。

這本書對於一般讀者來說，也是可讀性非常高的作品。作者文字易讀，譯者翻譯流暢通順，章節結構安排也十分清楚，每一部分都圍繞一個主題展開，加以豐富翔實的材料，讓讀者很容易進入作者論點。此外，這個作品也帶給讀者許多另類思考：像是一開始提及，過去總認為在西方殖民下，泰國因為英明王室以及竹子外交，成為歷史中唯一獨立的東南亞國家，但這本書帶給我們許多暹羅／泰國的別樣風貌。一來歷史中泰國並非只是抵抗英法殖民，可能與西方國家同樣扮演侵略角色。另外，失土國恥論所造成的排外論述，呈現泰國歷史中另一揮散不去的幽靈。這也讓我們反省自身情境，許多當代面對的歷史解讀與論述，很可能都是服膺於特定政治脈絡而出現的詮釋，因而我們需要更抽絲剝繭批判性地來理解。

當然，這樣一本精彩著作，也並非完全沒有進步空間。作者在結語時自己也提醒，書中主要針對統治精英論述探討，但究竟一般民眾是否接受，並未能詳論。從二〇〇三年一位泰國女藝人爭議性地宣稱「吳哥窟是泰國的」，以及結語中的精簡例子，或許能窺見這些論述對一般民眾實具一定影響力，但仍有待更詳細研究為我們解惑。此外，許多書評提到，這本書著重與法國間歷史關係，卻未論及其他周邊國家，甚至是歷史上一直扮演重要角色的英國。像是歷史上，暹羅也曾與英國在南邊英屬馬來亞和北邊撣邦有領地爭議，在二戰前後亦跟英國有許多負面互動關係。然而近現代中，許多泰國精英仍十分嚮往並前往英國求學，這方面討論也顯得較為不足。還有書中具舉足輕重地位的披汶，具華裔身分，且曾至法國留學，但卻扮演了大泰國主義的要角，抑華反法，他的背景和這套國恥論的衝突關係，也是值得玩味。

無論如何，這是一本非常值得一讀的好書。無論你是單純喜好泰國及其歷史發展，或是廣泛地對東南亞、國族主義議題有興趣，甚至是想要進一步思考歷史論述和當今東協國家間關係的讀者，都很推薦你進入這失土國恥的歷史世界。

導讀三

打破「泰」浪漫的迷思

「轉角國際」專欄作者、泰國朱拉隆功大學泰國研究中心研究生

許純鎰

在《從暹羅到泰國》這本中文譯著出版前，對泰國文化與歷史有興趣的朋友大多會參考歷史學家通猜・威尼差恭的《圖繪暹羅：一部國家地緣機體的歷史》。該書自一九九四年發行至今，不知已啟發多少正走在泰國研究長路的夥伴。二〇一五年，通猜的學生，也就是這本書的作者夏恩・史崔特，透過不下於他老師的精湛歷史學技藝，細密地在老報紙、廣播、檔案中挖掘史料，將他老師在《圖繪暹羅》的研究核心——「泰國」作為一個現代國家的概念是如何鍊成的——發展得更加具體、有說服力，繼而成了另一本在泰國研究中擲地有聲的必讀讀物。甫接到聯經的譯稿時，心中是又驚又喜。泰國文史研究的經典西文論文雖然不少，但引介到中文世界者著實不多。經由這次出版《從暹羅到泰國》，中文世界裡終於又有新的泰國研究聲音加入了！同時我也相當羨慕未來踏上泰國研究的朋友

們，因為有這本書，研究的路可以站在巨人的肩膀上，走得更遠。

作為一名剛接觸泰國研究的外國學生，要具備的不僅是對陌生文化無止境的好奇心，更得逼迫自己在短時間內，大量消化相關的背景脈絡，才有辦法在有限的修業期限中，一方面理解前人的學術心血，一方面為自己的研究找到出口。我不敢說《從暹羅到泰國》是本萬能的工具書，但就自己的求學經驗，此書所梳理出的泰國近代史，確實能提供給關心泰國主題的朋友一個理解窗口。

我所就讀的朱拉隆功大學（本校校名正是拉瑪五世，書中「王室－國族主義」史學的重要支柱）泰國研究中心，並沒有專一的學科傳統。它是由多位不同專業的人文學科教授，就自己擅長的國內研究領域開設講座。因此，與其說它是個系所，不如說它更像是泰國區域研究的學術社群縮影。宗教、性別、語言、民俗、歷史，每一課程最後都會追問著一個核心概念：泰國性（Thainess/es）。什麼元素會被外國人視為很「泰」、被泰國人視為很傳統呢？它又是如何建構的？而你所說的「泰」又代表了誰呢？這不只是文化命題，而且不令人意外的，還是一道政治命題。正如《從暹羅到泰國》，本身就是泰國文化史與外交史交互考察下的成果。雖然史崔特沒有在書中明確論及泰國性，但在書中橫跨十九世紀後半至本世紀的數章故事中，泰國性的建構與操作（誰是泰／非泰）躍然紙上。

不論是通猜的《圖繪暹羅》，還是史崔特的《從暹羅到泰國》，師徒二人在歷史檔案裡齊心戮力想達成的，都是打破關於「泰」的浪漫主義迷思。簡括地說，「泰國」是現代民族主義運動下的產物，可以回溯至軍事強人披汶・頌堪在二戰期間推廣的泛泰主義。而它的前身——「暹羅」，早期也不是我們所認知的現代國家樣貌，而是中南半島上一個透過納貢關係組織而成的鬆散政治體，在十九世紀受英法勢力衝擊後，才逐漸中央集權成我們所熟悉的單一王國。因此，不論是原本的暹羅還是後來的泰國，作為一種國族主義的「想像共同體」，都是很晚近才形成的。在分析取徑上，通猜考察的想像載體是地圖，而史崔特緊緊跟隨的是地圖上的「失土」，也就是這本書論及的「國恥論」。

在泰國研究中，失土議題往往被拆散成個案型、糾纏錯節的國際關係史。除非對泰國史有相當程度的熟稔，不然讀起來總滿是挫折。但在《從暹羅到泰國》裡，史崔特流暢的語句與簡明的史學框架，能讓我很享受地投入閱讀。複雜的國內外政治角力在他筆下，儼然成為耐人尋味、難以掩卷的故事。故事主軸在於政治領導人如何選定創痛，將失土議題打造成國恥論，並加以渲染操作。史崔特將國恥論作為一條引繩，引領讀者回顧多個重要與鮮為人知的場景。其中，第三章〈國恥論與反天主教〉與第四章〈泰國與泛亞主義〉還原泰國社會在民族主義推波助瀾下逐漸極化的場景，讀起來尤其震懾人心。這兩章就像面鏡子，提醒我們當政府因政治目的煽動宗教不容忍與仇外意識形態時，國家機器會是如何張牙舞爪地操縱人民，而泰國的案例殷鑑不遠。

《從暹羅到泰國》將當權者操縱歷史記憶以動員民眾支持的政治手腕寫得淋漓盡致。但群眾反應呢？的確，一開始接觸國恥論時，心中難免認為那僅是一種當權者操縱民心的工具。然而，在史崔特精心透過各方史料平衡報導下，揭露了國恥論對政治精英而言，其實更常作為一種政治風險。第五章便書寫到一九四六年群眾因國土淪喪而民心四起時的反應：學生自組遊行，民眾自發募款，要求政府有積極作為，甚至不惜重啟戰事。這類行為往往將當權者在外交與內政上帶向更為險峻的困境，就如同史崔特所云：「國恥論的邏輯將泰國逼近一個道德兩難式：想讓死難同胞的血沒有白流，就得流更多的血。」在高張難抑的民意下，執政者搬出的緩頰之策，竟是原與國恥論站在對立面的「王室－國族主義」論述，重新提及朱拉隆功大帝英明的外交策略往事，說明當前放棄國土並沒有丟臉，而是壯士斷腕之舉。在史崔特多元面向的歷史報導下，我們得以一窺泰國近代史上最為曲折的一頁。

開卷至此，回顧史崔特在開頭所言「泰國民族主義是一枚兩面幣」，更覺寓意深遠。這枚硬幣的正面鑄著國家榮光，是象徵「我們從未被殖民過」的王室－國族主義，而背面則陰刻著始自一八九三年法暹戰爭戰敗屈辱的國恥論。就班納迪克·安德森在《想像的共同體》的觀點，不論是前者還是後者，都並非僅憑當權者就能操作出的「虛假意識」，而是民眾真切擁抱、訴諸行動的「社會事實」。國恥論也好、王室－國族主義也罷，甚至與其連帶的失土議題和「泰國是否曾被殖民」的辯論，都不是有終極解答的問題，而是政治行為者在不同處境下所能操縱、依託的選項。據此，史崔特筆下的泰國民族主義不僅是個一體兩面的明喻，還暗指了這枚硬幣如何正反交錯、跌跌宕宕地旋轉於泰國歷史舞台上。

對泰國研究有興趣的朋友而言，細膩地閱讀《從暹羅到泰國》會是一項回報豐饒的投資，而且能在字裡行間中找到額外的樂趣。例如在第二章中提到將緬北撣人稱為「大泰」（ไทใหญ่），正是建立在泰國民族主義的浪潮上；第三章中提到公務人員任職前必須喝下「效忠水」（น้ำพระพิพัฒน์สัตยา），便是一種融合婆羅門教與佛教的儀式，目的在於引起公僕對失職、失忠的恐懼；在第四章中提到的黃金半島，詞源與曼谷素萬那普機場一致，都可考自羅摩衍那史詩；在第五章中美國為了改變泰國在二戰時的軸心傾向，便重新把暹羅人描寫成無憂無慮、笑口常開的「笑臉族」，這不正是「微笑泰國」給觀光客第一印象的起源嗎？更別提史崔特在書中引用的文學作品《四朝代》是記錄泰國現代化社會變遷的重要小說；《情牽兩世》則更是比當今熱門泰劇《天生一對》早了近三十年使用歷史穿越題材……。這些令人會心一笑的細節，我想足以讓讀者克服書中的陌生人名與地名，並讓《從暹羅到泰國》這趟歷史旅程在沉重氛圍外另有風景。

導讀四

以史為戒，還是以史為「械」？

獨立評論＠天下「東南亞風輕史館」專欄作者、財團法人國防安全研究院助理研究員
黃宗鼎

今年是泰國啟用其英文國名Thailand的八十週年，《從暹羅到泰國》之出版，可說適逢其時。一九三九年曼谷政府將英文國名自Siam（暹羅）改為Thailand（泰國），大泰民族主義隨之張揚，與一九八九年緬甸軍政府將英殖民時期之國名Burma改為Myanmar，實有異曲同工之妙。

為發達大泰民族主義，二戰初期的曼谷政府開始在領土及人民兩大國家組成要素上大作文章。就領土而言，大泰國囊括了緬甸、法屬印度支那及西雙版納等地域的大泰族生活區；就人民而言，廣義泰人不僅包含寮人、高棉人等所謂「（湄公河）左岸泰國人」，還兼容了緬甸的撣人、克倫人與孟人。

為了讓大泰族生活圈以及廣義泰人等主張具有正當性，一九三八至一九四四年的曼

谷軍人政府與知識界乃重新書寫歷史。歷史（prawatsat）一詞於拉瑪六世（一九一〇—一九二五在位）時自西方引介而來，使得原來僅供皇家閱覽之祕典聖訓，由是進化成振興泰人民族意識的教範。

泰國「軍人民族主義」史觀之肇興

《從暹羅到泰國》言及的「王室—國族主義」史觀，可以說是泰國現代史學書寫的主流意識。該種以鞏固王族統治為要旨的泰式歷史書寫，蓋以丹龍・拉差努帕（Damrong Rajanubhab，即書中所稱之丹龍親王）學派為基礎，強調以歷史來證成泰國之一統性與個殊性。而作為這本書核心觀點的「國恥論」，則出自大泰民族主義學派。活躍於一九四〇年代初期的泰國披汶政府，無疑是大泰民族主義學派的催生者。「國恥論」可謂「王室—國族主義」史觀的變體。❶這兩大國族歷史敘述的主要差異，在於敘事視角的不同。當大泰民族主義張揚之際，敘述泰史的視角，乃由「王室—國族主義」之君王一方，轉至「國恥論」之軍人一側。有鑒於此，我們或可將「國恥論」稱作「軍人民族主義」史觀。而「軍人民族主義」史觀之肇興，與一九三二年暹羅爆發軍事政變、改「絕對王權」為「君主立憲」之背景亦有直接關係。

積極營造「國恥論」的披汶政府，只管為大泰國族「選定創痛」，並不管這些創痛是否確切。究竟一八五五年暹羅與英國簽署之《鮑林條約》，乃至於當中的治外法權條款，對當事國來說是否真是不平等條約？作者提出的幾點事實，包括十七世紀的大城王國早就提供歐洲商旅這樣的權利、暹羅境內歐洲人數量不多、拉瑪四世蒙固王不認為治外法權有損王國威望，乃至於外人造訪反倒突出曼谷特殊地位等，在在說明「國恥論」者將治外法權看作暹羅國難，已然過度解釋。相對來說，《鮑林條約》反而為暹羅帶來一些「外溢效果」，如暹羅藉此強化了與屬國間之主從關係、分奪了附庸國原有的外交自主權，並開始運用誹謗訴訟作為統治工具。

法國侵逼下暹羅／泰國於印度支那所處之政治環境與文化實況

作者史崔特將歷史記憶作為論述主軸，倘若還要關照整體時空環境，實在難以周全。為使讀者理解二十世紀初期以來泰國統治者銳意「治史」之背景，茲將法國殖民勢力侵逼之際，暹羅／泰國於印度支那所處之政治環境與文化實況，略作補充如後：

❶黃宗鼎，〈東南亞史學劄記：史觀、史家與史料〉，《臺灣東南亞研究新論：圖象與路向》，台北：洪葉文化，二〇一六年，頁六五—八三。

一、所謂「印支政治民族完整性」並不存在：暹羅與法國之矛盾在一八六三年柬埔寨被納入法屬印度支那後不斷升級，並於一八九三年法屬印度支那再取南掌（寮國）時臻至高峰。泰國政府在一九四〇年指控法人巴維（Auguste Pavie）藉由捏造假邊界及惡意的種族區劃，據以破壞印度支那的政治民族完整性。不過，透過非泰人的記述，我們還能看到另類說詞：「南掌國王溫坎（Oun Kham）在獲得法駐南掌副領事巴維庇護之餘，經由巴維向法國輸誠，盼將南掌獻與法國，讓南掌擺脫作為暹羅屬國的不幸。」[2]

二、「天下」（sruk）是浮動的：作者所言及的幾個本區域國際關係的案例，包括一九四〇年法國提出法泰簽署互不侵犯條約之際，曼谷順勢要求法國保證歸還寮國與柬埔寨；一九四二年披汶政府製作民族統一地圖，將馬來亞吉打這類屬藩說成是泰王國治下的政治單位；泰國政府依照「國恥論」，將大東亞共榮圈看作是一個具有文化階序的結構，其中泰國雖在日本之下，但又是在荷屬東印度及英屬緬甸之上。筆者以為，曼谷該等主張無不延伸自十九世紀暹羅於印度支那所建構的國際體系——「曼荼羅」（Mandala），該體系係以暹羅為核心，柬埔寨、南掌及馬來半島上的蘇丹諸國，皆屬體系最外圍的「一等勐（Mueang）」，為僅負擔進貢義務的半獨立王國。值得注意的是，「曼荼羅」並不以封閉界線來區劃領土，所謂的「天下」是浮動的，❸故後世之泰國巡視寮國、柬埔寨為固有領土，無疑是一種逾越過往事實之詮釋。

三、**關於保護民（屬民）界定之歧異：**書中提到一九〇七年法國同意廢止法國亞洲屬民豁免權之前，其刻意透過保護登記制度來創造日後干預暹羅內政的手段。惟筆者以為，法國保護登記制度的作法與法屬印度支那於國籍認定上採行屬地主義有關。在法屬印支的越南地界，也發生了具有中國血統的明鄉、儂人因「被登記」為法國保護民，而導致中法齟齬的類似事件。

四、**基於「教為政用」的根本矛盾：**佛教信仰是大泰民族主義的主要成分，是政治精英所謂泰化不可分割的要件。就在來自於西方的天主教會被貼上「第五縱隊」標籤，被看作是殖民主義先鋒之際，曼谷下令將教會學校改為公校，並要求天主信眾皈依國（佛）教。文中提到一八八四年朱拉隆功王在華富里的天主教社區，看到一戶人家門前揚著一面法國國旗時甚為駭異。無獨有偶，一八三二年越南明

---

❷黃宗鼎，〈續論中國與東南亞宗藩關係之終結：蘇祿、南掌、緬甸、暹羅的個案〉，「恐慌與不安下的中國外交」研討會，政治大學人文中心中外關係與近現代中國的形塑研究群，二〇一九年一月二十五日。

❸黃宗鼎，〈曼荼羅體系（Mandala system）：東南亞朝貢體系的意義、內涵與特徵〉，「戰爭與東亞國際秩序的變動」國際學術研討會，中央研究院近代史研究所，二〇一七年十一月十七日。

命皇帝發現其鑾駕衞、警蹕、鑾儀等司弁兵（類似總統隨扈）有從爺蘇道（天主教）者時，同樣大為可怪。這說明傳統印支王國雖未政教合一、但「教為政用」之常態現象，以及該等王國與西方殖民者根本矛盾之所在。

過度歷史詮釋的三類問題

古來政府詮釋歷史，或為團結國族意識，或為強化統治正當性，於是各憑角度，各據說法，原也無可厚非。只是歷史一旦遭政府過度詮釋，其成品動輒駭人聽聞、遺患後世。

過度歷史詮釋大抵會產生以下三類問題。其一是**背離當事者認知**的問題。蒙固王的「朝貢誤解說」是為一例。蒙固王主張，暹羅以往對中國的呈禮純出自友誼，與朝貢無關。惟筆者以為，此種詮釋多少是晚近民族主義之症候。以台北故宮現藏〈暹羅進貢金葉表文〉之內容，[4]即鄭昭以國長尊中國大皇帝，以及進貢係照賓服舊例等敘述來看，早年暹羅王朝於朝貢意涵的認知，與中國並無二致。

其二是**扭曲當代認識**的問題。如《從暹羅到泰國》所示，泰國教科書自一九三〇年代起將寮國與柬埔寨視作固有領土，又於一九三九年讓泰國柬埔寨邊界的考帕威寒（Khao Phra Viharn）山神廟出現在泰國教育部印發的歷史古蹟地圖上，[5]此等強植歷史記憶之行徑，與中國民族主義者為南海諸島建構歷史主權約莫同時。自南海諸島被詮釋為中國固有領土以來，任何挑戰是類說法者，往往會招來破壞領土完整性或戕害國家利益之攻擊。惟據筆者考證，南沙群島並非中國固有領土，其正式納版時間為一九四七年，前身為日治時期高雄州之新南群島。❻

其三是**淪為廉價政治宣傳工具**的問題。如史崔特言及，二戰期間披汶政府為強化泰日合作正當性，乃強調大城王朝曾接納流亡的日本基督徒，以及大城軍中曾經存在日本武士（二〇〇三年拍成電影《大城武士》）之歷史。直到日軍敗象露出後，泰政府又開始與共榮圈劃清界線。至於泰國最終沒有以盟國敵手身分遭受制裁，則與美國人協助改寫泰國戰時歷史，視泰國為被占領國有關。凡此種種，無不陷歷史詮釋於廉價宣傳工具之境地。

---

❹ 該份暹文金表字跡模糊，難以辨讀，長期以來世人始終不知其內容為何？惟二〇一八年筆者在故宮發掘出〈為具金表進貢天朝事〉之檔案，終於將金表內文之謎予以解開。

❺ 柬埔寨方面始稱作柏威夏（Preah Vihear）寺。

❻ 黃宗鼎，〈中華民國南沙主權論述的再檢視〉，《戰略與評估》，第九卷第一期，台北：國防安全研究院，二〇一八年，頁三五—五八。

八十年前暹羅精英的大泰國之夢，與習近平所倡議的偉大復興中國夢，同樣建構於國恥之上。獨裁者好史，鮮少以史為戒，而是以史為「械」，即言以歷史製造創傷、武裝國族，捍衛其統治合法性。今日泰國的「軍人民族主義」依然蓬勃，若問民主真正到來之日，應是歷史詮釋解放之時。

從暹羅到泰國

失落的土地與被操弄的歷史

前言
泰國史話中的「失落」概念

二〇〇一年年初，泰國金融市場崩潰引發的亞洲金融危機持續發酵，泰國舉國陷於苦苦掙扎中。那年三月，政府宣布一連串穩定經濟的緊急措施。在審查這些措施之後，反對黨領導人提出批判，指政府顯然未將教育納入考量。其中反對最力者，有前大學事務部常務部長維吉・薩岸（Vijit Srisa-an）等人。維吉（編按：泰國人通常用名不用姓稱呼）認為，應該將教育經費列為國家重振計畫的最高優先。他警告：「若是沒有更明確的教育政策，我們永遠掙脫不了西方殖民主義的陰影。」[1]

維吉這番話將泰國與西方充滿矛盾的關係展現無遺。傳統泰史作者總是說，在調適西方支配的世界秩序這個問題上，泰國比所有其他東南亞王國做得都更成功。泰國領導人很能接受外國理念與技術，很懂得如何因應不斷變化的地緣政治條件，持續調整他們的政策。許多觀察家認為，泰國之所以沒有淪為歐洲殖民地，靠的就是這種彈性。但儘管有這樣傲人的獨立史，泰國領導人仍將西方視為一種威脅。維吉沒有說明西方殖民主義如何還能繼續危及泰國福祉，但他這番話暴露出泰國民族主義論調中的一項重要矛盾：如果泰國在維護獨立這件事上做得這麼成功，像維吉這樣的領導人為什麼還這樣憂國憂民、急著想擺脫西方殖民主義？

為解答這個問題，史學者近年來放棄過去將非西方社會二元化分類——不是獨立國就是殖民地——的做法，認為泰國像其他地區一樣，早自十九世紀起，已經兼而有之展現了這兩類特性。[2]泰國史不乏成功調適與外交的例證，但也見證與西方列強持續不斷、時而暴力的對抗。這些對抗衝突造成了複雜後果。歐洲勢力在大陸東南亞的擴張，危及泰國獨立以及泰國精英的優越地位。最後，西方帝國主義與卻克里（Chakri）王朝（或稱曼谷王朝）達成妥協，建立一些保障王朝生存的條件。也因此，泰國雖說沒有淪為英國或法國的殖民地，但不斷與西方對抗、與西方妥協的掙扎，也影響到泰國現代國家認同的發展。

為了解這項國家認同的成形，本書要檢討泰國領導人如何看待泰國與西方的關係。泰國民族主義論點是一枚兩面幣。最常呈現在世人眼前的一面，說的是泰國如何高瞻遠矚、對抗西方的現代挑戰。它誇耀泰國當局如何以獨到的本領維護國家獨立。但這枚錢幣還有較陰暗的另一面，訴說一些國家之恥。整個二十世紀，泰國領導人就將這些國恥納入馬克・艾斯科（Marc Askew）所謂「國家危急」論，作為他們軍事擴張、種族沙文主義、政治打壓，或宗教迫害的藉口。[3]本書要檢討這第二面論點的緣起與歷史，因為如果想了解泰國國家認同，以及它對西方的矛盾態度，這是重要線索。

進入泰國史的門戶：勝利者與犧牲者

泰國史學界有一連串前提或主題，為所有有關歷史知識定調。這些通猜・威尼差恭（Thongchai Winichakul）所謂泰國史「門戶」的主題，確立了許多為當代政治與社會撐腰的論點。[4]其中第一項也是最重要的一項論點是，暹羅從未淪為殖民地。暹羅與它所有的鄰國都不一樣——它沒有淪為歐洲殖民地。幾十年來，歷史學者接受這項說法，視它為一項不容爭論的事實。根據這項說法，泰國王室運用官僚改革與一套現代化措施，成功抗拒了歐洲對它的殖民企圖。泰國統治者憑藉熟練的外交救了這個王國，保住國家認同。[5]這項說法雖說用意在解釋暹羅與西方的對抗，卻也成為早先幾個時代的歷史架構。丹龍親王（Prince Damrong）在他撰寫的大城王國（Ayutthaya）官方史中，說大城王國一直就在暹羅人死對頭——緬甸大軍的圍城之下掙扎求存。在總理披汶（Phibun Songkhram）第一任政府執政期間（一九三八－一九四四）擔任藝術部長的鑾威集・瓦他幹（Luang Wichit Wathakan）也曾經推出劇作，宣揚這說法。[6]直到今天，對王室與保王派而言，暹羅未遭殖民論仍然是一項重要的政治法統法源。這項理論聲稱，政府最主要的功能在於保護王國的獨立與領土，鼓勵國人團結在泰王身邊，而泰王也會像過去一樣，領導國家度過任何未來的危機。

如果第一項論點歌頌國家在殖民主義巨浪侵襲下生存，第二項論點指出為生存而付出的代價與後果，而且往往將暹羅描繪成犧牲者，而不是勝利者。我稱這第二項論點是「失落土地論」，因為凡是用到它的說法，總喜歡用地圖表達西方干預泰國事務造成的一種整體性的不公平、不榮譽，或屈辱意識。這正是這項論點的主要宗旨：說明國家整體在過去承受的不公。為達成這個目標，它指出一度屬於泰國、之後遭敵國巧取豪奪而喪失的特定地區。像第一項論點一樣，失落土地論也以一連串沒有史實根據的假定為基礎。它用現代疆界概念注入過去，畫出一個地緣空間，並將生活在裡面的人稱為泰人。這塊想像空間的大小隨年代不同而調整，然而一旦為一種說法援用，它卻變得神聖不可侵犯。它是承襲自古早過去、永垂不朽的民族國家疆界（不是近年來打造的）；也因此它自然而然認定涉案地區理當為王國所有，確實是失落的土地。在將國家受害程度量化之後，這個論點的下一步就是找人擔罪。失落土地論可以強調涉案政府沒有盡到保護王國疆界的首要職責，是一種去除領導層統治法統的工具。為政治對手加上喪失土地之罪，是一種打擊他們的有效工具。反之，證明有能力收復（或擴張）國家領域，也是強調統治權的好辦法。無論怎麼說，這第二項論點都很重要，因為它提醒泰國人，不能團結在正確領導人身邊會造成禍國殃民之害。

「暹羅未遭殖民論」與「失落土地論」以一種二元對立的形式存在。任何有關泰國史的論述都必須將兩者納入考量，但由於其中一元同時與另一元既互補又相互衝突，想將兩者納入一篇前後一貫的敘述，就必須對兩者加以增刪修整。為緩解這種與生俱來的衝突，必須為其中一元賦予一種主控或從屬的角色。泰國史學者由於傳統上總是歌頌領導人如何保衛國家獨立，他們的著作一般也以「暹羅未遭殖民論」為主角，而以「失落土地論」為配角。必須注意的是，將一個論點視為配角並不能否認它的存在。這兩個論點以二分法形式並存；因此完全否定一個論點也會毀掉另一論點的來龍去脈。強調泰國如何度過一八九三年法國–暹羅危機的有關著述，必須承認暹羅簽了許多不平等條約，還放棄對寮國土地的控制權。事實上，擔任配角的論點得經過一番消毒美化，以凸顯、而不是威脅主控論點。有關暹羅割讓土地的論述，只證明泰王國生存受到威脅，從而凸顯領導人如何保全大部分領土，免於殖民統治的英雄行徑。

不過，在適當政治條件下，擔任配角的論點有時也可以角逐主控地位，進而改寫整篇論述。本書認為，泰國與法屬印度支那在一九四〇年的邊界談判，為這類型轉變提供了理想氣氛。擴大國界的遠景，為當年處心積慮防範王權復辟的軍事統治者，帶來他們迫切需要的東西：政治法統的法源。披汶政府宣揚的民族統一主義極度仰仗失落土地論，於是把

「未遭殖民論」打成配角。為構建一種可以動員整個國家的反帝國主義論述，政府將暹羅獨立傳承刻意淡化，並將一八九三年的法國－暹羅危機，描繪成一場奪走泰國土地與榮譽的失敗。泰國領導人所以在一九四一年挑起與法屬印度支那的戰爭，是因為他們深信一旦報復五十年前那場戰敗，能讓軍方取代王室，成為國家救主。

相互競爭的論述：王室－國族主義 vs. 國恥論

主題很重要，因為史學者可以操控主題以建構論述。歌頌王室如何英雄神武、如何以高超外交手段維護國家自主的論述，總以生存主題擔綱，也就不足為奇。我們且先檢驗一下史學者在分析泰史過程中最常使用的兩個形式。泰史最常見的論述是王室－國族主義。談一八五五年《鮑林條約》（Bowring Treaty）與西方列強到來的泰史，就是這樣一個例子。在十九世紀五〇年代以前，暹羅統治者依賴與中國的貿易，對西方國家加強經濟交流的要求置之不理。但在鴉片戰爭過後，許多曼谷人相信西方確實船堅炮利。拉瑪四世（Rama IV）在繼位後，邀請英國駐香港總督約翰・鮑林（John Bowring）談判新貿易關係。這次談判達成的《鮑林條約》結束了王室專賣，限制暹羅對英國商品的關稅，還為英國公民提供了治外法權。[7]與英國的這項地標性協定，開啟了泰國與其他歐洲列強許多類似協定的先河。如果我們從王室－國族主義的角度分析《鮑林條約》，蒙固王

（Mongkut，中文名鄭明，即拉瑪四世）是將資本主義經濟引進暹羅的英雄。在他超凡的領導下，暹羅去除了一切讓英國用兵的口實，透過漸進手法與西方共容。他高瞻遠矚，重視西洋影響力與科技，沒有守著老套、故步自封，而走上清朝的後塵。

《鮑林條約》還有幾個與「失落土地」主題有關的要件。治外法權條款降低了關稅，限制了暹羅主權，也創下暹羅與西方劣勢關係的先例。整體而言，王室－國族主義的論述也承認這些要件，但把它們擺在配角地位。由於不平等條約的內容可能損及王室尊嚴，傾倒整個論述，必須強調「國家危急」意識以沖淡這類對西方的讓步。王室－國族主義的史家，遂把《鮑林條約》描繪成一種遷就與入侵之間的選項。蒙固王必須給予英國人治外法權，否則國家會淪為英國殖民地，他兩害相權取其輕，選了前者。就這樣，王室－國族主義論述主要基於生存主題，評估泰國對外互動的成功。只要國家能保有一些獨立表象，就能把即使是最嚴重的外交政策災難說成是勝利。

基於這個理由，王室－國族主義史家擁抱所謂「竹子外交」概念——泰國的外交政策根深柢固，而且還有足夠彈性，能順應政治風向彎曲。[8]舉例說，騰蘇・努農（Thamsook Numnonda）就認為，披汶當年憑藉竹子外交讓泰國相對安全地度過第二次世界大戰。根據她的說法，除了被日本占領四年以及戰後被同盟國迫令賠款之外，泰國的戰時策略是透過堅忍取勝。騰蘇說：「泰國的外交藝術又一次救了這個國家。當然，這也是泰國過去遭遇且克服每一項危機時一貫運用的手法。」[9]

其他的研究，也有有關王室—國族主義史的翔實紀錄。本書要探討的，是與它遙相對峙的另一形式，也就是我所謂的「國恥」說。在這個另類歷史中，失落的土地成為主角，從未遭殖民成為配角。儘管國恥論通常總是與民族統一主義結下不解之緣，但它的內容絕不僅僅只是土地竊據與民族離散議題而已。國恥論將泰國現代史構建為一個分成兩部的大戲：第一部描述西方帝國主義抵達東南亞，造成泰國威望日下，主權也遭到侵蝕；第二部強調泰國軍方收復國家失土，重建國際地位，在軍方領導下，強大、現代化、充滿自信的泰國出現了。一八九三年危機過後，失落土地的主題雖開始在王室精英之間出現，但直到一九三二年軍事政變、推翻絕對王權、把人民黨（People's Party）拱上台以後，有關國恥論的表述才發揮得淋漓盡致。泰史學者威集首創的這套理論成為民族統一運動的基礎，民族統一運動最後導致一九四一年與法屬印度支那的戰爭。

國恥論將泰國—西方關係史描繪成一連串敵長我消的遭遇。當然，透過國恥論進行檢驗，《鮑林條約》的外貌也大為走樣。根據國恥論的論點，一八五五年的締約談判不但沒能拯救暹羅、使暹羅免遭英國殖民，還是暹羅從區域性帝國逐漸淪為歐洲附庸國的開端。我們即將在第一章談到，造成這項觀點的部分原因，是在時代上誤用了現代西方法學概念。二十世紀暹羅法學者在開始透過「主權」、「疆界」與「司法」這類西方概念進行思考時，將這些概念投射在過去的事件上，以重估它們的意義。[10] 以二十世紀的標準來說，《鮑林條約》顯然喪權辱國，因為蒙固放棄對進口商品訂定關稅的權利，還讓歐洲人享有不受暹羅法律管轄的特權。不僅如此，史學者一旦以這項條約為背景，討論一八九〇年與一九一〇年間出現的領土調整，它還成為暹羅自主遭到的一長串外交與軍事攻擊之始。泰國領導人用國恥論構築「不平等條約」（泛指與歐洲列強簽訂的協定）的新歷史記憶，希望藉以動員國民支持，達到降低西方干預的目標。[11]

為激起民眾對殖民列強的仇恨，國恥論雖不否定「未遭殖民論」，但極力壓低這個主題的重要性。一九三二年之後的軍事政權並不主張國家曾遭殖民；只強調新領導人要收復國家失去的土地與犧牲的主權。披汶政府在收復失土的宣傳中，一方面刻意避開王室傳承，一方面量化國家承受的損傷，找出替罪羊。威廉・卡拉漢（William Callahan）對中華人民共和國的研究，就說明中國政客如何指控特定國內團體「賣國」，以解釋中國承受的損失。[12] 在泰國，這種尋找替罪羊的過程必須小心謹慎，因為泰史上，土地與主權喪失最多的時代出現在蒙固王與朱拉隆功王（Chulalongkorn）統治期間，而這兩個王正是王室－國族主義史學表述的兩大支柱。由於這兩位國王備受泰人敬愛，軍政權不願對兩人有所批判。在二十世紀四〇年代的政府宣傳中，喪失土地的替罪羊是泰國天主教徒，不是蒙固王或朱拉隆功王。在有關《鮑林條約》的討論中，蒙固成了西方帝國主義欺矇詐騙的受害人。軍政權沒有把攻擊矛頭指向泰王，而將喪失國土的罪責歸咎於王權建制。軍政權因此達成結論說，王室外交政策已經過時，無力應付現代挑戰。這樣的指控也為泰國軍事執政團提供一個口實：若能收復王室失去的國土，它就有權統治。這種看起來對泰王頗為寬厚的做法，還有一項更大的策略用意。二十世紀三〇年代的軍方領導人既想取代王室，也想僭越王室的領導傳承。他們強調泰國過去一直自由自在、今後也會自由自在的信念。

法國－暹羅危機以及泰國現代史的誕生

上述兩種意識形態，都是泰國為因應現代世界角色變化、需要一種論述時而做出的反應。現代泰國的地緣機體（geobody），是經過一八六七至一九〇九年間不斷將土地割讓給殖民列強而成形的。從泰國統治精英的觀點來說，泰國的誕生過程充滿痛苦與創傷，泰王國的威望與規模都因這項過程而大幅縮水。一八九三年的法國－暹羅危機是這項空間構築過程的關鍵大事。暹羅的帝國聲威因這場慘敗而江河日下。在之後二十年間，朱拉隆功王與外國簽訂一系列條約，把國土與特權讓渡給英國與法國。在泰國統治精英眼中，一八九三年的敗績是對泰國形體與名譽的重創。到二十世紀，統治精英認為，必須提出一套歷史論述說明這項創傷的性質，以展開撫痛療傷的過程。想了解這些論述的功用，我們就必須先探討迫使它們出現的這件關鍵大事。

十九世紀末，暹羅王國參與了一場「搶占東南亞」之爭。眼見英國勢力從緬甸與馬來亞、法國勢力從西方由交趾支那（Cochin China）與東京（Tonkin）不斷進逼而來，曼谷也忙著在它視為藩屬國的地區加緊控制。部署在湄公河（Mekong River）沿線的法軍與暹羅軍距離不斷拉近，終於導致兩軍對峙。過去在面對優勢軍事強國時，曼谷一般都會讓步，但朱拉隆功王與他的顧問這一次決定不退讓。這些拜提（Battye）稱為「年輕暹羅人」的新一代領導人，決定不再使用過去那套割地求和的策略。由於近年來現代化有成，又因為相信英國會給予支援，王室會議（Royal Council）於是決定「像歐洲人一樣採取行動」，堅持國際法保障的權益。[13] 這項甘冒軍事對抗之險的決定遭致慘重後果。面對暹羅這項訴諸「戰爭邊緣」的做法，法軍對湄南河（Chao Phraya River，編按：即昭披耶河）實施海軍封鎖。在法國砲艦停泊大皇宮（Grand Palace）左近、曼谷瀕臨暴亂的情況下，朱拉隆功王同意簽署一系列最後通牒，結束這場對抗。

暹羅的不堪一擊以及因而導致的後果，成為泰史上一般稱為「RS 112」的關鍵大事。[14] 在最後達成的解決方案中，暹羅放棄對湄公河左岸的領土主張：相當於泰王國總面積三分之一的土地就此喪失。法國還堅持在法屬印度支那新邊界沿線畫一條二十五公里寬的非軍事區，暹羅賠償戰費三百萬法郎，並且將治外法權擴及所有住在暹羅境內的法國亞洲臣民。最後，法軍還占領暹羅城市尖竹汶（Chantaburi）——之後又占領桐艾（Trat），位於曼谷東南方，距曼谷只有兩百公里——直到暹羅完全遵守所有協議條款，令印度支那當局感到滿意為止。

在詮釋這次事件以前，另有幾個要點也必須先行檢驗。首先，這場衝突是暹羅意圖在殖民擴張上與法國競爭，不是暹羅為維護本身獨立而造成的。危機的開端是發生在西雙楚泰（Sip Song Chu Thai，編按：即泰族十二州）的一場爭議。西雙楚泰位於暹羅與法屬印度支那兩個帝國之間。主要由於暹羅精英過於自信與莽撞，原本只是邊界衝突的事件演變成對泰王國生存的重大威脅。暹羅的軍事策略弄巧反拙。除了為法國帶來口實、讓法國占盡暹羅便宜、進一步擴張以外，它什麼也沒有達到。最後，這場法國－暹羅危機不是反殖民態度造成的結果，但它為這樣的態度催生。特別是英國不肯插手，不僅凸顯暹羅外交策略的失敗，也造成對法國與英國的深仇大恨。綜合以上所述，一八九三年這場法國－暹羅危機的真正苦主，不是土地、軍人，甚至不是主權，而是王室威望。這場挫敗讓暹羅精英悲痛欲絕。暹羅竟然如此不堪一擊，被迫做這麼大的讓步，讓他們無法接受。面對現代化的歐洲軍力，原本強大的帝國完全束手無策。為修補王室形象，也為了幫暹羅統治者在新亞洲取得一席之地，泰國需要一種新史說。[15]

為拯救國家名譽、建立一種道德權威，王室－國族主義史學者在解釋暹羅這場慘敗時，把暹羅說成非法入侵的受害者。但是要言之成理，必須在地緣問題上接受一連串時代誤植的錯誤。十九世紀九〇年代的暹羅，是許多諸侯國共推曼谷統治者為王組成、結構鬆散的一種邦聯系統，但泰國學者從不承認這件事實。他們用二十世紀疆界線與政治管轄權的概念，指西雙楚泰這類地區當年已經是暹羅國的一部分。在他們眼中，一八九三年這場危機是法國侵犯一個主權國的邊界，不是法國為了與暹羅競爭而將勢力伸入湄公河河谷沿線，在大體上自治的寮人地區建立主權。在付出慘重代價，學得無故挑釁法國有什麼後果的教訓之後，暹羅政府在前後幾十年間低調處理對這些土地的主張，但整體而言，他們咬定這些土地遭到「竊據」。

王室－國族主義史學者打從一開始，就決心為朱拉隆功王的外交政策辯白，強調王室扮演的國家保護人角色。他們說，法國人成功竊據了暹羅土地，但沒能達到將整個暹羅納入法屬印度支那的最終目標。法國人儘管狡猾，儘管擁有壓倒性科技優勢，但朱拉隆功王憑藉無比英明的外交手段讓法國無法得逞。他了解，為維護整體獨立就必須割讓土地，為救一隻手，可以犧牲一根手指。更重要的是，由於堅持立場而挑起一場國際危機，朱拉隆功王啟動了多邊和談的進程。大衛・韋特（David Wyatt）就說：「一八九三年這場危機不是暹羅國家主權之爭的尾聲，而是暹羅在絕望情勢下，為盡可能要回一些東西而掙扎的開端。這場危機過後，暹羅沒有再被迫無償放棄土地，英國與法國也開始面對在東南亞妥協的必要性。」[16]

新史說就這樣挽救了朱拉隆功王的傳承。歷史原本可以說他不智地採取軍事解決途徑，說他搞砸了這場衝突，最後被迫接受苛刻無比的賠償條件。但他成為達成永久和平的英雄。這項論述不承認暹羅曾經戰敗，而將它說成是唯一能抵擋歐洲帝國主義的東南亞國家。這套朱拉隆功王救了國家的說法，至今仍是泰國史學的基礎。

推翻暹羅絕對王權的一九三二年軍事政變，為國恥論的出現創造了條件，讓國恥論終於能對王室－國族主義主控泰國史學的地位提出挑戰。新軍事精英需要一種論述，讓民眾相信軍方有治國之權。新政權首席理論家威集於是重新評估了一八九三年與法國這場對抗的意義。他提出的新史觀一方面對維護王國獨立這部分輕描淡寫，另一方面卻強調國家主權與榮譽的喪失。軍事執政團提出治外法權與喪失關稅主控權這類議題，指控舊政權讓英、法將暹羅視同殖民地。割讓給法屬印度支那的寮國與柬埔寨地區成為所謂「失地」，強有力地標示了暹羅國勢的衰敗。根據民族統一的外交政策，披汶政府製作時代有誤的地圖，標示法屬印度支那版圖中一度屬於泰國的土地，威集也不斷發表社論，將這些土地比為國家身上截下的斷肢。王室－國族主義歷史論述總是想辦法轉移焦點，避開王室／國家的尷尬，而這個有關失落土地的新史說卻強調國恥事件。軍政權希望經由這種做法，將暹羅精英一八九三年出的醜事轉化成一種集體創傷，將國民與新政府綁在一起。

到二十世紀四〇年代，國恥論論者開始公開將法國－暹羅危機說成是暹羅與西方不平等的表徵。他們分析暹羅何以敗北，並且質問誰應負責。他們得到的答案分為兩方面。軍方領導人沒有直接批判朱拉隆功王，他們繞個彎，說暹羅所以戰敗是因為不夠現代化，缺乏適當技術。王室內閣原以為國際法能為國家提供一些保護；但法國太野蠻，只懂得火砲、武器的暴力語言。在一場完全取決於蠻力的衝突中，暹羅士兵儘管鬥志昂揚，終於難敵法軍現代武器之威。暹羅戰敗的第二個因素與英國背叛有關。暹羅多年來一直採取親英國的外交政策，給與英國許多特權，認定一旦有必要，可以憑藉英國勢力嚇阻法國。但當法國砲艦威脅暹羅首都時，英國不肯出面干預，只勸朱拉隆功盡可能爭取最好的條件。泰國軍方領導人認為英國在這場危機中保持中立是一種背叛，在第二次世界大戰期間選邊站的時候，他們沒有忘記這個過節。

國恥論效應

一九三二年政變過後，泰國軍方成立新政府，還造就一種新的歷史記憶。新政府利用它的論述提供一種迫切需要的政治法統，一方面否定王室的統治權。國恥論就本質而言是一部官方訂定的歷史。它代表的，就是軍方領導人對新政府，以及它應如何帶領國家步入新時代的看法。新政府將法國–暹羅危機重新架構，定位為一種每個泰國人都必須承受的國殤，並根據這個新架構訂定它扮演的新角色。本書以下諸章就要討論國恥論的源起，並檢驗它的流傳。在這項過程中，本書要說明悲劇與喪慟的論述如何影響國家認同，並且解釋何以這些說法能在特定歷史時間點與泰國人民共鳴。

首先，這個新論述將王室之恥轉換為全民之痛，讓民眾與政府團結在一起。如第二章所述，對生活在一八九三年的暹羅農民百姓而言，法國－暹羅危機與他們幾乎無關。法國與暹羅兩軍這場在湄公河左岸的衝突，讓王室威望一敗塗地，但對平民百姓日常生活並無影響。到一九四一年，對身為泰國人、泰國的疆界與主權有感的人民，比例比過去大了許多。國恥論將這些概念回溯既往事件，將一八九三年事件改寫成西方攻擊泰國，而不是王室威望受創的故事。平民百姓因法國竊據泰國土地，讓泰國受到屈辱而表達憤怒。一旦這種新歷史記憶廣為民眾接受以後，政府更能說服民眾，讓民眾相信只要能解決這些過去的悲慟，就能為泰國創造美好未來。

由於這是一種以損傷為基礎的論述，需要有新方法讓距離實際事件已經遙遠的幾代人也能感受切身之痛。泰國政府為達到這個目標，在年代上玩了花樣。在二十世紀四〇年代，泰國史學者在談到過去的年代時，一般都用佛曆（偶而也會用西曆）；但在談到這場法國－暹羅危機時，卻總是以「RS 112」——拉塔那可辛（Rathanakosin）王國紀元（以卻克里王朝建立為元年）一百一十二年——表達它的年代。這場危機也因這種獨特的時間表，在整體泰史中具有一種特殊地位，讓人見到它，就不禁想到王室在這場悲劇中扮演的角色。[17]最重要的國殤象徵是失落土地本身的形象。披汶政府在二十世紀三〇年代末期印發的彩繪地圖，讓人更加認定法國不僅占了土地，還玷汙了泰國名譽。這些地圖把泰國的過去描繪成一段不斷割地求和、苟延殘喘的歷史。

這些地圖也說明了國恥論造成的第二個後果：它要在一種「政府是犧牲品」的基礎上，以狹隘的方式為泰國認同重新定義。根據這種新的定義，政府取代王室成為英雄。政府所以成為英雄，不是因為它打贏了與法國的對抗，而是因為它在這場對抗中輸了。國恥論的主要矛盾就在這裡。根據披汶政府的歷史觀，政府既是犧牲品，又是英雄，因為在二十世紀四〇年代瀰漫於東南亞的反殖民氣氛中，英雄總是與不公義或悲劇牽扯在一起。它是身為政治犯、遭受種族歧視、被歐洲帝國主義占領的產物。披汶政府開始大談「被迫害情結」，說國家生存不斷受到來自國內外敵人的威脅，「可能在暹羅－法國衝突中敗北」於是成為披汶政府被迫害情結的基調。在這樣一種腹背受敵的世界中，泰國如果想生存，全國國民就必須團結在政府領導下，為「泰化」效力。人民民主聯盟（PAD）等政治派系就運用這張失落土地圖嚇阻反對黨，就像是說「國家若不團結，就會有這後果」一樣。

國恥論一方面為國家特質重新定義，另一方面提供一個據點，讓當局將這種新認同投射在更大的地緣空間上。威集根據他那套失落土地圖的說法創造「大泰國」概念，利用

「失土論」，將一八九三年邊界危機造成的分裂民族結合在一起。贊同這種論點的泰國人，逐漸開始將法屬印度支那的寮人與高棉人視為大泰國民族的一部分。邊界地區就這樣成為遭他國占領的泰國土地。根據國恥論的說法，所謂「左岸泰人」的寮人與高棉人，都是泰國因法國－暹羅危機而犧牲的同胞。這些同胞生活在法國殖民統治當局壓迫下，無法享受泰國人民現在享有的憲法保障的自由。儘管他們說得如此天花亂墜，本書要告訴讀者，國恥論事實上是一種披上民族解放、重振國家榮耀外衣的民族統一主義與新帝國主義。

國恥論史觀歌頌軍方，將軍方描述成國家救星，這是國恥論帶來的最後一個後果。泰國人逐漸認為，從科技、生活水準，與國際地位角度而言，泰國越來越像殖民地，不像殖民者。到二十世紀四〇年代，披汶政權已經成功將這種想法與失落土地的形象結合在一起。在治外法權、關稅，特別是與法屬印度支那邊界談判的失敗（這一切都是法國－暹羅危機的後果）推波助瀾下，泰國當局更加振振有詞，說泰國之所以不能現代化，全是西方列強集體干預的後果。在王室流亡的情況下，唯有軍方才能為國家對症下藥、救亡圖存。披汶的文化方案是軍方現代化大方向的一環，欲達到目的，泰國必須驅除過去那些戰敗割土的惡靈。國恥論於是將一八九三年訂為泰國失敗之年，而以一九四一年為救贖之年。

選定創痛

我在此要以法米・佛坎（Vamik Volkan）所謂「選定創痛」（Chosen Trauma）的現象為例，說明法國—暹羅危機對泰國國家認同造成的創痛效應。所謂「選定創痛」指的是，針對曾經讓一群人的祖先落難的一個悲劇，創造集體記憶。它指的不是族群選擇被犧牲，而是透過祖先受難記憶的重建，可以讓國家、宗教群體，或種族產生一種團結意識。[18] 即使受難一代人與他們的子孫後代已經隔了很長一段時間，這種損傷意識仍然可以很強烈。在有些案例中，這樣的記憶可能蟄伏好幾十年，透過各種通俗文化元素默默流傳，直到時機成熟才浮出檯面。出現一名有魅力的政治領導人，是最常見的喚醒「選定創痛」之道。選定創痛一旦重啟，損傷的歷史真實性不再重要，因為這記憶的功能已經改變。雖說原始事件是一件屈辱，有關那事件的共同心態能讓群體個別分子結合在一起，似非而是地提升他們的自尊，賦予他們一種共同宗旨：為他們的祖先雪恥。[19] 如果選定創痛在劍拔弩張的環境下出現，例如一個族群可能遭到攻擊，則這個族群可能出現佛坎所謂「時間瓦解」（time collapse），有意識與無意識地將選定創痛與目前的危機結合在一起。幾個世紀以前發生的一場悲劇，會變得彷彿昨天剛發生一樣。這個族群於是誇大先前遭受的創痛。就算歷史環境不允許這個族群報復雪恥，創痛的心理形象仍會讓族群成員「在受害的大帳篷」

下團結在一起。[20]

我認為，披汶政府倡導國恥論的目的，就在於將法國－暹羅危機轉換為泰國的選定創痛。本書第一章敘述泰國政府如何宣揚國土失落，從而形成風潮，讓國民支持它就邊界問題與法屬印度支那對抗。在這波風潮下，普通百姓群起宣誓，為報復祖先所受的屈辱，不惜犧牲自己的財物，甚至自己的生命。佛坎認為，二十世紀四〇年代的泰國，不屬於國家在無意識情況下形成這種創痛感的案例。披汶政府毫無疑問運用協調努力，向社會大眾推動國恥論形象。不過，軍方精英利用既有、較宏觀的受害史觀，在這項過程中獲利頗豐。這也是本書要探討的一個目的。

早在一九三二年以前，暹羅精英已經在精心管理著遭法國擊敗的歷史記憶。為保護王室尊嚴，也為維護與法國穩定的關係，王室不允許國人公開討論失落土地，或北欖（Pak Nam，編按：中文意為「河口城」）海戰的敗北。雖說他們努力為歷史把關，這場敗績的有關記憶開始透過各種方式與詮釋手段找到了表達出口。舉例說，前往尖竹汶府（Chantaburi Province，編按：又稱莊他武里府）的訪客可以參觀「禁閉室」（Khuk Khikai，又稱「雞屎監獄」）。法國人在一八九三年建了這所監獄，監禁反抗法軍占領的暹羅愛國志士。法國典獄長用鐵絲網圍住監獄屋頂，在屋頂養了許多雞，讓雞屎掉進牢房裡犯人身上。在尖竹汶歸還暹羅後，這座監獄成為這場歷史性羞辱的重要見證。基於同樣道理，桐艾府（Trat

Province，編按：又稱達叻府）每年也舉行四天「桐艾獨立日」慶典，慶祝法國占領（一九〇四－一九〇七）結束。城市居民展示幾百面王室紅底白象旗幟，紀念桐艾府重歸暹羅。這些紀念性建築與儀式將泰王國過去那些慘痛經驗的記憶保存下來，披汶政權在第一任任期間，就用這些記憶灌溉的沃土種下反殖民主義與民族統一主義的種子。

這些活動表面上為的是慶祝王室領導與獨立，但骨子裡埋藏著對泰國境內西方勢力的憎惡。小說《情牽兩世》（*Thawiphob*）談到一名叫做麻妮詹（Maneejan）的女子，在二十世紀末的世界與十九世紀暹羅之間神祕來去的故事。[21] 在與祖先承傳重新取得聯繫、愛上一名愛國的宮廷官員以後，麻妮詹對現代泰國毫無節制的西化越來越憤怒。芮秋・哈里森（Rachel Harrison）在分析這本小說以及它改編的電影《暹羅玫瑰》（*Siamese Renaissance*；編按：中國稱《曼谷紅玫瑰》，香港稱《暹羅復興錄》）之後指出，無論是小說與電影都表達了一種非常直接的訊息：西方構想只能用來輔助，不能取代「泰化」，泰國人在採納西方構想時必須有彈性。[22]《情牽兩世》的小說情節明白顯示，當代泰國文化根植於過去互動一事令作者十分焦慮。麻妮詹在第一次返回過去時見證了《鮑林條約》。《鮑林條約》首開歐洲勢力干預暹羅事務先河，之後在法國－暹羅危機中扮演重要角色。小說與電影都將暹羅向西方列強臣服的形象描繪得淋漓盡致。電影《暹羅玫瑰》裡重演了一幕惡名昭彰的事件：法國領事賈百列・奧巴黑（Gabriel Aubaret）攻擊一名暹羅親王，抓著這親王的頭髮把他推落樓梯底下。[23]這次事件令麻妮詹憤恨不已，於是採取行動暗殺奧巴黑。暗殺行動導致另類歷史發展，暹羅成為法國殖民地，一座巨型艾菲爾鐵塔（Eiffel Tower）複製品出現在湄南河岸。

就這樣，《情牽兩世》這類小說雖說鼓吹王室－國族主義，但同時也處理了失落土地的主題，將失落土地的重要性保留在歷史記憶裡。這些記憶蟄伏在泰國社會，直到有一天出現一名領導人能在正確政治條件下提出新史觀，重新將它啟動、加以利用為止。

史學架構內的國恥論

泰國在西方國家創造的新世界秩序中尋找它的定位，一直就是二十世紀泰國史的中心議題。朱拉隆功的弟弟、泰國史之父丹龍親王的著作，為這項辯論提供了一種初步架構。丹龍的暹羅史聚焦於王室，將王室視為主導一切的傳統，從大城到素可泰（Sukothai）王朝黃金時代，一直到現代泰王國，都由這個傳統一以貫之。國王是國家之父，保護國人不受外力威脅，讓國人得以遵循佛祖的訓誨。[24]自王朝建立以來，所有卻克里王朝的王無不採行這種暹羅王特有的領導風格。根據丹龍的說法，這些統治者為國家帶來進步，保衛國家對抗所有敵人，讓暹羅以獨立國之姿堂堂邁入二十世紀。幾十年來，西方史學者在論及暹羅進入現代世界的狀況時，都深受丹龍的影響。儘管如此，在究竟是什麼造成暹羅轉型這個問題上，學者們的意見仍然分歧。一方面，華特・維拉（Walter Vella）等一派學者強調殖民侵略對泰國政治系統改革的重要性，大衛・韋特等另一派學者則認為，泰王國所以能成功轉型，暹羅精英的創意功不可沒。[25]不過，看法雖有不同，這些西方史學者都確認丹龍的說法。暹羅似乎是一個絕無僅有的例子：王室造就了這個國家，限制了西方影響力，為泰國特有的現代化開闢了一條另類蹊徑。

二十世紀五〇年代，泰史學者在馬克思主義框架下重寫泰史，對丹龍的王室神話提出第一次重大挑戰。烏東・西素萬（Udom Srisuwan）說，所謂「一九三二年革命」既欠缺群眾支持，又讓泰國陷於半封建社會泥沼中，根本談不上「革命」。他在分析泰國的經濟生產之後，對泰國享有獨立自主的論點提出質疑，認為泰國其實與革命前的中國一樣，都屬於半殖民地狀態。[26]西方學者在經過較長一段時間以後，也開始對泰國的「獨立」性質提出質疑。班納迪克・安德森（Benedict Anderson）在二十世紀七〇年代指出，泰國的特殊地位不過是史家假設與歌頌的產物，從未經過具體分析檢驗。許多史家未經分析，就對暹羅在殖民主義時代一直保有獨立的說法照單全收，從而造成王室－國族主義論的壓倒性勝利。安德森不但不認為泰國因享有獨立而能大步邁向現代化，他認為泰國或許因為「間接殖民化」而在現代化旅程中更加落後。[27]

過去二十年，一些學者對泰國獨立的神話提出挑戰，並在挑戰過程中，對獨立比殖民更有助於現代化的整個理論提出質疑。這些學者舉出幾個因素，認為泰國在立國發展塑造過程中，西方影響力的重要性可能更勝於王室影響力。這些因素包括西方帝國主義在泰國現有地緣政治疆界確立過程中扮演的角色，殖民勢力對泰國司法與經濟系統造成的衝擊，以及王室精英本身文化形式的西化。[28]卡辛・特加皮拉（Kasian Tejapira）與摩里哲・佩立吉（Maurizio Peleggi）這類學者舉證歷歷，說明泰國精英如何用模仿西方物質文明與文明理念的方式，鞏固他們的統治地位。[29]通猜、克里斯・貝克（Chris Baker），以及巴素・蓬拜集（Pasuk Phongpaichit）都承認，殖民勢力在泰國民族國家國界界定中扮演重要角色，由於殖民勢力的克制，王室才能在仍然保有的土地上實行宗主權。[30]塔瑪拉・魯斯（Tamara Loos）在她有關南部諸府的著作中，特別以王室運用的多元化法律系統為例，說明泰國精英既是殖民者，也是被殖民者。這些修正論點都對丹龍的暹羅獨特論提出挑戰。

隨著暹羅在現代世界究竟占有什麼地位的探討不斷演化，應該用什麼名詞才能正確描述暹羅與西方帝國主義關係的問題，也引起學者們不斷辯論。像烏東一樣，彼得・傑克森（Peter Jackson）也認為，用毛派的半殖民主義概念很能描繪泰國精英對全球經濟的屈服。麥克・赫茲菲德（Michael Hertzfeld）提出所謂「祕密殖民主義」（crypto- colonialism）概念，認為泰國精英為了購買「名義上的政治獨立，不惜犧牲龐大的經濟獨立」。魯斯認為，「半殖民主義」與「祕密殖民主義」這兩個名詞都容易造成誤導，因為學者在分析問題時應該力圖破解二元論弊端，而這兩個名詞只會進一步促成二元論分析形式。此外，強調泰國社會「殖民化」層面的做法，會讓人忽視泰國精英本身的帝國主義活動。截至目前為止，泰史學者在歐美中間路線的有關討論上仍然莫衷一是。[31]

像前文提到的其他著作一樣，本書也設法進一步破解二元論歸類法（將非西方國家歸類為「被殖民」或「不被殖民」兩類），從更多的角度說明泰國如何對西方勢力以及西方對泰國認同的影響力進行調適。將國恥論那些構想解構，可以帶來額外分析工具，而不只是一味歌頌泰國的與眾不同。根據丹龍的說法，泰史是一部綿延不絕、毫無瑕疵的主權國歷史，但早在烏東提出半殖民主義論之前很久，其他歷史學者已經對丹龍此說表示質疑。二十世紀三〇年代末期，報紙不斷發表文章，辯論就現代意義而言，泰國究竟是否完全獨立。威集在一篇文章中說，泰國廢除不平等條約，在政治上大步邁進，但不能控制自己的銀行、保險公司、港口，以及其他大型公司利益。他說，經濟大權為外國控制，意味著泰國有一天可能也會失去它的政治與司法自主權。[32]以披汶為首的新軍方精英，遂將獨立視為一個迄未達成的目標。帝國主義於是成為有助於泰國民族國家創建的敵人，但這種做法也阻礙了泰國的進步。像中國作者一樣，泰國作者也將泰國描繪成沉睡了幾百年的巨獸，直到遭帝國主義列強不斷鯨吞蠶食才懵然醒轉。丹龍利用王室—國族主義概念安撫群眾，鼓勵他們以身為泰人為榮，要他們接受王室的領導。威集則利用國恥論讓泰國人對國家卑躬屈膝的地位憤怒，並且保證披汶將重建泰國的國際聲望。

國恥論也促成對第二次世界大戰期間出現的軍事與擴張主義的再詮釋。由於失落土地論點甚囂塵上，破壞了王室－國族主義概念理論架構穩定性，面對泰國法西斯主義崛起，王室－國族主義論已經無力因應。在傳統史學論述中，披汶時代的民族統一主義是一種意圖模仿世上法西斯政權的異狀，這項圖謀因日本戰敗而立即結束。騰蘇另有見解。她認為披汶是英明的領導人，用靈巧的外交手段救了泰國。根據她的說法，在二戰期間，披汶與日本結盟，保住泰國獨立，披汶垮台後，泰國又靠「自由泰運動」（Ser. Thai）得免於遭同盟國索賠的厄運。這種說法認定，在整個二戰期間，泰國憑藉一種極具彈性的獨立概念，才能夠始終保持獨立、不被占領。[33]現代化以前與進入現代以後的泰國兩者之間，必定存有一種極其重要的編年性統緒意識，主張王室－國族主義的史學者就用騰蘇的這套說法詮釋事件發展，維護這種統緒意識。

以國恥論為基礎的說法，將一八九三年危機描繪為歷史統緒的斷裂，說它破壞了當年領土完整與王室主權的概念，顛倒了王室－國族主義模式。根據國恥論，一八九三年危機成為一種死亡與再生的轉機。泰國精英既為國土與國家聲望遭到的損傷而哀悼，一方面也極力重塑這個新興民族國家的疆界與政府。後代子孫用一種新說法表達這種損傷。通猜對於泰國地緣機體的創造與功能的描述令人信服，但他沒有檢驗因這個形體損傷而產生的效應。到二十世紀三〇年代末期，泰國軍方精英重塑法國－暹羅危機的概念，說它是泰國遭到的暴力截肢，並將這個概念成功推銷到全國。他們就用這種新概念非常成功地推動民族統一運動，讓民眾支持政府對外國展開行動。當然，並非每個泰國人都接受這種歷史觀。在一九四〇年邊界危機期間，普里迪（Pridi Banomyong）與他的一派人就認為泰國沒有攻擊法屬印度支那的正當理由。甚至就在一九六二年柏威夏（Preah Vihear）爭議鬧得沸沸揚揚之際，泰國精英圈內仍有許多人私下表示，他們知道這場爭議的真實面貌——泰國政府意圖威嚇柬埔寨，迫使柬埔寨將一處可能成為世界遺產的古蹟割給泰國。

直到今天，精明的泰國政客為了替最新的困境找藉口，仍經常利用國恥論。近年來泰國民族主義大行其道，國恥論也驟然間成為顯學。自一九九七年經濟危機以來，泰國公共知識分子已經將西方資本主義定位為泰國福祉遭到的最大威脅。他們以歷史悠久的反殖民傳統（資本主義就是經濟帝國主義，泰國人是外國人與西方強盜資本家的奴隸）為根據，想把泰國外債像過去的失土一樣，說成是一種外國人的非法掠奪。這種論點還能促成政界人士的團結。誠如威廉・卡拉漢（William Callahan）所說，幾乎在每一項議題上意見都相左的政治派系，因為共同反對國際貨幣基金（International Monetary Fund）而團結在一起。[34]國恥論的研究，就是一部泰國憎惡與懷疑西方的過程史。

各章摘要

第一章探討國恥論的起源。國恥論承認暹羅由於遭到西方干預，國際聲望下挫，是暹羅為了廢除不平等條約而提出的論點。有關它的辯論開啟了一項歷史修正程序。在達成暹羅主權遭到損傷的結論後，法學者從歷史紀錄中搜尋最應該負責的事件或人物。由於一八五五年《鮑林條約》是治外法權與關稅讓步始作俑者，這段時期遂成為眾人矚目的焦點。直到一八九三年危機過後，暹羅精英才開始將《鮑林條約》視為一項對他們的王國控制權的威脅。一八五五年，蒙固王放棄了某些層面的暹羅主權，但也因此建立商賈關係，並從中取得巨大利益。一九〇〇年代，迫於當時在暹羅生活的外國人越來越多，朱拉隆功王為取得較為現代型態的主權，不得不割讓土地。在國恥論史觀終於形成的過程中，不平等條約締約談判是一項重要步驟，因為它引來暹羅向西方列強臣服的議題。

第二章進入二十世紀三〇年代，說明泰國政府如何構築國恥論，挑起一場與法屬印度支那的邊界衝突，而這一切只為了替披汶的獨裁找藉口而已。威集利用現代地理觀念塑造失落土地象徵，有效造成一種受害者意識，以掩飾泰國在東南亞的新帝國主義野心。地圖、電台廣播與報紙文章紛紛鼓譟，要求政府收回這些失土，重建國家榮耀，解放那些「在法國壓榨下」生活在左岸的泰人。從全國各地風起雲湧的群眾示威與踴躍的捐款活動中可以得知，披汶政府這項宣傳非常成功。儘管《東京和平協定》（Tokyo Peace Accord）的條件令人失望，割讓給泰國的土地卻讓民眾信以為真，認為政府真的「擊敗」法國，重建國家榮耀，在現代化道路上邁出大步。

宣揚國恥論的用意，除了團結國人對抗外國威脅以外，還要對付泰國境內那些意圖出賣國家的人。第三章檢驗泰國政府如何將天主教與法國帝國主義掛鉤，並從一九四〇年起開始驅逐教會。政府設法將佛教訂為國教，並且支持民眾對少數派宗教進行騷擾。穆斯林與清教徒也遭到波及，但天主教徒是這項政策的首要目標。前後數十年間，泰國境內的天主教會有效利用治外法權，在不受法律約束的情況下運作。在朱拉隆功王統治期間，每當教士運用政治與司法勢力抗拒府當局統治、傳播外國宗教時，泰國統治者通常只會謹慎以對。在一九四〇年，泰國宣傳工具說，天主教士這些行動是殖民勢力在泰國境內興風作浪的證據。由於披汶的法西斯政策主張對外擴張、對內綏靖，政府於是採取行動，以打垮教會在泰國的勢力。「泰血黨」（Thai Blood Party）散播傳單，說天主教是真信仰的敵人。泰國政府逮捕教士，禁止集會，授意暴民攻擊天主教徒、搗毀教會財物。泰國政府認為，唯有剷除這種外來信仰才能完成全面獨立。

日本入侵與占領泰國，是第四章探討的主題。這一章的論點是，披汶用泛亞洲主義混入國恥論，已造成一種日本占領並不損及泰國獨立的假象。在第二次世界大戰期間，泰國軍方精英以一種緩衝者之姿，介入日本帝國主義者與泰國人民之間，在國內推銷經過修改的泛亞洲主義意識形態。披汶在演說與電台宣傳中大談泰國過去承受的苦難，企圖在前不久發生的法屬印度支那之爭，以及日本的東亞戰爭兩者之間建立統緒。泰國軍方剛結束一場把法國人趕出「黃金半島」（Golden Peninsula，編按：指馬來半島）的戰爭；下一步是協助日本人剷除西方帝國主義在亞洲的勢力。泰國在對同盟國發表的正式宣戰文件中引用國恥論，指責英國與美國在法國－暹羅危機中沒有幫助泰國。就這樣，泰國以國恥論為基礎，建立與日本的軍事合作，以及與即將解放的那些國家的關係。泰國軍方精英希望透過對日本的支持，在新出現的東亞秩序架構中取得特權地位。

第五章討論戰後影響。有人說，泰國雖在二戰期間拉攏日本，戰後卻並未因此遭到嚴重後果。第五章對此說提出駁斥，認為日本戰敗事實上讓泰國政府灰頭土臉，狼狽不堪。本章的探討聚焦於國會內的政治辯論，說明二戰後的泰國政權如何努力與國恥論、與日本的合作撇清。一九四一年取得的四個府的命運問題，在一九四六年讓新文人政府進退兩難，傷透腦筋。經過多年民族統一主義宣傳，無論任何泰國政府，想在不犧牲統治合法性的前提下放棄土地都非常困難。文人政府最後決定把四府歸還法屬印度支那，並引發一個複雜的議題。政府此舉代表對泰國民族統一主義的駁斥？還是說，它不過是迫於國際壓力，不得已而為之？無論怎麼說，一九四六年將四府交還法屬印度支那之舉再次揭開了過去屈辱的瘡疤。對許多人來說，就在泰國政府力圖撇清國恥論之際，這塊土地的喪失恰好確認了國恥論的觀點。王室－國族主義論者重新詮釋軍政權法統，將披汶打成篡國者。但失落土地的記憶仍是比這複雜得太多的議題。

最後一章檢驗曼谷新聞界在泰國－柬埔寨柏威夏爭議期間出現的國恥論言論。這場從一九五八持續到一九六二年的邊界危機，說明國恥論可以蟄伏多年，直到條件適當才突然冒出，改變泰國政治生態。從泰國的觀點來說，這座十一世紀印度古寺與失落土地的主題已經結上永久不解之緣。直到一九四一年報紙開始大吹大擂地慶祝泰國從法國人手中「解放」柏威夏以前，大多數泰國人對柏威夏一無所知。根據國恥論論述，柏威夏代表一九四六年割讓給法屬印度支那的四個府，也代表譴責西方國家外交手段居心叵測的一個機會。這一章還要解釋一個問題：其實柏威夏早自一九〇四年起就是法屬印度支那的一部分，泰國人為什麼自認在一九六二年才丟了這塊土地？這種悲痛意識引發一場巨型民族主義浪潮。全國各地的示威、報紙的渲染，以及對沙立（Sarit）政府的捐款，與披汶政府在一九四〇年為收復失土而採取的那套宣傳手法如出一轍。柏威夏的重要性這時超越了建築、文化或宗教範疇。它已經成為國恥論的論證象徵。

資料來源

本書引用了幾個曼谷泰國國家檔案館（National Archives of Thailand）裡找到的檔案資料。我在內政部檔案中找到許多有用的文件，談到政府如何在泰國構築民族主義、如何限制法國影響力（包括天主教會）。外交部、教育部等幾個部會的檔案也很有價值。由於寫這本書主要的目的，在於探討民族主義者如何將失落土地的概念推銷給廣大民眾，我的大多數資料來源與大眾媒體有關。二十世紀三〇年代末期到四〇年代初期的地方報紙，提供許多相關議題的評論與辯論，讓歷史學者一窺當代心態，是很珍貴的來源。泰國國家圖書館（National Library of Thailand）收藏了儘管零星、但種類繁多的報紙。內政部與泰國國家檔案館的各式各樣檔案中，也暗藏許多相關報紙報導的剪報。演說稿與電台廣播節目內容偶爾出現在報端，或由宣傳局（Department of Publicity）發表。披汶的大多數官方演說都能在朱拉隆功大學圖書館微膠片上找到。內政部也藏有幾份當年在泰國各地散發的反法傳單。我在法國普羅旺斯艾克森（Aix-en-Provence）的國家海外檔案館找到許多重要資料，對了解法屬印度支那各地的泛泰宣傳活動很有幫助。從一九四一至一九四六年的國會辯論紀錄取自泰國國會圖書館。在一九四〇年法國–暹羅衝突期間天主教徒遭受宗教迫害的問題上，曼谷聖母升天主教座堂工作人員讓我取用他們未曾發表過的私人文獻，也讓我非常感激。

第一章　架構損失：廢除暹羅的不平等條約

為創造國恥論，威集與披汶利用暹羅戰爭的意象修改不平等條約。在西方列強壟斷的二十世紀，暹羅為再次自我展示而苦苦掙扎，而在失土論出現以前，最能說明這種掙扎的莫過於不平等條約。這個議題能幫助泰國建立一個論壇，讓學者可以一面討論暹羅與西方的差距，同時譴責歐洲國家破壞泰國主權、阻撓泰國進步的作為。像二十世紀三〇年代的民族統一論者一樣，修改條約運動論者也創造出一個理論，在泰國歷史上找到關鍵性的國殤時刻。他們自認是在扭轉國家的這項損失。與威集的做法不一樣的是，這些條約修改論者以一八五五年與英國的《鮑林條約》——暹羅國勢在這項條約簽訂之後逐漸式微——為暹羅的「選定創痛」。我們即將在下文見到，條約修改論者以背叛論與反殖民主義主題說明蒙固王當年與英國的談判，犯了時代錯置之誤。事實上，泰史學者用來譴責一八五五年《鮑林條約》的用詞與論點，更適用於一八九三年的法國—暹羅危機。

暹羅的不平等條約

十九世紀後半，暹羅向全球資本主義敞開經濟門戶，與歐洲國家簽了一連串貿易協定。這些貿協的締約談判比照歐洲與中國、日本的既有條約模式進行，即後來所謂「不平等條約」，因為它們對亞洲國家施加了兩個重要限制。這些條約規定，亞洲國家在對歐洲進口商品課稅時不得超過一定限額，而這些限額往往低到每年只有百分之三。更重要的是，根據這些條約協定，西方人得不受在地國法律約束。英國在談判《鮑林條約》時已經預期英國移民將湧入暹羅，由於歐洲人認為亞洲法律刑罰既無章法又過於殘忍，他們對於自己也要接受亞洲刑罰管轄一事非常擔心。此外，信仰基督教的歐洲人也不願服從非基督教國家的法律。[1]為執行這種豁免權，英國在曼谷建立領事館，並透過條約保障領事館的權力。暹羅境內治外法權的執行由領事館全權處理。也就是說，如果一名英國人在暹羅犯了罪，即使罪證確鑿，這名英國人違反了英國法律，英國領事也可以不必處罰他。[2]不僅如此，根據治外法權的規定，外國人無論購買什麼土地都享有減稅優惠。[3]

拜泰國政府宣傳之賜，泰國人只知道他們要廢除外國人的這些特權，對治外法權的定義並不很熟悉。孔莉莎（Lysa Hong）認為，泰國人對治外法權的集體記憶只有一個焦點：他們如何為了泰國現代化、為了讓泰國能與歐洲國家平起平坐而奮不顧身。[4]泰國民眾對這些不平等條約的認知，都是王室–國族主義論者一手塑造成形的。丹龍親王首先在泰國編年史《吾所知之好人》（*Khondi thi khapachao ruchak*）中說，蒙固王為維護泰國獨立，不得不在英國威迫下簽下一連串屈辱讓步的條約。幾十年來，學者們大體也接受了這一說法。在二十世紀二〇年代寫成的這本書中，丹龍也承認，《鮑林條約》不平等的內容對蒙固王時代造成不利影響。如果想了解泰國民眾有關不平等條約的認知演變，我們首先得分析第一次世界大戰結束後出現的民族主義史觀。

在一次世界大戰結束後的那個年代，暹羅法學者寫了許多文章，主張廢除不平等條約。其中鑾・那他班加（Luang Nathabanja）所寫的《暹羅的治外法權》（*Extra-territoriality in Siam*）尤為著名。一九二四年發表的這本書說，治外法權是一種源出於中世紀的習慣，不再適用於暹羅這樣的現代化文明國家。哥倫比亞法學院（Columbia Law School）畢業的那他班加，在這本書一開始，首先闡述國際關係基本原則與慣例。他在書中寫道，主權是這些基本原則與慣例的首要概念，所謂主權就是：擁有經國際公認的疆界的國家都是獨立實體，有權建立「它希望建立的任何形式的政府；它可以根據任何模式組成它的社會建制；由於身為獨立實體，它的意志在它的疆界內享有排他與最高地位」。[5]由於擁有主權，政府享有與主權呼應的司法權；有權決定在它轄下什麼樣的行為可以接受，這種決定權延及個人與他們的財產。進入外國的個人等同與那個外國的政府簽了約，必須遵守它的法律，維護當地治安。由於執法是政府主權的排他性職責，任何國家不得在另一國疆界內行使本國法律。外國司法權唯有在透過立法行動或國際條約取得地主國同意後才能運作。違反這些規則就是破壞地主國的獨立，犯行國將因此「不能見容於文明社會」。[6]

根據那他班加的說法，列強在處理彼此相互間的外交關係時都遵守上述原則，但在面對暹羅這類弱國時就換了一副嘴臉。歐洲人認為，暹羅這類落後國家欠缺維護必要安全層次的法律與建制，不適用文明法。歐洲人認為暹羅的罰則過於殘酷與野蠻就是例證。最後，歐洲人認為，完全主權的原則僅適用於基督教國家，而基督教國家的公民不應接受非基督教國家的法律與習慣管轄。那他班加駁斥這類主張，說這類主張無非是為帝國主義侵略尋找藉口而已。[7]他進一步指出，暹羅等國做出的讓步表面上似乎出於自願，實際上它們都是「以威脅或赤裸裸的武力手段從在地政府手中榨取」而來。[8]

那他班加將《鮑林條約》描述成暹羅在西方列強淫威下屈服之始。他說，《鮑林條約》開創了一個雙軌法律系統，讓「外國人開始享有比本國公民更多的權利與特權。國家主權遭到壓縮，外國人為了牟利與享樂爭相來到暹羅」。[9]另一名史學者在許多年以後也發表論述，同意那他班加這項看法。維奇翁・拿波賈拉（Vichitvong Na Pombhejara）認為，蒙固讓歐洲人享有領事裁判權的決定，對暹羅在泰王國內的絕對權威是一記重擊。維奇翁透過對治外法權的論述，將一八五五年以來的暹羅史改寫成一場王室–國族主義者為節制外國對暹羅的侵略與干預而發動的聖戰。維奇翁與那他班加這類學者用二十世紀的法學原則評估十九世紀中葉簽訂的條約，將《鮑林條約》與不平等以及恥辱扯在一起。不平等條約史就這樣改頭換面，成為一場為奪回失落主權而展開的英雄式鬥爭。

《鮑林條約》的簽署

庫拉達・奇布楚・米德（Kullada Kesboonchoo Mead）在有關暹羅王權絕對主義的論述中，以一種非常不一樣的方式解釋《鮑林條約》。庫拉達反對查爾斯・提里（Charles Tilly）的「戰爭製造國家」論，他支持安德森的說法，認為東南亞國家為適應全球資本主義系統的擴張而進一步中央集權。造成現代暹羅國的，是世界經濟造就的壓力與機會，而不是戰爭。[10] 也因此，《鮑林條約》在暹羅國的建國過程中扮演重要角色。政府決定放棄王室貿易壟斷以及「包稅」（tax farms，編按：由私人或私人團體負責收稅）的傳統系統，走入世界經濟，採取與西方配合的政策。暹羅政府並沒有失去主權，而是提出一套不一樣的主權概念。

那他班加認為，英國強行進駐暹羅，憑藉武力迫使王室交出主權。事實上，首先展開行動要求談判的，是年輕的暹羅改革派。[11] 不過，蒙固王擁抱西方的決定並非沒有爭議。暹羅朝廷因為與英國締結貿易協定的問題而分裂為兩派。當鮑林的前任詹姆斯・布魯克（James Brooke）爵士於一八五〇年來到曼谷，希望與暹羅締結貿易協定時，他發現「朝廷分裂成兩派，一是國王派，一是親王派。大體而言，或許可以理所當然地說，那些親王本身與他們的派系比較贊成與歐洲人合作，而國王與國王那一派則反對親王派」。[12] 這兩派人馬一是國王拉瑪三世（Rama III）領導的保守派，一是以蒙固為首的親西方派，兩派主要的爭議焦點在於《鮑林條約》對他們個人財富的影響。保守派意圖維持由中國人經營的貿易壟斷以及包稅系統，因為他們有龐大的既得利益；但親西方派人士知道如何透過欣向榮的全球經濟獲利，也了解伴隨全球經濟而來的新科技。[13]雖說國王派取勝，朝廷拒絕了布魯克的締約要求，但大多數參與談判的人都了解貿易協定遲早必須簽訂，暹羅不過是在拖延時日而已。

在拉瑪三世於一八五〇年去世後，兩派勢力消長，轉而對年輕的改革派有利。蒙固在取得幾個親西方貴族家族的支持並繼位為王之後，這些家族力促他盡快在環境許可時與英國締約。當鮑林爵士於一八五五年抵達曼谷時，他發現暹羅精英已經決心與英國締約，只不過他們彼此之間仍有嚴重分歧。保守派貴族團結口徑，反對廢除包稅，迫使親西方派改變說法，強調所以必須廢除包稅是因為這種系統迫害平民百姓。[14]鴉片與火器除外的貿易壟斷於是廢除，鴉片與火器貿易仍然控制在國王手中。[15]英國所提介入稻米輸出以及在曼谷設領事館的要求，也遭到許多貴族反對，因為這麼做會開先例，造成其他外國紛起仿效。不過英國也做了小小讓步。蒙固要求鮑林出使越南，以免予人一種暹羅向英國讓步，放棄對寮國與柬埔寨立場的印象，鮑林同意了。

庫拉達的論述證明，《鮑林條約》並非如同那他班加所說，是英國威逼暹羅的產物。

事實證明，暹羅精英儘管談判籌碼有限，卻是很強悍的談判人，從談成的這項條約中獲利頗豐。庫拉達指出，曼谷朝廷的多數派「見到這項貿易條約可能帶來的利益，對英國的要求表示歡迎。他們的洞察力與辛勤使這項條約得以締結。貿易與生產的擴大，為朱拉隆功王絕對王權的建立奠下基礎」。[16]

很顯然，這並不是說鮑林沒有為達到談判目的而施以武力威嚇；而是說，暹羅精英也因締結這項貿易條約而獲利。與英國的這項條約使蒙固王聲勢大振，並且開創了一個政治法統新基礎。《鮑林條約》證明，王室可以一面與西方列強談判，一面將西方科技與做法融入在地文化，以維護暹羅獨立。王室並沒有遭到強制條約限制的屈辱，與法律史學者的指控相反。在締約談判過程中，治外法權議題並不是爭議焦點。由於當時暹羅境內沒有多少英國居民，蒙固王並不認為治外法權對他在王國內的權威是一項潛在威脅。事實上，暹羅王做這類讓步早有先例。大城王國的王早自十七世紀起已經為歐洲商旅提供治外法權特權。[17]暹羅精英當時達成的共識是，蒙固王加強、而不是削弱了暹羅國際地位。

調適不平等條約系統（一八五五—一八九三）

暹羅人發現，和他們過去與清朝的關係相比，他們與西方國家建立的新關係好處更多。在英—中戰爭以前，暹羅定期向中國納貢，承認中國皇帝是亞洲最高政治權威，爭取在他治下的貿易機會。中國方面對暹羅這些外交行動幾乎從不回應。但西方國家不同，他們積極向暹羅示好，多次到訪曼谷，與拉瑪三世以及之後的蒙固王建立貿易關係，這一切都讓暹羅精英感覺甚好。康斯坦斯・威爾森（Constance Wilson）指出，外國人喜歡造訪泰王國一事令暹羅精英很開心，同時暹羅精英也頗以曼谷能成為一處外交中心為傲，因為當時他們在曼德勒（Mandalay）、順化（Hué）與金邊（Phnom Penh）的政治對手都還無法享有這種地位。[18]蒙固王了解在這項與西方列強的關係中，暹羅（就像過去與中國的關係一樣）是次要夥伴，也因此做好準備，願意容忍他的國內出現另一法律系統。與中國不一樣的是，暹羅成功避免了不平等條款的不斷升高。暹羅直到一八六七年才開始割讓土地；直到一八九三年與法國交戰戰敗後，暹羅才開始償付戰費賠款。

治外法權非但沒有削弱王室，反而幫曼谷加強了對屬下附庸網路的控制權。在十九世紀八〇年代，暹羅王國仍是一個以卻克里王朝（即曼谷王朝）為核心，極端複雜、變化不定的納貢關係系統。附庸國遵奉暹羅王室為宗主，以不斷納貢的方式換取暹羅的保護與支持。附庸國統治者享有區域性自主權，有時還得向幾個權威臣服，換取它們的保護，以制衡幾派相互角逐的勢力，在夾縫中建立獨立。[19]

一八五五年的《鮑林條約》迫使暹羅將這種宗主─附庸關係加以轉型、澄清。英國提出質疑：沒有在《鮑林條約》簽字，甚至沒有參與締約談判的幾個寮王國，會不會遵守這項新協定？蘭納（Lan Na）由於是對英屬緬甸供應柚木的主要供應國，尤其成為英國關注的焦點。蘭納王國首府清邁（Chiang Mai）當時已經有相當多的外國居民。在一八六〇年，英國領事羅伯・蕭伯（Robert Schomburgh）往訪清邁，與柚木商聯繫，並探明蘭納的政治氣候。清邁統治者卡威洛羅特（Kawilorot Suiyawong）將清邁周遭的柚木森林視為自己私人資產，認為自由貿易規範管不了他的天然資源。卡威洛羅特通知蕭伯，說他不會聽命於《鮑林條約》，並要求英國另外與蘭納簽約。蕭伯拒絕這項要求，並且向暹羅朝廷提出這個問題。一八六三年，一名由於是英國臣民而有權享有治外法權特權的緬甸貿易商控告卡威洛羅特，說卡威洛羅特違反一項柚木交易合約。在領事法庭中，英國法官判決卡威洛羅特沒有遵守自由貿易規章。蒙固於是把卡威洛羅特召到大皇宮（Grand Palace），令卡威洛羅特遵照新規定行事。[20]

這個案例說明《鮑林條約》加強了曼谷的權威，因為曼谷可以藉此以外國干預為威脅，迫使附庸屈服。由於英國堅持緬甸貿易商享有治外法權特權，《鮑林條約》得以在清邁執行，蘭納也因此喪失了自主權。過去，吉打（Kedah）等附庸國還能自行談判本身的貿易協定與對外關係，但自從簽訂《鮑林條約》以後，它的獨特規定造成宗主—附庸關係的中央集權化。外交政策與貿易協定現在由曼谷統籌負責。地方統治者若不能默認，就可能遭到汰換。這項政策改變說明一件事：英國與法國帝國主義勢力的進駐，助長了暹羅政治的中央集權進程。英國與暹羅在停止競爭、展開合作的同時，也剝奪了一些弱小附庸國的討價權，加強對這些小國的役使。就這種意義而言，《鮑林條約》儘管不公平，仍為暹羅帶來重大利益。

不平等條約也導致一些令王室不快的現代化要件。舉例說，治外法權開創了條件，讓暹羅出現有限度的新聞自由。雖說一般認為暹羅王室為了教育子民，對報業恩寵有加，但馬修・考普蘭（Mathew Copeland）認為，報業與王室的關係非常敵對。一八四四年，當美國傳教士丹・布萊德雷（Dan Bradley）在曼谷開辦第一家地方報時，拉瑪三世公開反對這家報社，使它在創刊第一年就關門大吉。[21] 一直壟斷暹羅印刷媒體經銷的暹羅王室，很清楚報紙製造輿論、導致場面失控的潛力。但在《鮑林條約》的締約談判中，蒙固王同意不對外國人在暹羅的商業活動設限，這些活動包括外國人擁有的出版商。在治外法權保護下，面對批判它的政策的報紙，王室唯一的辦法只有根據西方新聞專業原則，在領事法庭提起誹謗訴訟。[22] 由於享有這種豁免權，外國報紙成了一種可靠的媒體，讓暹羅人可以盡情傳播指摘王室的意見或資訊。直到絕對王權於一九三二年告終，報紙始終令王室有如芒刺在背。治外法權特權使民眾得以發出不平之鳴，無論朱拉隆功或瓦希拉兀（Vajiravudh，即拉瑪六世），都沒能在運用報紙、對抗治外法權的工作上取得成功。

治外法權對主權的威脅(一八九三-一九〇七)

在鮑林往訪曼谷之後三十年間，對暹羅精英而言，不平等條約的條件雖有些許惱人之處，但帶來的好處更大。他們沒有廢棄甚或修訂這些協定的迫切需求，直到一八九三年法國-暹羅危機爆發，情況才改觀。北欖海戰的敗北，暴露暹羅統治者與西方平起平坐的企圖徒勞無功，也讓他們備受羞辱。法國在取勝後，實施一套治外法權規章新系統，以厚植法國在暹羅的影響力，挑戰暹羅對其臣民的司法裁判權。在進入這個時期以後，這種保護外國人的系統才成為有效治理的嚴重障礙，迫使曼谷訂定一套廢除不平等條約的策略。

羅斯貝里(Roseberry)爵士在談到終結法國-暹羅衝突的那項一八九三年協定時指出，那是一項法國設計、目的在「保持傷口開啟」(keep the wound open)的協定。[23]法國殖民勢力想方設法對暹羅內政進行干預，希望有一天能兼併整個暹羅。為了在衝突結束後繼續向曼谷挑釁，法國設計了一套以擴張治外法權為基礎的策略。法國在這套治外法權規章第四條規定：「所有在左(東)岸的法國、安南、與寮國臣民以及高棉人，無論基於什麼理由遭到監禁，暹羅政府必須將他們交由法國駐曼谷公使或法國邊界當局處置。過去生活在這些地區的人想重返左岸，暹羅政府不得阻撓。」[24]

這項條款改變了法國-暹羅一八六七年條約的下述規定：地方警察與法院可以對柬埔

寨或暹羅的任何非歐洲人犯實施司法管轄。就這樣，一八九三年協定允許法屬印度支那境內所有居民，無分族裔都享有接受法國保護的身分，成為暹羅境內治外法權的延伸。從那以後，法國當局為柬埔寨、越南或寮國人提供保護狀，保證他們在遭到暹羅當局拘捕時可以獲得法國保護。法國希望運用治外法權強化他們在暹羅相對較弱的陣勢，藉以對抗英國的勢力。根據這項策略，法國一方面鼓勵法屬印度支那居民進入暹羅，一方面為已經住在暹羅境內的非暹羅人提供保護地位。當時法國駐曼谷公使亞伯特・戴法恩（Alberta Defrance）總結這項策略如下：

我們必須讓（一八九三年）條約生效，為那些已經是法國國民的人提供保護，特別是為那些未來將成為法國國民——即所有那些過去被迫從安南、柬埔寨與東岸移民——的人提供保護。保護的內容包括拯救他們，幫他們掙脫親王與政府官員的奴役；包括保衛他們，讓他們不受當局的騷擾。除非能做到這一點，我們在這個國家不具任何影響力。要做到這一點，我們就得自我表現得不一樣，就得與暹羅政府唱反調。我們除此而外別無他法；在暹羅，這是我們唯一可行之道。說白了，英國控制暹羅政府與它的官員。我們得靠民眾支持對抗暹羅政府與官員。[25]

法國利用治外法權規章第四條的語焉不詳，發動大規模保護登記，意圖藉以侵犯暹羅主權。法屬印度支那居民在向法國使館辦理登記之後，就能享有暹羅法律豁免權。戴法恩並且大開方便之門，讓更多人可以取得法國保護狀。在將暹羅境內其他歐洲人納入它的保護之後，法國使館開始盯上暹羅的四萬五千名中國人，將他們視為可能申請保護的重要來源。此外，暹羅軍中用了許多從左岸強迫徵來的柬埔寨與寮國軍人，他們若完成登記，接受法國保護，可能大幅削弱暹羅軍事實力。戴法恩的最終目標是運用這種擴大後的治外法權系統對付暹羅政府。法國使館計畫為兩萬六千人完成登記，要處理這麼多人的登記事務，需要擴大行政結構，為了支付成本，它需要提高登記費，以及印度支那政府的額外補助。[26]

從一八九六至一九〇七年，保護登記成為暹羅政府一項極度惱人的議題。果如戴法恩所期，哪些國籍的人夠格享有法國保護，成為暹羅外交部與法國使館之間幾乎每天爭執不休的議題。儘管曼谷抗議，法國官員繼續漫無節制地販賣保護狀。暹羅官員在報告中說，一八九七年，湄公河上游沿線已經出現一個販賣這種保護狀的黑市。一箱箱空白的保護狀表格沿湄公河上游而上，然後出售，再轉手。出價最高的人可以把自己的名字填在表格上，立即取得不受暹羅法律管轄的豁免權。[27]據說當時的土匪在幹各式各樣不法勾當時，都隨身攜帶一面法國國旗與一紙法國保護狀。法國的治外法權政策對暹羅軍方也造成預期效果。英國駐暹羅公使說：「暹羅現役軍人取得保護狀以後，違抗命令的案例層出不窮。

如果連這樣的事都能容忍，政府怎麼進行治理？」[28]

法國不是濫用治外法權特權的唯一國家。根據不平等條約的條款，賦予一個西方國家的任何特權，其他所有西方國家也自動享有。法國是目前為止在這方面做得最窮凶極惡的，但英國與美國也靠著發售保護狀大發利市。

暹羅修改這種系統的嘗試在一開始沒能成功。暹羅在一九〇二年與法國簽署一項協定，收回一些對華人以及其他法國保護狀持有人的司法管轄權，但之後這項協定在巴黎遭到一個法國殖民遊說團拒絕，沒有過關。當時這個殖民遊說團仍意圖兼併暹羅，納入法屬印度支那版圖。但到了一九〇四年，隨著《英法協約》（Entente Cordiale）簽訂，英國與法國逐漸修好，法國奪占暹羅的希望也化為泡影。治外法權不再是一種政治恫嚇利器，法國開始考慮放棄保護主身分以換取領土。就在同一年，法國同意以嚴厲得多的手段限制它的外交保護系統。法國並且保證撤出尖竹汶，以換取暹羅將占巴塞（Champassak）其餘地方與龍坡邦（Luang Prabang，或稱琅勃拉邦）對面土地割讓法國。[29]在一九〇七年條約中，法國同意廢止「法國亞洲屬民」（French Asiatics）的豁免權，以換取馬德望（Battambang）、暹粒（Siem Reap）與詩梳風（Sisophon）等省的控制權。在一九〇七年這項條約簽署以前請得保護狀的人可以繼續獲得法國保護，但之後登記的人現在得受暹羅司法管轄。英國人更是獅子大開口。在一九〇九年，暹羅將吉打（Kedah）、玻璃市

（Perlis）、登嘉樓（Trenggnau）與吉蘭丹（Kelantan）等幾個馬來州的政治控制權交給英國。英國則同意把對所有英國臣民的領事裁判權交還給暹羅地方法庭，不過曼谷必須先制定現代化新法典，並且公布實施。[30]

所以說，那他班加提到的主權淪喪，直到一八九三年以後才成為嚴重的問題。《鮑林條約》雖說因為在治外法權方面讓步，開啟了歐洲列強干預的門戶，但直到法國－暹羅危機過後，法國才開始濫用保護系統以挑戰曼谷統治能力。一九〇七年暹羅與法國，以及一九〇九年暹羅與英國的條約，是不平等條約史上的重要里程碑。最重要的是，非暹羅人為逃避暹羅法律、稅賦與兵役管轄，無論族裔都能請領保護狀的慣例，因這兩個條約而畫下句點。也因此，這兩個條約是進一步提升暹羅王室對國家、對國家法律系統權威的重要步驟。

「救贖」的一刻

一九〇七與一九〇九年訂定的條約，剷除了不平等條約最具威脅性的部分，但其他條款依然存在。暹羅政府仍然無權決定本國的進口關稅，無權規範與列強的貿易。它的司法系統也不能完全自主。由王室聘請的西方法律顧問仍然監控著它的國際法庭，而主持這些法庭的是受過西方訓練的暹羅法官。這一切造成一種殖民地形象，讓王室面上無光。在暹羅進入二十世紀時，曼谷精英想方設法，希望能在國際社會建立全面獨立的地位。

在一九一九年，暹羅代表往訪凡爾賽（Versailles）參與和會，與法國、英國、美國重新談判不平等條約。[31]他們基於兩個原則要求修訂現有協議。首先，暹羅已經履行條約義務，完成官僚與司法系統重點現代化，不再有必要繼續依照條約規定接受西方勞民傷財的監督。治外法權造成的法律異象讓完整的領事法體系無法建立，而且暹羅不久前已經頒布新刑法，證明暹羅的司法改革進展順利。[32]此外，暹羅代表也希望以暹羅在第一次世界大戰期間對盟國的貢獻為談判籌碼。[33]在這場大戰中，暹羅對德國宣戰，奪占德國資產，還派了一支遠征軍前往法國參戰。所有這些行動都證明暹羅「在戰爭期間已經以一個獨立國的形式採取行動，暹羅於情於理，應該像獨立國一樣擁有完全主權」。[34]

談判結果完全失敗。英國與法國忙著重建歐洲，忙著瓜分在非洲與亞洲的帝國，對暹羅的要求都顯得興味索然。沒有一個盟國對暹羅參戰的貢獻表示感激，也沒有一個盟國承認暹羅的現代化主張。就連美國也認為修訂不平等條約的事與和會進程無關，而拒絕考慮。美國大使建議查龍親王（Prince Charoon）日後另派代表團到華府。[35]

暹羅一直到一九二五年才等到與美、法兩國修訂條約的機會。英國也在之後一年跟進。到一九二六年年底，所有十個享有不平等條約特權的歐洲國家都與暹羅簽約修改了協議。經過五年寬限期，所有暹羅境內的外國居民都得接受暹羅法庭審判，曼谷也拾回了完整的關稅自主權。王室大舉慶賀，認為這是暹羅掙脫不平等條約束縛的里程碑。由於這項成就意義太過不凡，直到十年後，人民黨（People's Party）還試圖把功勞攬在自己身上。罷黜絕對王權的軍政權宣稱，舊有不平等條約的某些殘跡仍然存在，舉例說，英國就對暹羅鋼鐵、機械與棉花出口訂有十年期滿的上限。儘管這個上限即將於一九三六年到期，外長普里迪仍於一九三五年採取行動，取消與西方國家所有的協議，提出新草案以備簽署。新政府在一九三六年締結這最新一輪條約，並宣稱它終於為暹羅爭取到全面獨立。[36]

小結

廢除不平等條約的運動建立了一套說詞，對之後的國恥論產生非常大的影響。對抗治外法權之爭讓暹羅人質疑國家是否完全獨立；它將暹羅史改寫成一部國殤救贖史。在暹羅愛國者心目中，暹羅自古以來就是一個民族國家；他們認為，早在暹羅因遭到西方干預而沉淪以前，現代司法與主權概念已經在古暹羅存在。如同威集的失落土地論，這套說法在描述主權概念時，也像考古學者在描述一件古物時可能採用的做法一樣：認為它一直存在，只是最近才出土並重建罷了。[37]事實上，暹羅精英為了修訂舊有條約系統，用一種西方意識形態架構來改變他們對自主的了解。他們的作為不是重建，而是創造。

保皇派與軍系支持者或許為了暹羅主權究竟在哪一刻重建的問題而爭執不下；或許更

應該問的問題是，暹羅的主權究竟在何時喪失。那他班加等法學者指出，在暹羅放棄若干關鍵性獨立要件的過程中，《鮑林條約》是重要關鍵，不過他們沒有怪罪蒙固批准這項條約。但如同本章所說，那他班加有關自主權受損和外國干預危害的議論，是對法國－暹羅危機的反應。直到一八九三年以後，法國的保護系統才讓治外法權問題有如芒刺在背，迫使朱拉隆功王寧願割地也要將它廢止。到二十世紀二〇年代，廢止所有不平等條約的運動也都用上了「喪失榮譽與尊嚴、喪失主權、喪失國土」這類法國－暹羅危機期間使用的語言。

泰國民眾對廢止不平等條約運動的反應如何？在二十世紀二〇年代，大多數農民是文盲，除了中國商人以外，暹羅沒有中產階級，而且就連經濟精英也鮮少有人對政府外交政策有任何興趣。[38] 暹羅一般平民百姓很可能對《鮑林條約》、一八九三年危機或治外法權的錯綜複雜一無所知。政府也不認為它有必要針對這些事務向人民有所說明。也因此，後來逐步演成暹羅「選定創痛」的那套論述，在一開始僅止流傳於外交圈。到二十世紀三〇年代，情況改變了。一九三二年後當權的軍事執政團，為了讓人民相信泰國遭到歐洲帝國主義欺凌虐待而費盡苦心。過去的王室外交官為重建暹羅主權而與歐洲人談判，現在當權的將領們則打算以武力收復失土。

第二章　國恥論的誕生

今天，一九四一年五月九日這個日子在泰國重大歷史事件中已經不再據有什麼特殊地位。有些史書雖說也會提到這個日子，但提它的用意一般而言，只是為了鋪陳、帶出更重要的泰－日聯盟罷了。但在一九四一年五月九日，簽署《東京和平協定》、結束與法屬印度支那的戰爭時，泰國曾經大事慶賀，說這項條約是泰國進入現代以後最偉大的勝利。這場戰爭是披汶為宣揚泰國過去遭到的不公義與挫敗，而直接導致的後果。威集在二十世紀三〇年代精心策畫失土論，說西方國家半個世紀以來憑藉科技優勢不斷威嚇泰國，瓜分半島。泰國政府透過演說、地圖與刊物向泰國人民宣揚這種國恥意識。就這樣，與法屬印度支那的邊界談判成為難得一見、引起泰國全民關注的外交政策議題。泰國當局利用國恥論讓眾多國民相信，法國過去欺壓泰國，目前的邊界談判是泰國報仇雪恥的機會。隨著一九四〇年將近尾聲，支持政府與法屬印度支那對抗的呼聲越來越強，於是給了曼谷升高軍事行動的藉口。曼谷當局認為，只要能在這場衝突取勝，讓四個府「回歸」泰國懷抱，就可以為披汶軍事政權帶來強有力的政治法統。

通往戰爭之路

泰國與法屬印度支那在一九四一年這場衝突的成因——特別是披汶在這場衝突中扮演的角色——始終是史學者爭論的重點。在這場衝突剛剛結束時，許多西方觀察家認為這場衝突不是泰國機會主義造成的直接後果。學者指責披汶挑起這場爭端，說披汶是日本人的馬前卒，說他製造民族統一情緒，意圖趁法國在歐洲戰敗，建立大泰國。[1] 但到了二十世紀六〇年代，法國與泰國政府都釋出有關這場衝突的新資訊，為泰國窮凶極惡侵略者的形象粉飾。沙迪尤・傅勒德（E. Thadeus Flood）提出指證說，早在雙方爆發衝突前幾十年，泰國與法屬印度支那間模糊不清的邊界已經爭議不斷。[2] 近年來的研究也說，披汶在一九四〇年採取的行動並不逾越外交規範。根據考布庫雅・蘇文納－潘（Kobkua Suwannathat-Pian）的說法，重新談判泰國邊界的民族統一運動，並不是披汶元帥本身發動的。事實上，「自法國在一八九三與一九〇七年間奪占某些泰國土地以後，每位泰國領導人心中都藏有一種蟄伏的情緒」，夢想有一天收回這些失土。[3] 前國王巴差提普（Prajadhipok）在一九四一年的一篇報紙訪談中證實了這項說法。當時許多人認為日本暗中煽動泰國，希望泰國與法屬印度支那起爭執。巴差提普在這篇訪談中否認這種說法。既不支持披汶、也不支持軍政權的巴差提普說，東北部邊界早在王室主政期間就一直是外交政策關注焦點。[4]

在披汶展開民族統一運動以前，泰國政府至少曾經兩度對這項邊界爭議採取行動。曼谷最主要的關切與一九〇四年的條約有關。在這項條約中，泰國將湄公河左岸兩塊屬地——其中一塊在龍坡邦對面，另一塊位於今天寮國境內的巴色（Pakse）——割給法國。

經過這項土地割讓，湄公河不再是泰國與法屬印度支那之間連續不斷的邊界。此外，根據法國對一八九三年條約的解釋，整個湄公河，包括河中的島嶼，都屬於法屬印度支那所有。湄公河國界模糊的特性為泰國帶來一連串惱人的外交難題，也造成與法國關係進一步惡化。[5]在第一次世界大戰過後，泰國說服法國針對東北部邊界問題簽訂新條約。一九二六年簽訂的公約對邊界問題做了小小調整，將國界線從泰國這一邊的湄公河河岸移到湄公河深水河道。這項修訂（從泰國觀點而言）是向前邁出的一步，但曼谷基於兩點理由對此表示失望。首先，法國針對深水河道規則提出一項例外，堅持河中任何島嶼仍是法屬印度支那獨占資產。其次，這項新協議沒有將湄公河定為泰國－法屬印度支那邊界緬甸到柬埔寨段的正式界河，所以一九〇四年割給法國的兩個左岸屬地仍是法國領土。[6]人民黨政府一九三六年在重新談判與外國的條約時也曾設法修訂這項邊界安排，但未能說服法屬印度支那改變現狀。[7]

由於法國在歐洲與亞洲勢力逐漸式微，邊界議題於一九三九年重新浮出檯面。由於預期與德國之戰在所難免，法國急著讓他們的殖民地先求自保。為達到這個目的，蓋杜賽（Quai d'Orsay）在一九三九年八月建議與泰國簽訂一項互不侵犯條約。披汶察覺法國處境窘迫，意圖利用這項互不侵犯條約做籌碼，修訂與法屬印度支那的邊界。泰國政府告知法國官員，如果邊界劃分議題也納入談判，泰國樂意與法國簽訂互不侵犯條約。根據外長迪雷・賈雅那馬（Direk Jayanama）的說法，法國政府原則上表示同意，並計畫派遣特使團前往泰國，擬訂細節。[8]在有了這項保證之後，泰國政府於一九四〇年六月十二日在曼谷簽訂法－泰互不侵犯條約。根據傅勒德的說法，這項條約有一項祕密條款：法國同意以湄公河深水道為邊界，並且將龍坡邦對面與巴色的兩塊土地還給泰國。[9]和平解決邊界爭議的展望令泰國政府鼓舞，因為這項談判意謂法國願意將泰國視為對等夥伴，而不是一個半殖民地的附庸國。第三共和在六月二十二日向德國投降的發展，徒然使泰國更加同情法國。兩天以後，披汶在國慶日電台演說中鼓勵泰國人民拋開歷史仇怨（這仇怨是他的政府存心煽動的），著眼於法－泰關係一個光明的新紀元：「許多關注我們鄰國印度支那的同胞，針對近年來世事發展向我提出許多問詢。我懇求你們，我親愛的同胞，忘掉過去，將過去視為噩夢一場。唯能這樣做，你們才能同情我們的朋友法國的命運，向它展現你們的諒解。」[10]

這種法－泰關係的改善只是曇花一現。新成立的維琪（Vichy）政府下定決心，要在法國非、亞兩洲屬地的問題上擺出強硬姿態，於是拒絕承認第三共和簽下的祕密承諾。這個態度獲得河內殖民政府大力支持。法國開始向曼谷施壓，要求曼谷批准互不侵犯條約，但在邊界調整的問題上卻推三阻四，讓披汶越來越疑心。[11]對泰國而言，這是兩個不容分割、相互關聯的議題。披汶擔心一旦條約簽署，法國不會再有重劃邊界的誘因，泰國收復這些土地的希望也化為泡影。那年八月，法國照會泰國政府，說法國已經同意讓日本在法屬印度支那駐軍，並使用它的海軍基地。這項發展為收復失土的事更添一層緊迫。如果日本採取行動占領整個印度支那，曼谷以湄公河為東北方國界的夢想將徹底粉碎。披汶政府開始大談日本勢力將染指東南亞，以煽動國家安全的恐懼，挑撥民眾仇視法國。

九月十二日，泰國政府為解決這個僵局，做了最後一次外交努力，同意批准互不侵犯條約，但條件是法國必須尊重前文所提換文密件中的建議。這項密件的頭兩個條款規定，雙方以湄公河深水道為國際邊界，將左岸巴色與龍坡邦附近土地歸還泰國。此外，泰國政府還提出第三項要求：「如果法國政府能給與一封保證書，說明一旦法國主權更替，法國將把寮國與柬埔寨歸還泰國，國王陛下的政府將感激不盡。」[12]

法國立即拒絕了泰國這最後一項建議，讓泰國政府騎虎難下。事情演變至此，泰國若不悄悄放棄它對印度支那邊界的政策，就必須考慮使用武力。但邊界議題這時已經成為社會大眾熱心關注的焦點，除非甘冒信譽遭受重創之險，披汶已經不能輕言放棄。他決定用媒體逐步增加對法屬印度支那的壓力。九月中旬，曼谷各大報紙發表社論，聲援泰國的立場。[13]十月初，大學生開始走上曼谷街頭，要求法國交還失土，即使因此必須與法國一戰也在所不惜。在泰國逐漸走上軍事對抗途徑之際，披汶與幾個外國政府進行接觸，以了解他們對泰國這些主張的意向。英國與美國官員堅持維持戰前現狀。[14]唯一同情泰國主張的大國只有日本。就這樣，一旦積極投入民族統一進程，披汶也將泰國進一步向日本靠攏。

就在那個月，披汶發表一篇全國性電台演說，以國恥論為基調，向泰國人民解釋這場邊界衝突。他堅持，泰國的主張不是侵略威脅，而是法國贖償過去好戰罪行的機會。披汶呼籲國人保持耐心與冷靜，並且保證，只要全國人民遵照政府指令行事，泰國一定可以將邊界妥為調整。[15]這篇演說讓泰國全民動員一起支持披汶，也向河內法國當局釋出一個明確訊號：泰國已經做好全面準備，將透過軍事行動達成目標。之後一個月，地面部隊開始在邊界沿線動員，雙方不斷傳來敵機侵犯領空的報導。十一月二十八日，法國為報復泰機犯境，出動飛機轟炸泰國東北城市那空拍儂（Nakhon Phanom），六名百姓受傷。曼谷報紙大肆渲染，說這次轟炸是法國又一次侵略泰國、殖民泰國之戰的開端，泰國於是舉國沸騰。接下來的一個月，泰國與法國軍隊都在邊界沿線進行突擊，雙方衝突不斷。最後，泰國軍隊於一九四一年一月五日侵入法屬印度支那，不到兩週，占領了龍坡邦、詩梳風與暹粒部分地區。

披汶並不是第一個向法屬印度支那提出邊界談判議題的泰國領導人。他真正的貢獻是將邊界爭議變成全民關切的問題。自一八九三年以來，邊界情勢一直讓泰國精英難堪困擾；現在有了民族統一新政策，過去的失土成為全國人民的一種羞恥。將泰國推向戰爭的是這種國家受辱的新論點。同樣的，日本並沒有煽動印度支那邊界衝突，但這場衝突確實使泰國偏離既定中立政策，開始向日本勢力靠攏。[16]直到披汶帶領泰國投入軍事解決途徑、需要東京認可以後，日本才直接捲入這場法－泰衝突。傅勒德形容這場衝突是「將兩個亞洲國家結合在一起對抗西方的漫漫旅程中，一個重要的里程碑」。[17]但值得注意的是，泰國侵入法屬印度支那並不是日本挑動的結果。它是泰國軍事政權為尋求政治法統而造成的產物。

選定創痛的構築

為爭取民眾對泰國民族統一運動的支持，泰國政府開始針對一八九三年法國－暹羅危機提出新論點，把暹羅說成犧牲者，而不是勝利者。在一九三二年軍事政變以前，泰國當局一直強調暹羅如何在那場危機中取勝，在西方帝國主義侵略下保有獨立，而這種說法對提振泰國信心也確實有效。但軍事精英在掌權以後發現，如果要去除王室傳承，為新政權提供政治法統，他們需要建立一種對這場危機的新記憶。披汶政府希望，若能把暹羅描繪成法國－暹羅危機的犧牲者，可以一方面增強國人對西方列強的敵意，同時營造他們對軍事統治的支持。

想重塑民眾記憶，必須讓過去遭王室壓制、不得發表的許多材料重見天日。在一八九三年戰敗後，暹羅統治者禁止人民討論這件事，前後達數十年。[18]泰國最偉大的朱拉隆功王竟被外國打得匆忙逃回曼谷，在外國軍隊入侵的威脅下屈服，簽訂城下之盟；這樣的場面會對王室威信造成重創。膽敢討論這種事情，就是心存不軌，想把國家的重挫怪罪於王室，以打擊王室法統。更何況，當時法國仍然積極介入暹羅事務，暹羅領導人擔心公開辯論這個議題可能挑起兩國間進一步敵意。一八九三至一九〇七年間，法國軍隊占領尖竹汶府與桐艾府，同時法國官員讓大批子民登記，接受法國保護，企圖顛覆暹羅政府。王室擔心，對過去這場衝突的任何批判都將損及與法國的關係，還可能為法國殖民勢力帶來進一步介入暹羅的藉口。丹龍親王在一九二五年禁止一名泰國官員出版有關法軍占領尖竹汶府的回憶錄，說這本回憶錄可能為外交關係帶來不利影響。[19]

但一九三二年的軍事政變扭轉了這種情勢，使一八九三年這場危機成為泰國受難新理論的焦點。暹羅新統治者人民黨對這場挫敗採取的做法與過去大不相同，還將這場挫敗與泰國開發層次仍然落後西方甚遠的概念相提並論。像之前的王室統治者一樣，新的人民黨精英對暹羅國際地位的落後也非常敏感，人民黨並且以此為由，推翻王室。同時，軍方派系也了解，二十世紀三〇年代的經濟蕭條已經讓西方帝國主義者元氣大傷，為泰國帶來與歐洲解決貿易爭端、去除不平等條款的大好良機。[20]法國軍力的逐漸萎縮，也讓泰國政府開始公開指責法國，大肆宣揚法國過去如何欺壓暹羅，以挑動民怨。[21]這種新態度在泰史上是一項重要轉折。王室–國族主義論者強調泰王如何英明睿智，採用顧全大局的犧牲策略在法國—暹羅危機中取勝。但軍事精英的民族統一論者卻將一八九三年這場危機視為泰國史上的低潮。北欖的慘敗以及隨後的割地求和，意謂軍隊（也就是國家）顏面盡失。但由於人民黨仍然認為國王護國有功，儘管強調國家受辱，主張民族統一論的史學者並沒有因此歸咎王室。他們只是傾盡全力討論法國帝國主義過去如何在暹羅倒行逆施，與它造成的傷害。威集在一九四〇年就這個主題發表的一篇演說中指出，由於擔心遭到外國報復，過去的歷史紀錄隱藏了一八九三年危機的真相。[22]但在披汶政府主政下，史學者運用國恥論分析暹羅的對外關係史。披汶政權認為，泰國人民一旦了解法國過去如何欺凌暹羅，會支持當局採取修訂印度支那邊界等等一系列匡正行動。

絕對王權既已剷除，泰國政府現在說，法國在一八九三年的入侵是對泰國的罪行。他們以系爭土地已經併入暹羅民族國家，而法國侵略者加以竊占為由，提出這項指控，但這個理由在地理上犯了時代誤植之誤。威集在著述中常將法國殖民官員描寫成一群海盜，而不是一個文明國家的外交使節。[23]在與法屬印度支那的邊界戰爭爆發前幾個月，威集發表幾篇文章，強調法國在與暹羅互動過程中如何一再違反國際法規：「我希望能證明（法國）有關西雙楚泰到柬埔寨這些土地的行動，完全違反道德原則，殘酷不仁。他們一開始想騙我們，等到發現騙不了，就開始向我們行搶。搶了我們的土地還不滿足，還要搶我們的錢……我查閱過去的紀錄，查得越多，發現法國的殘酷、高壓、霸凌惡行也越多。」[24]

國恥論將泰王的英雄事蹟邊緣化（並未加以否認），但強調法國－暹羅危機是泰國在法國蠻子手下的一次慘敗。根據國恥論的說法，英雄的意義變了——國家由於淪為殖民壓迫的犧牲者而成為英雄，並因此在現行邊界爭議中占得道德上風。泰國報紙《尼空》（*Nikorn*）就曾撰文，將法國－暹羅最初在湄公河左岸的衝突形容為一次「入侵」。它說，儘管暹羅軍隊奮勇作戰，但他們使用的武器不夠尖銳，無法刺穿法國用來捕捉東南亞人民的網。由於暹羅是個愛和平的國家，軍方認輸退出東部土地，沒有讓戰事曠日持久打下去。勝利的法軍於是強行將占領區劃分為幾個行政區，將泰國人民與他們在法屬印度支那的親戚拆散。根據這篇文章，法國的劍深深刺進泰國的右肩，讓泰國鮮血泉湧，至今無法癒合。[25] 就這樣，威集等民族統一論者改寫歷史記憶，把原本一場王室的羞辱敗績說成是一種國殤，一種泰國全民的悲痛。威集還說，由於法國人不遵守從暹羅撤軍的承諾，繼續占領東南方的桐艾府，泰國人紛紛在手臂上刺下「桐艾」字樣以示不忘。[26] 這類杜造的歷史使二十世紀四〇年代泰國人認為他們必須為先人伸張正義，反西方情緒也因此應運而生。當局在曼谷與其他各處城市散發「泰國人民覺醒！」的傳單，提醒泰國人民「RS 112是銘記在全國人民心中的悲哀……這段痛苦的記憶會代代相傳，直到不復記憶為止」。[27] 它說，除非能找回正義，泰國的受害感不會消逝——也就是說，法國必須同意將土地歸還泰國。

失落土地的定義

民族統一運動往往流於地緣性的時代誤植。披汶與威集說，在法國勢力伸入大陸東南亞以前，現在屬於寮國與柬埔寨的某些地區原是泰國民族國家不可分割的一部分。隨著時間不斷逝去，這些地區成了所謂「失落之土」。在二十世紀，所謂「失落之土」一詞的精確意義，或它的地緣邊界究竟指哪裡，事實證明非常有彈性。[28] 一九〇八年出版的一本泰國地理教科書，說它是一度屬於暹羅王國的「湄公河左岸土地」。[29] 到一十世紀三〇年代，學校教科書的地圖把寮國與柬埔寨也納為泰國的固有領土。[30] 在與法國最初的談判中，披汶只要求法國交還暹羅於一九〇四年割讓的兩塊右岸土地；但就在同時，泰國內政部印發的地圖將割讓給英國的緬甸與馬來亞也納入失落之土。[31] 就連威集在解說哪些土地一度為泰國領土時，他的說法也因解說對象不同而互異。在一九四〇年十月，擔任藝術部長的威集在軍校告訴一群師生，泰國不能僅僅因取回巴色與龍坡邦而自滿，應該要取回所有遭法國奪占的土地。[32] 兩個月以後，他改口說：「如果我能選擇哪些土地歸還泰國，我會建議只將西雙楚泰與龍坡邦還給我們，並要求法國歸還湄公河中的一些島，以及巴色對面的一小塊土地，而以湄公河為線建立國界。」[33]

這些矛盾說明泰國政府在訂定民族統一條件時遇到的問題。泰國政府所以無法確定它希望收復的究竟是哪些失土，是因為在失土大小與性質如何的議題上，它仍處於摸索階段。所謂「失落之土」並非一處位置。它是一種象徵，是一座彰顯國恥論的紀念碑。由於這種象徵的意義非常有彈性，它可以持續詮釋，可以讓後代泰國人因應時代需求加以利用。

隨著「失落之土」理論出現，王室－國族主義的勝利者史觀也轉型為國恥論的失敗者史觀。這種轉型為披汶政權提供一個民族統一的政治議題，讓全國團結在他的領導下。曾為王室與之後的軍事政權效力，身為著名知識分子的威集，在詮釋所謂失土以及在推動民族統一全民運動的過程中扮演重要角色。威集的《世界通史》（*Prawatisat sakon*），是直接承認暹羅戰敗且認為應該將這場敗績納入暹羅史的最早期刊物。[34]這部十二冊的巨著以編年方式記錄法國對泰國的侵略擴張，分別以五次特定事件記述泰國喪失國土的過程。首先，柬埔寨東部在一八六七年割讓，接著在一八八八年割讓西雙楚泰，在一八九三年放棄左岸地區，隨後於一九〇四年丟失右岸地區，最後在一九〇七年割讓東部土地。這部編年史在一九四〇年以單行本方式再版，並附有地圖。[35]部分內容還以「泰國的個案」（Thailand's Case）為題，出現在曼谷英文報刊上。威集在英文版序文中解釋說，之所以出版這本書，是為了說明目前邊界爭議的歷史背景，讓世人了解泰國人對法國人的仇怨。[36]但它真正的用意是製造而非解釋對法國人的仇怨。威集運用他身為作者、歌曲與劇作家的

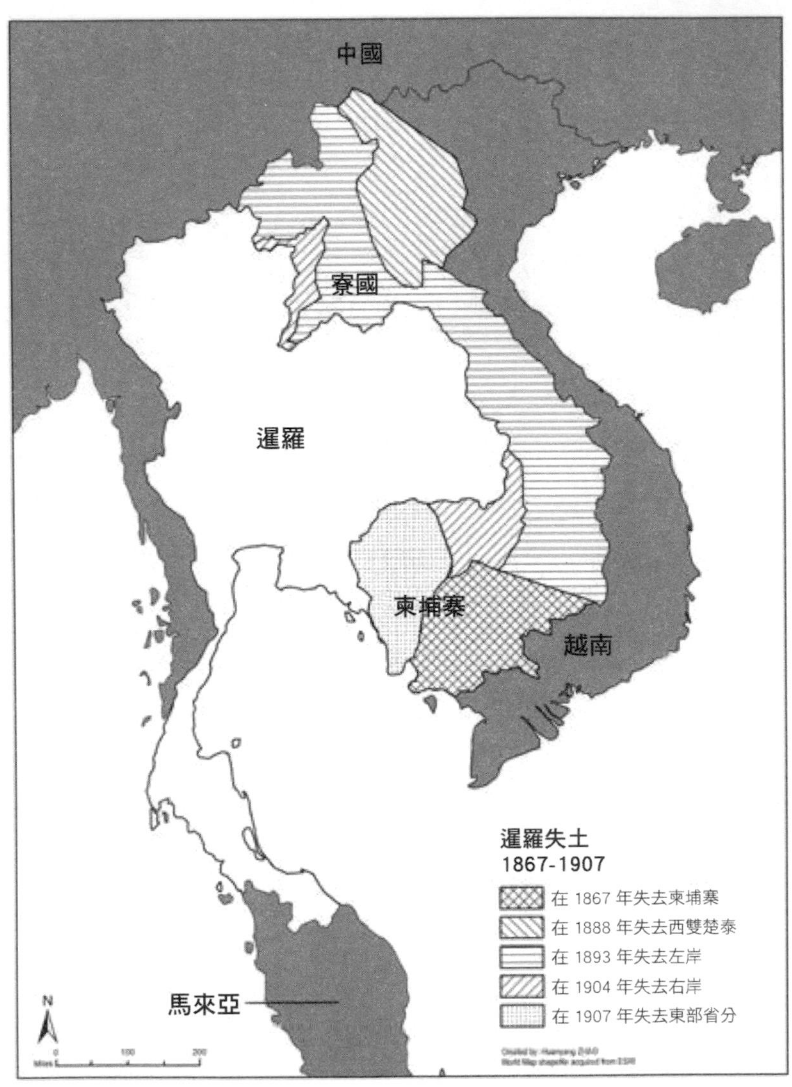

泰國政府在1940年發行的民族統一地圖複製圖

技巧，宣揚這種受害意識與收復失土的重要性。他寫了一齣名為《泰國土地丟失給法國的五階段》（*The Five Periods Thailand Lost Territory to France*）的戲劇，在籌款活動中演出，並由威集親自到場致開幕詞。[37]他寫了一首名為〈渡過湄公河〉（Cross the Mekong）的流行歌，其中有一段歌詞寫道「湄公河兩岸有一天將合而為一」，意指法屬寮國不久後將納入泰國版圖。[38]

通猜曾說，一些看圖說史的描述——例如「泰國的個案」中刊出的那些地圖——有時將一些根本不存在的地緣機體投射到過去，就是例證。[39]威集的史觀就是這種現象的重要例證。威集提出的史觀說，暹羅在一八九三年已經是一個民族國家，還說卻克里王朝曾對引起爭議的寮國與柬埔寨土地行使現代意義的主權。事實是，法國與暹羅當時在競奪這些土地的控制權，結果暹羅輸了。

現代地圖能為想像中的、過去的政治實體的模樣添油加醋，從而製造國殤情節，讓泰國人世世代代不忘他們所受的屈辱。此外，威集運用年表量化泰國所受的屈辱，找出五個法國－泰國外交互動例證，將它們一起納入「國土損失」類型，也值得我們注意。根據威集的這種做法，一八六七年的柬埔寨問題、一八八八年的西雙楚泰問題談判，成了法國－暹羅危機前的「截肢」。不過，當年參加這些談判的人對這些問題未必抱持同樣看法。以柬埔寨問題談判為例，泰國王室僅同意承認法國建立的保護國，而且交換條件是法國保證永不全面兼併該地區。一八八八年，泰國軍事指揮官曹穆恩・韋・瓦拉納（Chaomuen Wai Woranat）從寮國北部撤軍，讓法國占有西雙楚泰。[40]這兩次事件都沒有涉及軍事對抗。當年泰國精英自認是在向法國割地求和嗎？也或者根據他們的解釋，這些只是與法國共享，或主權有爭議的地區而已？很顯然，這兩次事件與暹羅在幾年以後遭到的敗績不是同一回事。威集將它們納入「泰國土地如何丟失給法國」的大框架，目的在擴大一八九三年事件造成的羞恥感，以回溯既往的方式將它們運用在法國－泰國之前的互動上。就這樣，法國對泰國造成的創傷似乎更加年深久遠了。

「左岸泰國人」

國恥論意識形態有一個重要環節：它堅持寮人與高棉人不是個別族裔，而是大泰民族的分支。在二十世紀以前，暹羅王國很顯然根據種族特性而有區分。暹羅精英自認與湄公河河谷那些寮人不一樣。到朱拉隆功王統治末年，王室開始運用西方人類學分類法，以示他們自己比東北方偏遠地區那些民族更文明。[41]直到二十世紀二〇年代，學校教科書仍舉證歷歷，說明寮地區的寮人與暹羅的泰人如何不同。[42]但之後十年，當局推動種族同質化政策，力圖去除族裔與文化差異，強調泰人、寮人與高棉人之間的關聯。在美國傳教士寫了一本名叫《泰族》（*The Tai Race*）的書以後，學者們紛紛開始臆測，認為暹羅與寮人都是古時同一民族的後裔。[43]威集基於這個前提，想像泰族分為兩支：「大泰」與「小泰」。他在一九三三年寫了《暹羅與素萬那普》（*Siam and Suwannaphum*）一書，將北緬甸的撣人（Shan）歸為第一類，而將暹羅與寮人歸為第二類。根據他的理論，「寮」（Lao）其實是法國人武統湄公河左岸後造成的錯字。他說，事實上，寮人與泰人一樣都是暹羅人。威集在《拉查馬奴》（*Ratchamanu*）一劇中如法炮製，以泰人扮演大哥角色的方式，將泰人與高棉人描繪為同出一源。[44]

就像類似理論在歐洲產生的效果一樣，這些種族理論也為泰國的民族統一運動提供了糧秣彈藥。一九三九年，差冷（Chalerm Kasaiyakananda）在泰國軍方月刊《育哈考》（*Yudhakos*）撰文討論泰族。[45]差冷在文中批判泰國教育系統，說他這一代人自小到大接受的教育都強調泰國有許多族裔。他說，這種概念不僅不正確，而且還很危險，不久前的捷克斯拉夫因為族裔分裂而淪亡就是前車之鑑。差冷說，泰國人不能再談族裔多元，因為現行憲法已有明文規定，泰國是獨一、不可分割的國家。泰國政府在一九三九年決定將泰國英文名改為「Thailand」（泰之土），反映的正是這種泰國是同種族民族國家的假象。泰國政府並且鼓吹曼谷與鄰國相關族裔團體之間的聯繫。其他作者也對這項更名鼓掌喝采，因為他們認為緬甸、法屬印度支那與華南都是大泰族生活區，而泰國是這個大泰族的中心；更名為「泰之土」進一步佐證了他們的說法。[46]一九四〇年年底，就在曼谷媒體謠言滿天飛，說法屬印度支那即將崩潰之際，民族主義者夢想能建一個新「黃金半島」，將大陸東南亞各民族統一在披汶領導下。[47]

到一九四〇年十月，泰國政府在官式通訊中已經統一口徑將寮國稱為「左岸泰」。這個新名詞是一波泰國擴張運動的一環。政府鼓勵泰人同情他們生活在法國統治下的那些「親戚」。披汶在一次電台廣播中說，有人仍然相信寮人、高棉人與泰人是各不相干的種族，這些人都錯了。寮人與高棉人其實都是因為外國統治而失去獨立地位的泰人，儘管遭到法國高度施壓，但他們在宗教、文化與傳統上仍然保有許多與泰人類同之處：「那裡的泰人也信佛教，而法國人信天主教；那裡的泰人吃米飯，而法國人吃麵包；那裡的泰人吃咖哩與泰式酸辣醬，而法國人吃牛排；那裡的泰人住在鄉間，法國人住在城市；那裡的泰人膚色泛黃，法國人是白皮膚；那裡的泰人不可以持有無線電接收裝置，法國人可以；那裡的泰人就連保護財產所需的刀具與槍械也不能持有，法國人可以，而且還不斷動刀動槍。」[48]

根據披汶的說法，泰國公民與左岸泰人唯一真正的差異，在於泰國公民享有憲法保障的自由。不過他充滿信心地說，一旦邊界爭議解決，這些「親戚」將回歸泰國司法管轄，享有泰國主權的保護。[49]

在一九四〇年邊界戰爭爆發前幾個月那段時間，法國統治下左岸泰人的苦難，成為一項重要的民族統一議題。泰國當局開始鼓吹國殤論，大談與左岸泰人的關係，法屬印度支那泰人的苦難成為這項國殤論歷史傳承的一環。威集說，泰國那些族裔親戚的命運讓他憂心如焚，說他每望著湄公河，總覺得眼前是彼岸親人淚水積成的「淚之河」。[50]在那幾個月，曼谷報紙不斷刊出報導，描述法屬印度支那的「駭人」慘況，還說法屬印度支那政府在日本軍隊抵達以後處於崩潰邊緣。法國與泰國軍隊在湄公河沿岸的跨界衝突，迫使附近城市的印度支那商人關上店門。泰國記者說，部分由於曼谷運往西貢的米糧減少，交趾支那已經出現嚴重糧荒。[51]泰國報紙並且報導，由於對殖民政權民怨日增，法國已經被迫將殖民地軍人繳械，以防他們不聽上級調度造反，或倒戈投入泰軍。[52]為煽動邊界兩邊情緒，泰國電台（Radio Thailand）節錄廣播了法文刊物《印度支那呼救》（*Indochine S.O.S.*），嚴厲批判法國祕密警察使用的手段。[53]這本刊物的作者安德烈・維里斯（Andrée Viollis）說，曾經目睹法國官員如何造成饑荒，如何不讓印度支那嫌犯喝水，用鞭子抽打他們的腳底。根據這些廣播，法國警察迫使嫌犯喝煤油，用木枷壓縮嫌犯的肉體，或用針在他們的指甲下面插刺。官員在拷問人犯時用金屬線圈插進人犯的陰莖，然後將線圈猛然拔出。在對付女性嫌犯時，他們將女犯綁在地上，迫使她們張開兩腿，然後讓紅火蟻爬進她們的陰道。最惡劣的是，廣播中還說法國讓塞內迦爾與阿拉伯軍人強暴並殺害泰族女性。[54]就挑動仇法情緒而言，這類對婦女暴行的指控是非常有效的手段。報紙發表社論說，找本地女孩當情婦，任期屆滿回國就將情婦拋棄，已經成為法國派駐殖民地官員的慣例。[55] 法國殖民地徵用的大批非洲民兵也讓泰國百姓提心吊膽，說這些「黑蠻子」若是入侵一定會無惡不作，凶殘狂暴。一家泰文報紙還利用民眾將法國人視為性侵暴徒的心態刊出一篇政治漫畫。在這漫畫中，一名信差騎馬來到一座村莊，宣布法國軍隊——包括那些非洲黑人——即將進村。村長聽說就叫他的女兒躲起來。不久法國軍官帶著他的非洲副官抵達，下令村民為他的部隊提供女伴。[56] 這類報導與圖畫將寮人與高棉人悲慘的命運烙印在泰人心裡，也讓民族主義者大肆宣揚，說東方道德如何優於西方的邪惡。[57]

泰國宣傳機構並且說，法國限制人民禮佛，鼓勵人民信天主教，企圖利用宗教在法國與泰國人民之間製造鴻溝。報紙刊出報導，說殖民地官員將寺院改建成監獄或警局，然後將佛像熔化，做成銅線。[58] 官員向佛教僧侶強徵人頭稅，下令僧侶們走在路上時必須向遇到的法軍官兵行禮。[59] 在二十世紀三〇年代末期與四〇年代初期，在泰國民族主義情緒不斷高漲聲中，法國官員往往疑神疑鬼，認為泰國間諜網已經滲入殖民地，而佛教僧侶就是這個間諜網的一環。在柬埔寨境內發生的一次事件中，法國警察逮捕幾名涉嫌為泰國軍方提供情報的僧侶。在逮捕過程中，一名和尚左眼眶中彈。調查過後，官員沒有找到證據，於是讓這幾名僧侶回返他們的寺院。[60] 這類迫害宗教僧侶的行徑讓泰人更加仇視法人，也讓泰國有關歐洲殖民者要毀滅佛教的指控更加振振有詞。

泰國政府利用這種佛教遭到圍剿的新環境，將宗教建築轉型為泛泰團結運動的核心。東北部那空拍儂府的拍儂佛寺（Wat Phra That Phanom）就是例證。早在湄公河成為國界之前幾百年，這座佛寺已經是永珍（Vientiane）文化區各民族的重要精神中心。在那空拍儂每年一度的慶典中，來自左岸與泰國其他幾個府的善男信女會來到那空拍儂，齊集拍儂佛寺禮佛。[61] 威集在一九四〇年十月造訪那空拍儂時，立即發現這座寺廟充滿潛力，可以作為超越政治邊界的文化互動象徵。威集在返回曼谷以後，說服政府花費兩萬泰銖重修拍儂佛寺，再鍍佛寺大佛像金身。[62] 此舉造成的對比效果驚人。就在曼谷報紙成篇累牘報導法國官員如何掠奪法屬印度支那佛寺聲中，泰國政府極力塑造宗教保護人形象，將湄公河兩岸信徒結合在一起。[63]

威集造訪那空拍儂只是一項大規模宣傳運動的一部分。這項運動的目的在說服印度支那的寮人與高棉人，要他們相信他們的利益與泰國的利益一致。早在一九三八年，就有外國媒體報導泰國特工在寮國活動，活動內容包括大舉分發反法傳單等等。[64] 在一九四〇年最後幾個月，泰國電台加強訊號，讓印度支那更多地區民眾收聽它的廣播。泰國空軍不斷出沒印度支那空域，散發用寮文、高棉文，甚至越南文寫的傳單，向地面居民說明曼谷的意向。英國駐曼谷領事喬賽・克羅斯比（Josiah Crosby）在向上司提出的報告中說，泰國宣傳人員忙著在寮國宣揚泛泰運動，活動地區往北一直延伸到華南的西雙版納（Sipsong

Panna）。[65]針對左岸泰人發動的宣傳有兩大主題。首先，曼谷要讓寮人與高棉人相信，他們原本與泰人是一家人，但之後因為一八九三年危機而遭拆散。其次，曼谷當局宣布，泰國準備報仇雪恥，讓他們那些生活在殖民統治迫害下的同胞重歸祖國懷抱。

泰國政府說，它在法屬印度支那發動的宣傳，目的在教導它的鄰國，幫助鄰國了解他們自己的歷史。報紙、電台廣播與傳單全部統一口徑，反覆強調同一理論：印度支那的動亂，起源於奧古斯蒂・巴維（Auguste Pavie）的干預。[66]在巴維進行軍事干預以前，印度支那半島原是種族與政治一統的地區，但巴維不僅捏造假邊界，甚至為同一種族的不同分支冠上假名。這類傳單透過文字使用以暗示寫傳單的不是泰國人，而是發現真相的在地人。以下就是一個例子：

泰人同胞的大事

我們像過去一樣團結一體的時機即將到來。

我們都應該認清與了解自己種族的歷史，因為「寮」這個字根本不是我們造的，那是外國人為我們取的名字。由於不了解這個史實，我們一直就這樣自稱是寮人。泰國方面也犯了同樣的錯，因為暹羅這個名字也是外國人取的。今天，暹羅這個名字不再存在，我們用一個更能呼應我們種族的泰名取代了它。

泰人同胞屬於一個有四千年歷史的種族。我們每個人體內都流著泰血，都是泰人同胞，都是同一歷史古國的一分子。僅僅四十七年前，我們才遭法國野蠻海盜拆散，他們稱生活在右岸的我們為「泰」，稱生活在左岸的我們為「寮」。但事實上，所有生活在兩岸的人，無論來自哪個村莊，無論屬於哪個團體，都說同一語言，都說：「我們都是親人，血脈裡都流著同樣的血。」[67]

泰國政府之所以斷言兩個民族僅僅四十七年前才遭拆散，目的之一在將寮人也拉進他們新近設計的犧牲大家庭。除此之外，法國侵略編年史也成了曼谷的宣傳題材。泰國政府發行了一本《歌集》（*Book of Songs*），發給邊界地區各地的傳統伊善（Isan）歌者。這本書的設計目的在於「讓歌者熟悉先後割給法國每一塊土地的歷史」。[68]每一首歌講述一個泰國被迫割地給法國的事件。事實證明曼谷非常擅長利用文化關係進行宣傳，披汶在一九四〇年派遣泰國民謠歌者莫蘭（mo lam）進入寮國的決定就是例證。[69]

在說明湄公河兩岸居民如何因一八九三年悲劇而受害之後，泰國宣傳機器設法說服寮人與高棉人，只要團結一致，他們就能報仇雪恨。一九四〇年十月，披汶在全國電台廣播中提出他所謂的法－泰爭議核心問題：「法國人什麼時候可以離去，我們的泰人同胞與安南人什麼時候可以自由？」[70]泰國境內群情激昂，認為法國人「騎在泰人背上剝削泰人」已經太久，法國人滾回自己國家的時機已至。[71]泰國政府要印度支那的人知道，在這場衝突中，寮人或高棉人都不是泰國的敵人；只有積極支持殖民政權的人才是泰國對付的目標。泰國飛機還在寮國與柬埔寨上空散發傳單，警告居民在戰爭期間避開法國辦公建築與軍用設施，因為一旦泰國發動空襲，這些都是首要轟炸目標。[72]許多傳單並且要求民眾與泰人合作，對抗共同敵人。法國警方沒收的一張傳單，上面有一段據說是烏汶（Ubon）府尹寫的邀請書：「我並且邀請你們——泰族、安南族、卡族與高棉的兄弟姊妹們——起來，用步槍自我武裝，把敵人，把那些多年來吸我們血的法國人趕出我們的國家。因此，讓我們團結起來，把法國人以及他們那些最殘暴、沒有人性的軍隊趕走。」[73]

威集在一九四〇年十二月刊在報端的一篇文章中說，印度支那民族已經在幫著泰人對付法國人。有人開始剪斷電話線，拒交人頭稅。[74]有人用移民的方式顯示他們對泰國的信心。媒體每天都在報導，說民眾如何絡繹不絕跨過邊界、湧入泰國，說泰國地方政府如何努力安頓新來到的難民。[75]曼谷當局也藉這股移民潮大做文章，把自己說成是所有泰人的保護者。它讓來自寮國與柬埔寨各地的移民立即取得泰國國籍，還為他們籌款，幫他們安頓。[76]一個由一八九三年出生泰人組成的民間團體，找上同樣也在那一年出生的內政部長提瓦披班（Phra Pathum Thewaphiban），要求提瓦披班提供一份可能願意捐助人士的名單，用這些捐款資助越界進入泰國的家庭。這個團體取名「四七」，還要求捐助人捐助帶有「四七」數字的金額，以示不忘法國占據左岸已有四十七年。[77]

國恥論為泰國政府提供了利器，幫它將擴張偽裝成一種解放政策。民族統一運動以解放印度支那民族與兼併這些土地為兩大目標，而且並不認為這兩大目標彼此矛盾。如前文所述，披汶政府認定，就文化而言，寮國或柬埔寨認同與泰國認同並無不同，寮國或柬埔寨都不是獨立於泰國之外、合法的民族空間。在曼谷眼中，寮人與高棉人都是住在泰國的泰人，但他們居住的地方被法國占領了四十七年。威集本人也做過類似表態，宣稱儘管「泰國的身體安全，它的手臂與腿卻被綑綁、蹂躪」。[78]從另一角度而言，堅持讓「我們的泰人同胞」重獲自由也是一種自我解放。這種論點既能伸張一八九三年的創痛，又能不必完全否定王室－國族主義史觀。

我們等得夠久了

泰國政府在所有公開聲明中不斷誓言，將竭盡一切收復失土。不過，由於維琪政府不肯重修邊界，披汶內閣對於如何因應的問題出現嚴重分歧。總理雖然仍堅信戰爭是達到收復失土目標的唯一手段，普里迪卻認為政府應該找上國際法院（International Court of Justice），用和平手段解決這場爭議。[79]但訴諸國際法院的做法可能耗時多年，不能滿足當時渴望立即採取行動的民意。在披汶一九四〇年十月的電台演說過後，民眾對採取軍事干預的支持持續升溫。報紙每週刊登法國飛機又侵入泰國領空，或兩軍沿湄公河邊界交火的新報導。隨著民眾越來越感到不耐，媒體開始質疑政府的決心：「人民真的很想知道我們為什麼還在等，而且大家都相信這樣等下去只有讓對方一天比一天更有所準備。我們已經等得夠久了，而且也發現若是訴諸和平手段繼續等下去，只會讓我們遙遙無期地等。因此我們都想知道我們還得等多久，而且我們究竟在等什麼。誰能告訴我們？」[80]

「我們等得夠久了」這句話暗示泰國五十年來一直謀求談判解決，但現在外交努力的時機已經過去。《暹羅日報》（*Thai rashdra*）針對政府應該如何解決法屬印度支那情勢的問題在十一月底進行一項民調。據《暹羅日報》說，它接獲三千三百件回覆，每一件回覆都表示支持政府宣戰。[81] 主要由於支持披汶的人認為和平解決遠遠不能令人滿意，普里迪要求克制的呼聲在一開始已經註定失敗。泰國軍方認為一八九三年屈辱是衝突的產物；也唯有透過衝突才能洗清這屈辱。

軍方認為，由於法國不肯承認自己已經是戰敗國，暴力解決在所難免。甚至在德軍已經占領巴黎、日軍已經進駐河內的情況下，法國官員對曼谷仍然頤指氣使、態度傲慢。有記者寫道：「我們要求歸還我們的土地，但法國不但不跟我們談，還對我們嗤之以鼻。」[82] 英國駐泰領事克羅斯比也同意這項評估。克羅斯比在有關法－泰關係惡化的報告中說，法國殖民官員大體上仍然抱持「一八九三年心態」，亞洲政治氣氛的轉變對這種心態並無影響。[83]西貢的法國官員似乎沒將泰國軍方看在眼裡也讓曼谷媒體覺得受辱。一名泰國記者寫道：「法國曾經僅僅用三艘軍艦就霸凌我們，他們一定以為我們還像過去那樣好欺負。」[84]另一方面，泰國民族主義者卻認定兩國命運五十年來已經彼消我長。他們認為泰國是崛起中的亞洲強國，可以填補西方殖民主義崩解造成的權力真空。在民族統一運動中措辭最強硬的呼聲甚至堅持「現在輪到泰國來羞辱法國了」。傳單開始到處流傳，要求法國歸還所有泰國土地，賠償四千七百萬泰銖（每占領一年賠償一百萬），並為「自古早以來踐踏泰國」向泰國道歉。[85]

泰國媒體並且出現一些聲音說，除非取得軍事勝利，泰國永遠趕不走曾遭法國擊敗的陰魂。披汶在他的十月演說中談到納黎萱（Naresuan）與達信（Taksin）。納黎萱與達信曾憑藉勇氣開疆闢土，是泰國的民族英雄。披汶呼籲國人，泰國若想完成收復失土的目標，國人就必須效法先人的勇氣與智慧。[86]報紙紛紛響應，說泰國想重建昔日榮光就必須戰鬥，迫使法國為他們的惡行付出代價。一篇以〈現在我們的時間到了〉為題的文章，在闡述法國如何欺凌泰國之後寫道：「要我們忘卻這段仇恨，除非用法國人的血替我們洗腳。」軍事勝利不僅能為今天的泰國軍人增光，還能為過去參戰的泰國軍人帶來榮譽。文章作者認為今天的泰國人有義務為先人取得這項勝利。他寫道：「我們知道，在RS 112

喪失性命的英靈，會因為子孫後代終於報復了敵人而感到驕傲。」[87] 最後，對法國的軍事勝利還可以向全世界證明，泰國幾十年來已經有長足進步。泰國過去一直因缺乏武備而戰敗，但今天的泰國與一八九三年的泰國早已不可同日而語。泰國民族主義者一再以孩子長大成人為喻，說明泰國的狀況：「我們每個人都夢想有一天能收復失土，但我們始終不敢將這想法說出來，只因為我們的拳頭太小……現在我們已經成長茁壯，可以喊出收復失土，奪回無端被奪走土地的心聲了。」[88]

自一九三二年政變廢除絕對王權後，泰國政府把握每一個可能的機會強調軍隊重要性，展示泰國不斷壯大的軍事力量。一九四一年元旦，空軍在曼谷上空舉行空中分列式，為民眾留下深刻印象。這些軍力展示讓民眾對軍方和他們的總理更具信心。在泰國境內以及在法屬印度支那散發的傳單上，泰國引進西方科技的能力往往成為宣傳題材。前文提到的那本《歌集》就有以下一段歌詞：

> 泰國現在有打仗需用的錢、武器與黃金。軍隊需要機器、發動機、飛機與車輛才能打仗，而泰國已經有了這一切。
>
> 他們有的，我們都有。泰國已經準備了各式各樣武器、大砲與機關槍。一切都裝上火車與

汽車運往前線，以備法國入侵。[89]

除了提升軍事力量以外，泰國政府還要改變國民心態。過去幾代泰人提到外國人總是對他們的優勢能力敬畏有加，披汶希望為年輕一代泰人灌輸一種思想，讓他們相信泰國可以擊敗法國。在新年前夕，曼谷報紙將一九四一年稱為希望年，說泰國人民期待了七十年的一刻終於到來。[90]主張國恥論的人說，擊敗法國、收復失土可以洗刷一八九三年的恥辱，可以證明泰國在立憲政府下的突飛猛進。

群眾示威

國恥論能幫助政府動員民眾、讓民眾支持政府政策，泰國與法屬印度支那的邊界戰爭就是證據。在整個民族統一運動中，披汶與威集將原本只是小小外交議題的邊界談判，轉換為一場全國性危機。到一九四〇年年底，全國大部分民眾已經在政府煽動下鼓譟求戰。印刷媒體以及內政部紀錄顯示，成千上萬民眾積極投入政府收復失土的活動。他們相信這樣做有助於重建泰國國威。學生與工人組織遊行，個別民眾寄交捐款，公務員捐出部分月薪，婦女組織辦理拍賣與籌款，更有數不清的民眾自願服役，或公開宣誓願為政府效力。在披汶一九四〇年十月的演說發表以前，政府已經逐步讓民眾做好衝突準備；在演說過後，媒體與民眾開始催促政府走上戰爭。

為這些主戰示威揭開序幕的，是一群以「泰青團」（Yuvachon）為首的大學生。泰青團是一個模仿德國希特勒青年團（Hitler Youth）建立的半軍事化組織。十月四日，一萬多名青年聚集皇家田廣場（Sanam Luang）參加年會。泰青團負責人普拉旺（Prayun Phahonmontri）在會中發表演說，解釋政府有關失土的政策，以及收復失土的正當性。他在演說中指出，沉睡了幾十年的泰國現在已經醒了，所有民眾都必須做好為國家犧牲一切的準備。[91]幾天以後，一群泰青團員遊行來到普拉旺上校的辦公室，捐款的政府的失土基金。民族統一運動不斷升溫，令普里迪憂心如焚。普里迪在法政大學（University of Political and Moral Sciences，現名Thammasat University）舉行自己的集會，勸大學生取消預定的示威。他以校長身分向學生提出警告說，這類群眾集會只會激怒對方，對談判進程造成不必要的傷害。[92]學生沒有聽從他的警告。十月八日，約三千名學生齊集法政大學，展開支持政府收復失土的遊行。學生們手持標語牌，上面寫著「我們泰人願意以死收回失土」、「他們不歸還，我們就得打」、「如果言語行不通，我們就用子彈」、「不再猶豫，他們竊取巴色，那是我們的」等等字樣。[93]

學生們首先來到大皇宮（Grand Palace）的玉佛寺（temple of the Emerald Buddha），在玉佛寺跪拜，宣誓願為政府效死，然後繼續遊行到國防部。他們在國防部聽了披汶一段簡短的演說，披汶對他們的支持申謝，還接受了學生捐獻的一筆款項。[94]一週以後，五千名三輪車司機重複這個模式，同樣也來到玉佛寺，並且捐出一日所得。十月十五日，朱拉隆功大學學生在曼谷街頭發動火炬遊行。他們的遊行行列先到華藍蓬（Hua Lamphong）火車站，再到玉佛寺、國會大廈（Ananta Samakhom throne hall，即今天的皇家御會館）前的朱拉隆功王騎馬雕像，最後來到蘇安庫拉宮（Suan Kulap Palace）的總理官邸。[95]

參加這場火炬遊行的學生，除了高舉許多標語與旗幟以外，還抬了一具紀念錢他（Chantha Sintharako）的紙棺。錢他是一名泰國商人，三週前因為沒有入境許可而在永珍遭法國警方射殺。[96]法國當局說警方因自衛而開槍，但曼谷外交部要求調查。泰國政府隨即派遣一名醫生前往廊開（Nong Khai）進行屍體解剖。[97]之後幾個月，錢他成為法國殖民當局迫害湄公河兩岸人民的象徵。在曼谷各地散發的傳單還以錢他的鬼魂發聲，要求泰國人民替他報仇。學生們認為，錢他是法國–泰國衝突造成的第一名死難者。

前述法政大學學生那次遊行建立了一個模式，隨後兩個月，學生、公務員與全國各地民眾紛紛採取這種模式發動示威。示威遊行路線的第一站一定是一些神聖的處所，一般而言都是城裡最重要的佛寺。遊行者聚集在佛像前，宣誓對政府效忠。在大多數案例中，這些宣誓都以宗教儀式的形式進行，說明泰國境內寺院與政府的緊密關係。在也拉府（Yala Province）的一次宣誓儀式中，所有集會群眾跪在佛像前，在住持方丈拍・拉吉威（Phra

Rathikitwichan）主持下宣讀以下誓詞：

身為血、肉與心都屬於泰國的也拉居民，我在拍・拉吉威面前，為緬懷我的泰人祖先與同胞做以下宣誓。

（一）如有必要，我願為了民族犧牲我的生命、財產與幸福。

（二）我願放棄一切私人恩怨仇恨，努力克制，以免造成泰民族內部的分裂。

（三）一切傷害泰民族的人都是我的敵人，我誓言會奮勇對抗這些敵人。

（四）我會服從、遵守社區與地方領導人的指示。

（五）我會竭盡所能為我的社區、我的同胞效力。[98]

示威群眾隨後繼續前行，在縣或府政府大樓前聚集，將一筆錢交給一名政府官員，捐作失土基金。最後示威者聚在一起聽府尹演說。政府就透過這些演說向平民百姓宣揚「選定創痛」理念。這些演說的內容或有不同，不過大體上都以總理有關邊界爭議的政策為準，一方面說明泰國何時、如何失去土地，一方面要求全體國民團結支持政府。以巴吞他尼府（Pathum Thani Province）府尹為例，就曾對府民發表長篇大論的演說。他首先簡述亞洲殖民史，然後解釋何以寮人與高棉人和泰人有許多類同之處。[99]媒體報導說，這些群眾集會都是自發性示威，但其實它們都是政府官員事先組織的。地方領導人把參加示威群眾的人數以及捐款金額呈報府，再由府呈報內政部。從一九四〇年十月到十二月，許多府出現數千人參加的群眾大會，不過由於地方與府官員急於向曼谷表功，這些數字可能有誇大之嫌。

這類型示威抗議是政府組織的，不過隨著民族統一運動不斷升溫，許多個人或組織也紛紛響應。內政部檔案紀錄滿載民眾來函，表示他們在獲知失落土地「真正歷史」後都決心為國家盡一分心力。較貧困的家庭由於手邊沒有多少現金，就把一些物品捐了出來。紅統府（Ang Thong Province）一名農人把兩頭牛捐給政府，巴吞他尼的一對夫婦則聯絡政府，表示要捐出傳家寶。[100]那空拍儂的學生決定捐出午餐費，匯集一筆基金為軍方購買一挺機關槍，以紀念一八九三年悲劇。[101]收復失土運動還獲得一些始料未及人士的支持。在披汶於一九三八年掌權後遭到邊緣化與攻擊的華商與羅馬天主教會，現在開始捐錢，或加入親政府示威，以展現他們的愛國心。[102]由於示威中包含佛教儀式，不便參加的伊斯蘭教領導人，也用其他方式表達愛國。陶公府（Narathiwat Province）伊斯蘭教教長艾巴圖（Ai Batu），鼓勵教區內信眾聚集為國祈福。[103]就連皇宮局（Royal Palace Bureau）也指示所有皇室成員將皇室年俸捐出十分之一，交給國防部購買武器，以示對披汶外交政策的支持。皇室在與政府間仇隙如此深重的情況下都要捐助，證明失落國土已經成為一種建立全國團結意識的重要象徵。[104]

孩子現已長大成人

一九四一年一月，泰國與法屬印度支那沿湄公河打了三個星期不宣之戰。泰軍首先發動攻勢，占領許多有爭議的邊疆土地，迫使法軍後撤。不過泰國海軍在泰國灣（Gulf of Thailand）遭到慘敗，曼谷因此陷於可能遭到海軍封鎖的險境。披汶只得要求日本出面安排兩軍停火，斡旋持久休戰的談判。蒙在鼓裡、不知道海軍已經慘敗的泰國民眾急切盼著軍事捷報，泰國的胃口也開始暴增。尤其是泰國報人認為，既然泰國如今占有上風，特別是因為泰國指控法國轟炸那空拍儂、挑起這場戰爭，泰國現在當然沒有妥協的理由。[105]記者們提出警告說，兩國過去簽訂的條約都如此一面倒的事實，說明法國根本不可信任。他們認為，泰國既然擁有和談的一切籌碼，就該繼續打下去，直到法國接受泰國提出的一切要求為止。

三方外交談判談了幾近四個月，最後談判各造終於在一九四一年五月九日達成協議，簽署《東京和平協定》。根據這項協定，泰國收回一九〇四與一九〇七年割讓法國的大多數失地——即龍坡邦與占巴塞附近的右岸土地，以及柬埔寨西部馬德望、暹粒與詩梳風等省大部分地區。[106]這項協定還承認以湄公河深水道為兩國國界。泰國方面則承諾，讓住在交還地區的法國公民享有與泰國公民同等的待遇，並且付給法國四百萬泰銖，作為法國過去三十四年修建鐵路與其他基礎設施的賠償。[107]泰國代表團對這樣的結果非常失望。泰國代表團原本要求收回所有寮國與柬埔寨失地，這項願望不僅落空，四百萬泰銖賠款的規定還給人一種印象，讓人覺得這是一項商業交易，而不是軍事勝利。在國會舉行的條約批准辯論中，國會議員就這兩個議題對總理提出強烈質疑。不滿人士指出，法國多年來強占泰國四十幾萬平方公里土地，泰國現在只收回七萬平方公里，不僅少得可憐，而且現在還欠法國這樣一筆巨款，這算什麼勝利？還有人對收回來這些省分的經濟存活力提出質疑。這些省分能否自給自足？還是說泰國必須從其他地區抽調經費供養這些省分？[108]但披汶很清楚，失落土地的真正價值在於它的象徵意義，而不在於實質意義。誠如威集所說：「我們要求收回的土地或許不過是些叢林蠻荒，但那是我們的叢林蠻荒，我們要收回來。」[109]

《東京和平協定》的細節儘管令人失望，但它是泰國疆土自卻克里王朝建立以來第一次大舉擴張。泰國新聞界大肆吹捧，說這項條約是泰國近代最偉大的外交政策成就。報紙巨細靡遺報導協定各項細節，包括法國索取的賠償。泰國僅僅拿回一小部分失土的事實令高級官員懊惱，但民眾歡欣鼓舞，絲毫不以為意。東京和談代表團團長萬親王（Prince Wan）在抵達曼谷廊曼（Don Muang）機場時受到數以百計支持群眾熱烈歡迎。[110]曼谷出現有關新省分與新公民的各種討論，但大多數媒體將這項條約視為泰國對全世界的發聲。泰國成功收回部分失土，在洗刷一八九三年屈辱、重振國家榮譽漫漫長路上邁出重要一大步。《尼空》在社論中說，泰國要讓全世界知道泰國多麼文明：「這項勝利不僅重畫了泰國地圖，也重畫了我們心靈之圖。也就是說，它讓我們認清我們鍾愛的泰國已經重振榮光，讓全世界認清我們的國家已經不是四十年前那個國家。正好相反，其他國家現在對我們讚譽有加。」[111]

一九四一年六月二十四日的國慶日慶典中，進步也是一大主題。幾支遊行隊伍誇耀泰國自軍政府上台以來的迅速發展，還有幾支隊伍則炫耀泰國軍力崛起。[112]

法國－泰國衝突將披汶總理的權勢與影響力推上最高點。對法國的勝利為披汶帶來豐厚政治資本，供他在今後一年揮霍。幾家報紙將他比為達信大帝（Taksin the Great，最後一位為泰王國開疆闢土的王）。[113]國會中還有人發起運動，準備以「披汶」作為新收回四府中一個府的府名。[114]武里南府（Buriram Province）的一名國會議員說，他的選民認為披汶是一位天生註定要為泰國收復失土的偉人。還有人將披汶比為朱拉隆功王，說披汶讓千千萬萬人民從法國奴役中解放。經過審慎辯論，國會決定遵照民意把詩梳風省的名字改為披汶頌堪府。身為泰國公民而有這樣的榮譽，披汶可謂前無古人、後無來者。

第三章　國恥論與反天主教

叻武里教區（Ratchaburi Diocese）主教帕索提（Pasotti）在一九四二年夏寫了一封信給內政部，抗議泰國境內天主教會的地位每下愈況。自一九四〇年底與法國的邊界衝突展開以來，泰國天主教會就因為與法國的緊密淵源而受創。天主教會被泰國人加上「第五縱隊」標籤，遭到各種迫害。包括教士在內的法國公民奉命離開泰國。回到泰國的法國教士在他們的前教區宣教時，活動也受到許多限制。府與市級領導人禁止一切教會儀式，迫使天主教徒皈依國教佛教。泰國暴民攻擊地方教士，洗劫天主教堂。政府官員關閉教堂、教會學校與宿舍，隨後將它們改建成公立學校、辦公室，甚至建成佛寺。在法國教士被逐之後，教會派來取代他們的義大利籍教士，也遭到暴民與地方政府威脅。帕索提要求內政部協助保護天主教慈幼會（Salesian）教士，讓天主教資產物歸原主。帕索提在信中寫道：「義大利與泰國目前正為共同目標而並肩作戰，這種不文明的事不符貴我兩國的聯盟精神。」[1]

如果帕索提主教真的以為義大利與泰國正為共同目標而戰，那他對泰國政府意向的解讀就大錯特錯了。披汶的軍政權將一九四一年視為命運關鍵之年。與法屬印度支那的邊界衝突只是前奏，他們還要展開更大的鬥爭，創建一個掙脫一切外力束縛的新泰國。唯有取得這項更大鬥爭的勝利，泰國才能洗淨歐洲帝國主義加在泰國身上的一切不公與屈辱，迎來一個新紀元。基於這個理由，許多泰國人贊同日本人所提、由泰國扮演重要角色的「大東亞共榮」理念。

在國內戰線上，披汶總理意圖減少中國中間商與歐洲公司對泰國經濟的影響力。在這種極端民族主義氛圍下，政府開始限制他們認為與西方帝國主義掛鉤的一切組織機構，宗教組織也不例外。在淪為政府限制對象的眾多組織機構中，天主教會由於早在朱拉隆功王統治期間就對泰國統治進行干預，尤其成為矚目焦點。到二十世紀四〇年代，天主教會與泰國政府已經和平共存了四十年；但泰國精英對天主教會不受政府當局節制一事始終耿耿於懷。在國恥論熱議聲中，泰國政府展開反天主教運動，認為這是搗毀東南亞舊殖民秩序一個重要象徵的大好良機。

泰國政府在第二次世界大戰期間對天主教的迫害是一項敏感議題，這使有關資料的蒐證十分困難。披汶政府在處理有關宗教問題時特別注意保密。內政部紀錄證實反天主教政策確實存在，但這項政策的緣起與確切性質究竟如何已不可考。天主教會人士目擊報告對當年迫害事件的描述清楚得多，但除了教會執事守口如瓶以外，這些報告還涉及是否客觀的問題。無可否認，佐證文件的匱乏，使我們很難精確還原當年泰國迫害天主教的真況。[2]

泰史學者在探討大戰期間議題時，之所以只聚焦於泰國外交政策——特別是與日本的關係——而不關注內政，這是部分原因。誠如傅勒德所述，只有太平洋戰爭爆發以前的外交關係才是最受關注的泰史議題。[3]在二次大戰結束後數十年間，有關泰國戰時情況的陳述，一般只是強調泰國如何在日本人與盟軍入侵下生存。騰蘇對這段時期的研究，就有以下結論：泰國唯一的目標就是保持完整獨立、撐過這場大戰；就這項目標而言，它非常成功。[4]但近年出現的許多研究對這項看法提出質疑，認為披汶在大戰期間的擴張主義政策，對曼谷戰後的國際地位傷害頗深。村嶋英治在調查泰國一九四二年的緬甸之戰後說，事實是泰國領導人迫使日本讓它在撣邦採取軍事行動，而不是日本人迫使泰國這樣做。

儘管當時泰國情勢岌岌可危，披汶認為二次世界大戰是泰國收復所有失土的大好良機。而收復失土是自朱拉隆功王以降每一位泰國統治者的夢想。[5]披汶刻意營造一個大泰國，將所有泰族生活區納入疆界。直到緬甸之戰戰敗以後，披汶才開始重新考慮他對盟國的宣戰，並且否認他有意把泰國建成強國。[6]布魯斯•雷諾（E. Bruce Reynolds）在檢討披汶的內政與外交政策之後說，披汶推動的是「法西斯」。在一九三八至一九四四年間，曼谷模仿義大利與德國模式，組建青年軍事組織，迫害少數族裔與宗教團體，倡導民族統一運動以收復法屬印度支那失土。[7]

在這一章，我以雷諾與村嶋英治的論點為根據，說明泰國政府為面對本身提出的受害史，而將它的極端民族主義合理化。披汶對天主教的迫害，可以回溯到十九世紀末泰國政府與天主教會的對抗。在那個年代，天主教會與傳教士憑藉他們對皈依信徒的影響力保護自己，讓泰國那些封建領主對他們無可奈何。泰國貴族與統治者對教會干預深惡痛絕，於是想盡辦法試圖在不激怒教會背後靠山——法國帝國主義——的情況下，對教會權力設限。五十年以後，披汶決定以侵略性手段解決這個長久以來一直令泰國當局苦惱不堪的問題。民眾對天主教會怨懟不斷升高，說明政府為了重塑國家認同而製造受害史的手段已經成功。領導層宣揚新認同，將「天主教」與「泰」描述成兩種相互排斥的價值。天主教成為一個能幫助政府強化泰國民眾反殖民情緒的軟目標。根據麥克・摩道克（Michael Murdock）對早期中國民族主義的研究，就理論意義而言，對抗帝國主義需要權宜手段，攻擊外國駐軍營盤這類強勢機構可能招來致命性反撲。基於這個理由，為了讓民眾將目光聚焦境內外國勢力，基督教會往往成為政府下手的理想目標。[8]以泰國的案例而言，天主教是十全十美的帝國主義象徵。由於它與法國的淵源，由於它的政治干預史，以及皈依天主教的人大多數是少數族裔的事實，泰國當局將天主教描繪成國家認同之敵。最後，在二十世紀四〇年代，拜反天主教運動之賜，國恥論在外交與內政兩個戰線上都頗具成效。披汶對外擴張的野心導致對法屬印度支那的攻擊，基於同理，他的全民同質目標也造成宗教迫害。在他的政權眼中，天主教是泰國境內西方帝國主義傳承的一部分，必須除之而後快。

拉瑪五世與天主教的問題

披汶所以對天主教會採取暴力鎮壓，植根於十九世紀末年傳教士與王室間的政治鬥爭。早自大城王朝起，泰國統治者就將傳教視為一種在王國內散播法國影響力的卑劣手段。在「駐暹羅名譽主教」（Apostolic Vicariate of Siam）於十七世紀中葉設立後，政府一直小心翼翼地限制它的發展。之後由於巴里果瓦主教（Bishop Pallegoix）與蒙固王交好，教會與王室的關係逐漸改善。一八七八年，朱拉隆功王頒布皇家敕令，准許教會進入東北部傳教。[9]但即使在那時候，基於幾個理由，暹羅政府仍然極度不願為天主教教士發給通行證。法國在越南攻城掠地，勢力西向往湄公河擴張，對暹羅的寮國（當時仍是一個半自治藩屬國）領土主張構成威脅。為對抗這項威脅，暹羅開始逐漸收緊對寮地區的控制，希望將這片東北土地直接納入暹羅控制下。曼谷擔心的是，讓天主教傳教士進入東北傳教，會擾及它的中央化進程。此外，色軍（Sakon Nakhon，又譯沙功那空）、那空拍儂與烏汶等城市由於位於湄公河沿岸，具有軍事戰略重要性，朱拉隆功王也對法國傳教士在這些城市的活動感到憂心。他怕這些傳教士其實是法國派來的間諜，目的在進行監視，與挑撥暹羅與法屬印度支那間的衝突。[10]

朱拉隆功王雖有這些顧慮，天主教教士並沒有當間諜，法國殖民當局也從沒有利用他們當間諜的企圖。誠如道登（J. P. Daughton）所述，天主教教士與法屬印度支那的殖民官員往往各行其是。殖民官員抱著反教會的態度來到印度支那，而傳教士也毫不猶豫地，以有損帝國利益的方式追求他們弘揚教義的目標。道登寫道：「傳教士不但無意為帝國效力，對殖民當局始終懷抱極度戒心。」[11]這種對世俗權威的不信任，使傳教士竭力維護自治，加強教會對地方社群的影響力。傳教士努力營造獨立於暹羅司法管轄之外的天主教社群，自然導致教會與地方統治者的衝突。天主教神職人員不承認暹羅法律，而且以政府與人民間的仲介自居，使曼谷與藩屬國之間的關係更趨複雜。

自十九世紀八〇年代起，法國天主教教士利用他們的治外法權，在東北部建立與少數族裔社群強有力的「恩庇－侍從」（patron-client）關係。暹羅貴族由於害怕惹出國際事件，擔心損及法國－暹羅關係，也不願與教士們對抗。由於不受暹羅司法管轄，天主教教士可以以保護人之姿，為社會邊緣地位的越南人、寮人與山地部落民族提供保護。為取得人民的信任，教會運用與法國領事館同樣的手段。教士在傳播福音時暢談公義與平等，讓少數族裔知道他們受到地方統治者壓迫，並表示可以運用教會影響力保護他們，使他們免於暹羅人的殘暴欺壓。[12]住在暹羅的越南人為取得減免稅務、勞役與債務之利，開始皈依天主教。皈依人數不斷增加，教士除了扮演教會角色以外，在教區內還成為民事與司法的仲裁權威。以那空拍儂為例，就有一名神父一聲令下，將一個村子所有七十五戶人家全部搬遷到湄公河岸邊，另建一個由他領導的新村落。教會想讓這些社區脫離暹羅治理系統之外運作。神父禁止信眾在當上公務員時喝效忠水（一種佛教儀式）。[13] 傳教士負責仲裁天主教徒之間的法律爭議，而不會將爭議交由暹羅法庭審理。由於這些社群是由少數族裔組成的自治社群，忠誠度自然令人懷疑。一八八四年，朱拉隆功王在路過華富里（Lop Buri）的一個天主教社區時，竟然見到一戶人家門前揚著一面法國國旗，讓他大驚失色。寮地的暹羅貴族也對這種不奉暹羅治理與法律的現象憂心忡忡，但除非接獲曼谷指示，他們不敢公然反抗這些天主教教士。[14]

以社區保護人自居的天主教教士，堅持所屬教區享有稅務與勞役豁免權，讓暹羅官員頭痛不已。他們說，東北地區的貪腐與老舊過時的財稅系統，讓稅吏們剝削少數族裔。教士們並且提出三類型改革，以匡正這種不公不義。首先，東北地區諸省應採行已經在曼谷採行的做法。其次，向天主教徒徵的稅額應該大幅裁減。第三，應該由神父充當稅吏，負責徵收所有天主教村民的稅。這種抗拒當局的態度蔓延到越南天主教徒：他們紛紛找神父登記，接受天主教保護，除非領取工資，否則拒絕為地方官員服勞役。[15] 這種情況讓暹羅當局陷於兩難。強行徵稅可能導致與教會的對抗，而一旦與教會對抗，教會可能要求法國殖民當局干預。但讓天主教會豁免勞役稅賦，又會讓當局在其他國人面前威信受損。為向少數族裔施惠而修改稅率，無論調幅大小，都不啻承認天主教教士比朝廷官員還有權勢。

法國傳教士也在「債奴」的議題上與暹羅建制衝突。債奴做法在曼谷已遭廢止，但在東北地區仍然盛行。暹羅貴族需用的人力，主要來自這種契約奴。天主教教士視債奴為一種奴役形式，認為暹羅人不應用這種老舊、野蠻的做法進一步剝削越南人、寮人與山地少數族裔。教士們向朱拉隆功王請願，要求在東北部寮人地區禁止債奴，並且為逃債的奴工提供庇護。許多教士讓逃債的奴工藏在他們家裡，或在教堂裡安身。[16] 夾在貴族與教會之間的朱拉隆功王，最後決定安撫教士，以免與法國衝突。

在這類事件推波助瀾下，朱拉隆功王朝廷內部開始流傳一種說法，認為天主教教士是帝國主義代理人，目的在挑撥暹羅與法國間的公開衝突。特別是朱拉隆功王，尤其擔心教士的激進廢奴運動可能損及他與貴族的關係，還會對整個王國的主權形成傷害。暹羅密切觀察了法國征服越南的過程，發現順化朝廷與傳教士間的不和，為法國帶來武裝干預的口實。朱拉隆功王因此相信，法國也會如法炮製，利用暹羅境內與教會的衝突西進湄公河擴張勢力。[17] 在十九世紀八〇年代，法國與暹羅都希望將控制權延伸到寮人地區，而朱拉隆功王相信他的現代化改革能為暹羅帶來優勢。他同時也在營造一種現代化文明暹羅的形象。天主教會有關暹羅仍在東北部行使債奴制的指控，可能使他這項現代化努力功虧一簣。朱拉隆功王說，暹羅已經是文明國家，不需歐洲人插手政務，但教會集中火力抨擊債奴制，讓朱拉隆功王難以自圓其說。

就在王室與貴族考慮如何因應天主教這項挑戰之際，地方當局因那空拍儂府發生的暴力事件而自己著手處理問題。一八八五年，一群皈依天主教的暴民攻擊景孟寺（Wat Kaeng Mueang），搗毀寺內佛像與藏經。那空拍儂府地方官採取的報復措施不僅異常迅速，而且殘酷非常。他下令搗毀皈依教徒居住的幾間教會擁有的房子。天主教公務員被捕，遭到鞭刑。其他皈依教徒除非保證脫離天主教，否則會遭威脅或勒索。法國神父也難逃報復厄運。地方商人組織抵制行動，迫使神父們必須付出高得離譜的價格才能買到食物。[18]亞歷西斯神父（Father Alexis）擔心那空拍儂這場反天主教事件鬧大，蔓延其他地區，於是往訪曼谷晉見朱拉隆功王。兩造都希望盡快結束這場事端。暹羅政府與天主教會最後採取相互讓步的妥協策略。教士們同意在天主教社區內不再干預徵稅、勞役或「效忠水」的儀式。[19]暹羅精英也察覺，剝削越南人與其他少數族裔只會迫使這些族裔群體投向天主教，向神父尋求保護，而且政府與教士間的衝突，只會使神父們在教區內更具威望。朱拉隆功王以天主教廢奴運動為例，讓貴族們相信，為維護國家主權，暹羅必須逐步廢除「債奴」，因為歐洲列強可以用這個議題做藉口，對暹羅進行干預。治外法權問題的解決，又一次幫著曼谷將影響力伸進東北，同時削弱了地方當局權威。為換取教會的協議，政府允許神父在教堂裡為所有天主教公務員主持效忠水儀式。

暹羅政府早在一開始就不願讓教會進入寮區，貴族與傳教士間的衝突是部分原因。東北地區由於仍由貴族治理、不在曼谷直接控制下，社會習俗與法律條件與首都曼谷大不相同。天主教神父認為當地沒有「文明」治理，於是將治理權威攬在自己身上。神父們扮起人民與政府之間仲介的角色，既強化基督教社區，也保護社區不受當局剝削。從暹羅的角度看來，法國殖民當局與天主教教會是狼狽為奸的夥伴，意圖危害王國安全。事實上，法國總領事祖拉蒙（Jules Harmand）認為，教會在東北地區的活動，特別是與地方政府的對抗關係，對法國在暹羅的影響力有害無益：「傳教士每天直接或透過法國領事館向暹羅政府提出大量投訴，讓暹羅政府既窮於應付也煩惱不堪。我們與暹羅官員的文書往來，有四分之三都是與傳教士爭議有關的信件與照會。若蒙閣下允准，我願在無違公平正義的情況下對這種情事進行管控。因為這種情事為暹羅政府造成的困擾，可能隨時對我們的政治行動帶來負面影響，讓暹羅政府改變一直以來對法國的友好態度。」[20]

殖民政府不但沒有唆使教士們與暹羅官員對抗，還企圖壓制教會活動以改善法國－暹羅關係。印度支那的教會領導人經常指責殖民當局，說殖民當局沒有盡到支持天主教傳教的責任：「令人遺憾之至的是，法國政府不了解它應該在道義上支持傳教這件事有多麼重要、有用……政府還公開表示，傳教士應該只管教會分內的事，這類批判只會讓人貶低傳教士的影響力。長此以往，傳教士會失去一切聲望，原本享有的社會地位也會付諸流水。一旦喪失這些聲望，傳教士在時下環境中不再具有社會權威，在那些可憐的異教徒心目中，他已遭降級，說的話不再有分量。」[21]

所以說，一八九三年以前的情況是，天主教會得倚仗法國領事館的政治支持進行傳教，而不是法國領事館利用天主教會擴張法國政治影響力。這些證據顯示，儘管曼谷主教簡－路易維（Jean-Louis Vey）等這類傳教士鼓勵法國殖民暹羅，天主教會神父並非法國殖民計畫的一環。但在一八九三年法國－暹羅危機過後，情況轉變了。殖民當局在宗教與少數族裔議題方面找到新著力點，教會在法國的暹羅戰略中的地位也更加重要。總領事巴維建議，所有亞洲天主教徒都登記成為法國保護人，以便法國能藉由曼谷教會的成長而獲取政治利益。一八九四年，法國國會撥款二十五萬法郎給暹羅天主教教區作宣教經費。巴維相信，天主教會可以幫助法國對抗英國勢力，同時還能推動法國在暹羅的利益。[22]

這類衝突使天主教會與暹羅當局間的關係始終紛擾不斷。天主教洗禮與保護人登記之間的互為因果，造成皈依與公民身分的息息相關。由於法國在一八九三年以後濫用治外法權，在暹羅統治者看來，民眾加入天主教會就等同選擇法國、拋棄暹羅。在民族、公民與疆界這類概念成為神聖大事的二十世紀三〇與四〇年代，民族統一主義者就利用這類概念大做文章，對泰國天主教徒的愛國心提出質疑。此外，傳教士插手政治與司法事務的做法，也讓暹羅統治階級將教會與法國帝國主義相提並論。傳教士對暹羅法律的違抗，讓暹羅民眾對貴族不再敬畏有加，許多民眾轉而投入教會懷抱，開始接受法國保護與領導。朱拉隆功王對天主教會感到憂心，因為他認為天主教傳教士擁有法屬印度支那資源為後盾。

二十世紀四〇年代的內政部紀錄證明，天主教會過去抗拒暹羅統治者使其丟臉的事蹟，仍令披汶政權憤憤不平。在德國於一九四〇年占領法國以後，泰國政府發現，它現在可以在沒有嚴重後果的情況下，對天主教會報一箭之仇。擬議的報復策略包括限制外國人可擁有的土地，或乾脆禁止外國人購買土地。內政部並且考慮立法，限制進入泰國、在泰國傳教或進行人道服務的外國人人數。[23]在那年年底，當邊界談判破裂時，披汶決心把握這個機會一雪過去遭帝國主義欺凌之恨。他打算搗毀天主教會，從而剷除法國勢力，重振泰國國威。

認定天主教徒是「非泰」

一九四〇年十二月，就在泰國軍隊蓄勢待發，即將侵入印度支那部分地區、收復失土時，披汶政權也準備採取行動對付法國。泰國境內的主要目標是天主教會。政府以國恥論為根據，將天主教定位為一種可能毀滅傳統泰國價值的外來意識形態。政府宣傳部門將天主教徒視為法國帝國主義者同路人，把皈依天主教者說成是數典忘祖的人。一個名叫「泰血黨」的祕密組織開始散發傳單，大肆宣揚「泰化」。政府通稿以及公務員與學校教師的談話也開始圍繞這個主題打轉。駐在色軍的一名神父在寫給上司的信中說：「地方當局，從區領導人一直到最卑微的教師，在公開談話中除了咒罵、詆毀天主教與所有天主教教士以外，其他一概不談。」[24]在一九四〇年法國－泰國衝突最初幾個月，泰國政府開始散播天主教「非泰」的說法。到一九四二年，這已經成為泰國政府對天主教會的官式立場。

泰血黨在這場重塑泰國認同與打造民族主義的運動中迅速成為要角。除了在它的文宣資料中找到的那些民族主義論點外，外界對這個祕密組織所知甚少。這個黨的名字，可能取材於威集的歷史劇《泰血》，也有人懷疑威集本人就是泰血黨創始人。無論它的緣起如何，泰血黨積極煽動民眾支持泰國與法屬印度支那開戰確是事實。泰血黨的宣傳說，泰人、寮人與高棉人其實都是同一種族的一支，泰國與印度支那作戰的目的，就在於趕走法國殖民壓迫者，為寮人與高棉人兄弟帶來民主。要想達到這個目標，泰民族必須徹底團結、發憤，不讓內部敵人得逞，根據泰血黨的說法，天主教對民族團結構成威脅，危及泰國這個終極目標。

泰血黨為了將天主教邊緣化，在文宣中將宗教視為國家認同的重要部分。佛教一直就是執政精英所謂「泰化」不可分割的要件，而天主教卻絕對是一種法國宗教。在一個教會與國家無所區分的國度，民族主義者認定，在宗教信仰上投入法國教會，自然等同對法國效忠。背棄佛教而信奉天主教，不僅是背棄本國人民，也是甘願與泰國的世仇為伍。泰血黨在一張傳單上就提出以下警告：「泰血黨認為，天主教徒信奉我國敵人的宗教，是我國與我國人民的公敵。我們相信，他們因為陶醉在我國敵人的信仰中，已經忘了他們的國家、忘了他們的宗教，真正的宗教……天主教徒是我國敵人教出來的。他們在等待機會把我們變成他們的奴隸，完全毀掉我們的國家。」[25]

儘管有這類煽動言論，威集等泰國民族主義分子都了解，法屬印度支那過於虛弱，不可能有入侵泰國的妄想。泰國政府就是看準了這種虛弱，才在失落土地議題上採取這種侵略性立場。這類宣傳非常有效地創造了一種危機氣氛，這一點不容否認，因為它挑起法國–暹羅危機的期間，民族統一運動人士把握每一個機會大翻一八九三年以來的失土舊帳，要國人記住法國當年如何屈辱他們的國家。泰血黨在文宣中還說，天主教會正協助法國將勢力伸入泰國。他們認為，泰國的天主教徒都被天主教騙了，只有將柬埔寨與寮國解放，將法國勢力逐出東南亞，將天主教會徹底剷除，才能讓這些天主教徒迷途知返，重投佛教懷抱。泰血黨的傳單警告民眾：「不要忘記我們泰人過去許多年來承受的苦難。但是現在我們的時機到了。泰血黨要我們團結一體，將我們的敵人趕出我們的國家，迫使我們的敵人帶著他邪惡的宗教離開黃金半島。之後，我們那些被這些迷信欺騙了的兄弟，才能回歸祖先為我們打造的正道。」[26]

在完成這些目標以前，泰血黨鼓勵民眾像對待法國公民一樣對待天主教徒。一張題為「邀集民意」（An invitation to public opinion）的傳單提供了非常明確的指示。它鼓勵泰國人不要接近他們的天主教徒鄰居，不與天主教徒做生意。愛國公民應該密切注視天主教徒，記住他們的臉孔，如果他們走在近處，不要談論敏感情報，以免他們偷聽。傳單最後還提出警告說，任何人只要不遵守這些指示，就是國家的叛徒。[27]在戰爭與反天主教運動期間，經濟抵制現象非常普遍。民眾迴避天主教徒商人，佛教徒商販有時不肯賣食物給天主教徒。就連三輪車伕也響應這項運動，拒絕載送天主教徒。泰血黨首先在曼谷，繼而在清邁成功組織了抵制行動，並鼓勵其他府起而仿效。[28]特別對住在伊善的義大利神父而言，這些抵制行動讓他們的日子尤其難過。大多數商人不肯賣食物給他們，或是向他們索取高得離譜的價格。

在公立學校，校長組織專門在學生面前討伐天主教的集會。有些教師一談到基督教，就彷彿它是西方列強全面式微的主因似地。最後，政府關閉天主教學校，將它們轉換成另有一套新課程的公立學校。教師下令將掛在牆上的十字架與其他聖像拆除，然後問那些信奉天主教的學生，如果基督教的神真的那麼無所不能，祂為什麼不懲罰他們這些冒瀆的行為？還有一名教育官員指出，英國是一個基督教國家，為什麼不能在大戰期間擊敗泰國人與日本人？[29]當時最常見的說法，把天主教描繪成作惡多端的「第五縱隊」，認為信了天主教就會遭它腐蝕。廊開府公校校長尼育通拉（Niyom Thongthirad）說，歷史證明「天主教會毀滅它碰上的每一個國家」。他告訴他的學生，法國所以能在第一次世界大戰時擊敗德國，是因為獲得德國天主教間諜協助。一次大戰後，納粹剷除了德國境內這個陰謀背叛的宗教。由於天主教間諜不再為禍，德國才能在第二次世界大戰輕鬆擊敗法國。尼育通拉提出警告說：「基於這個理由，我們泰國人不能信天主教。接受天主教的人不是泰國人。」[30]

泰國人之所以認為天主教是外來宗教還有一個理由：暹羅境內最早皈依的天主教徒有許多越南人。由於越南移民往往在暹羅社區遭到邊緣化，第一批在東北地區成立教會的法國神父能讓許多越南移民皈依。一些早在越南時已經皈依天主教的移民家庭，帶著宗教信仰進入暹羅。曼谷山森（Samsen）區也有一個龐大的天主教越南人社區。泰國政府必須找一個理由說明何以這麼多天主教徒不肯皈依佛教，種族是他們找到的答案。一九四二年，內政部下令各府府尹在所轄府內進行調查，以確定府內天主教居民的族裔背景。北柳府（Chachoengsao Province）府尹發回內政部的調查結果頗令人震驚。在北柳府幾近一千六百名天主教徒中，百分之九十三都是泰人，只有百分之六是華人，越南人不到百分之一。[31]儘管證據如此，內政部一些官員仍然認定，許多天主教徒基於種族理由，不肯放棄天主教、轉投佛教懷抱。一名惱怒的官員寫道：「至於那些回歸天主教的人，我們可以看得出他們不是真正泰國人。他們或許在法律上取得泰國籍，但就種族而言他們是外國人，或許是華人或越南人。」[32]

北柳府各縣天主教徒族裔

族裔	次級行政區	帕農沙拉堪縣	邦卡縣	班坡縣	邦南表縣
泰國	855	31	372	184中－泰	27
越南	0	0	0	3	0
中國	29	0	14	—	6
法國	1	0	0	0	0

蘇安夏南（Suk Anchanand）對內政部報告。1942年7月19日。
來源：內政部檔案，泰國國家檔案館。3.1.2.10/6。

剷除天主教的策略

一九四二年七月三十一日，那空拍儂府尹在致內政部的一封信中寫道：「我府與悔過自新的人非常密切地合作，教導、訓練他們怎麼繼續做個好佛教徒，施捨助人，當愛國公民。在將天主教逐出泰國的工作上，我們一直努力不懈。重新投入佛教的民眾完全不再遵奉天主教那些儀式。他們希望能過嚴守法律的日子。」[33]

將天主教逐出泰國的運動是內政部下令進行的。在地方層面上，負責執行的是各府府尹，特別是各區長官。一九四一年一月十六日，在法國－泰國邊界衝突最高潮之際，曼谷發函給府內有相當天主教社區的各府府尹[34]，說明政府的三點策略。首先，地方官奉命關閉天主教教堂與學校，禁止天主教儀式。其次，各區長官必須「邀請」轄區內天主教徒皈依國教佛教，各區領導人要以讓天主教徒非常難以拒絕的方式提出這項邀請。最後，函中指示各府當局，位於軍事區或經濟要地，主要是位於東北部湄公河沿岸的教會建築，構成嚴重危險。這些建築威脅全民福祉，危及國家安全，府尹們應負責拆遷。[35]儘管所有的府尹都接獲這項指令，政策執行工作完全由各府府尹自行定奪。同樣，泰國各地天主教徒的反應也各不相同。有些地區的天主教徒堅決抗拒皈依或拆遷，教會－政府間的對抗往往演變成暴力事件。

一九四〇年十一月三十日，泰國政府宣布戒嚴，同時禁止天主教活動。警察在東部、北部與東北各地關閉教堂，使「第五縱隊」不能利用主日禮拜做掩護，進行間諜活動。警方告訴不肯皈依佛教的天主教徒，他們可以拆下教堂裡的十字架或其他宗教聖像擺在自己家裡，在自己家裡做禮拜，但不能公開集會。[36]禁令尺度各府不同。烏隆（Udon Thani）、廊開、那空拍儂與色軍府尹，由於府內有大批天主教徒，而且位於邊界戰爭前線，做得比其他府嚴厲。在邊界戰爭結束後，大多數其他府放鬆這項禁令。色軍府在一九四二年開始允許天主教活動，但在一九四三年再次查禁。[37]在衝突一開始曾遭法國飛機轟炸的那空拍儂府，是從一九四〇年起，直到披汶政府於一九四四年垮台為止一直維持這項禁令的唯一一府。[38]

泰國境內有一個地區完全倖免於這場宗教迫害。位於曼谷西方的叻武里教會是慈幼會教會，與曼谷和伊尚的教會沒有關係。叻武里的教會不受內政部政策影響。一九四三年，曼谷警察總長通知叻武里府、北碧府（Kanchanaburi）與沙沒頌堪府（Samut Songkhram，原名夜功府）的執法當局，指示警方不要干預這些地區天主教會的活動：「警方應該了解，天主教徒每天都得上教堂參加活動。此外，神父的職責包括出席喪葬儀式，或前往傷病教友住處家訪……警官們應該了解，在你們的監督與保護下，所有這些活動都是獲准的。」[39]

叻武里教區所以倖免於迫害，是因為它的神父與執事人員是義大利人，不是法國人。與法國不同的是，義大利是日本的重要盟國，仍然可以運用它在曼谷的領事館保護義大利公民的利益。基於這個理由，披汶政府雖在全國各地驅趕天主教會，對叻武里教區事務卻採取不干預政策。之後，義大利籍神父往訪東北地區，向當地天主教徒宣教，叻武里教區遂與政府發生衝突。

在其他地區，沒收天主教會資產的過程一點也不費事。在東北地區管理教會建築的法國神父，已經在衝突期間被趕出泰國。在神父離境以後，教堂空置，政府當局於是宣布教堂的宗教建築地位正式終止。這種法律地位的改變，使政府可以接管天主教會的教堂、學校、房屋與土地。廊開府邦延庫（Ban Wiankuk）市府官員說，他們只有在無法斷定資產主人究竟是誰之後才會接管資產。[40]拉康（Lacombe）神父在被迫離開他的昌明（Chang Ming）教區時，將教堂鑰匙交給會眾裡的一名姊妹。事隔三個月，這名婦人由於拉康遲遲未歸，遂將鑰匙交給一名地方領導人。[41]根據政府指令，教堂要改建成辦公樓、教師宿舍，甚至佛教寺院。當泰國在一九四一年重新取得占巴塞控制權時，警方將市天主堂改建成府的警察總部。當局關閉天主教學校，拆除教室牆上的宗教圖像，然後當成公立學校重新開放。十字架拆下，換上佛像與佛教圖像。天主教會還擁有相當多的土地，準備日後擴建或當作農地增加收入之用。在色軍，區政府沒收教會田產，然後租給居民耕作。[42]地方官員因為能夠趁機沒收教會資產，自然樂得遵守曼谷的反天主教政策。

儘管有許多經濟利益，內政部下達的指令明白指出，分配天主教會資產的主要目標在於限制天主教會在泰國的影響力。由於天主教被視為對泰國的一項威脅，位於經濟或軍事要地的任何教堂都必須拆遷。是否拆遷一所教堂由各府府尹做決定，不過內政部提供以下指導原則。在擁有眾多天主教信徒的社區，地方政府必須協助另覓可供教堂拆遷之地。官員一定要讓天主教會的建築物都聚在一起，教堂新址應該比原址小。在大多數天主教徒已經皈依佛教、教堂已經荒廢的城市，地方政府應該拆毀教堂，以免它再次成為教徒聚會所。[43]披汶政權鼓勵地方當局拆毀教會建築，以防回到原址的教士重新組織他們過去的會眾。

政府的反天主教政策還鼓勵民眾組織義警，以暴力對付教會。從一九四一至一九四四年，全國各地的教會建築不斷遭到暴民破壞、縱火或掠奪。由於內政部的政策就是盡可能拆毀天主教教堂，這些攻擊行動有些經過政府默許，有些還是府政府直接下令的結果。當暴民攻擊天主教徒住宅、學校或教堂時，警方不會採取干預或阻止行動，事件發生後也不肯進行調查。反天主教暴力也不純粹只是一九四〇年印度支那戰爭狂熱的本能反應而已。來自內政部與目擊證人的紀錄顯示，搗毀教會資產的事件主要出現在泰國與法屬印度支那衝突早已結束的一九四二至一九四四年。河內與曼谷儘管都與日本人合作，但由於土地轉移造成的緊張，雙方絕非盟國。[44]

幾次對教會資產的攻擊，證明市政府、警方與地方上泰血黨黨員的暴民相互勾結。在曼谷下令各區官員關閉天主教教堂之後，警方密切注視教徒動靜，以保證沒有人能重開教堂並在裡面集會。他雷（Tha Rae）區的教友向叻武里主教帕索提提出報告說，警方不斷阻止他們，不讓他們到教堂檢查教堂狀況。而同時，破壞分子卻能不斷穿過層層監視，進教堂搗毀十字架、打破窗戶、偷走屬於教會的值錢物品。那空拍儂當局嚴密監控天主教徒活動，但在一九四二年六月卻坐視暴民縱火焚毀干桃邑（Kham Toei）的一座天主堂。[45]當北柳府教友組織守夜隊保護教堂時警方以不實指控逮捕守夜隊員。這些逮捕有效解散了守夜隊，讓泰血黨黨員在第二天夜晚將教堂洗掠一空。從一九四二至一九四四年，在色軍、烏隆、那空拍儂與黎（Loei）府，總共有七座教堂遭到攻擊、焚毀或破壞。

在有些案例中，政府以安全顧慮為藉口拆毀宗教建築。那空拍儂府塔烏廷縣（Tha

Utane）縣長就曾要求將挽清運（Ban Chiang Yeun）的修女院拆除。到一九四四年，大多數天主教徒已經離開當地，這棟空置的修女院由於坐落在一所小學附近，當局認為可能危及學童安全。[46]但其他幾件拆除工作處理手法沒那麼專業。在附近色軍府的攀那尼空（Phanat Nikhom），一群和尚來到當地天主堂，搗毀設在院落裡的塔樓、廁所與其他教會建築。天主堂神父法拉吉尼（Forlazini）向地方當局提出抗議，才發現這群和尚的行動事先已獲攀那尼空縣長批准，理由是這些教會建築違反建築法。[47]那空拍儂府尹並且指責天主教徒搗毀他們自己的資產。他說，當法國砲兵從湄公河對岸開火，炸毀農勝（Nong Saeng）天主堂時，許多教友不僅失去對法國的敬意，也失去對天主教的信心。眼見這座神聖殿堂遭法軍大砲擊毀，許多天主教徒皈依佛教，並將一些教會建築搗毀，將其他教會建築捐給社區公用，以示對法國的憤怒。[48]對泰國政府來說，這次事件正好佐證了天主教根本是一場騙局的說法。泰國人民一旦掙脫傳教士腐蝕人心的影響力，自然會找上那些欺騙他們的人洩恨。

披汶政權為迫使天主教徒皈依佛教用了許多戰術，禁止教會活動與沒收教會資產不過是其中之二罷了。政府還採取一種「再教育」策略。各區官員以兩年為期舉辦各種民眾集會，宣揚國家的新宗教政策。天主教徒必須參加這種集會。區長會在會議結束後提出說明，表示泰國境內不再容忍天主教，並且要每一個與會人士簽一紙切結書，聲明他們願意皈依佛教。泰國官員不斷使用「重返佛教」一詞，以呼應民族主義分子的以下說法：天主教不是合法宗教，信天主教的泰國人背棄了他們真正的認同與傳統。唯有在簽下這紙回歸佛教的切結書以後，他們才能一步步走上正途，重新認識他們的祖先。披汶政權不承認天主教植根泰國已有幾百年歷史的事實。許多泰國天主教徒是第三代教會成員，對佛教幾乎一無所知。[49]第一批應邀重返佛教的是信天主教的公務員。一九四一年二月，內政部在瑪哈泰寺（Wat Mahathat）舉行會議，規定曼谷地區所有不是佛教徒——包括穆斯林與清教徒——的公務員必須參加。任何不肯簽署切結書、聲明願意皈依佛教的人，都不能再替政府工作。[50]

政府運用同樣這套做法，迫使泰國各地非佛教徒公務員皈依佛教。烏汶府天主教徒教師廊康（Klang Kham）接到區長的一封信，通知他與他的家人必須皈依佛教。廊康對他的困境有以下一段描述：「區長堪查（Kamchat Phatti Suwan）在這個星期幾次把我帶到他家，勸我皈依。他給我的唯一解釋是，我必須停止崇拜一個『歐洲宗教』。我對他說，那不是一個歐洲宗教。他告訴我，只要我改信佛教，當一個月和尚，他會提拔我當校長，還會替我加薪。我告訴他，我得與家人商量。他給我一星期時間。」[51]廊康為迴避決定而逃到曼谷，但最後還是回到烏汶，向區長表示他不願放棄他的宗教。在聽到他的決定後，副區長說：「你這麼愛歐洲人，真是傻到不行。」[52]廊康之後放棄教職，逃往邊區，直到天主教教會地位重建以後，才以傳道員身分重返烏汶。

這類戰術對信奉天主教的公務員而言有效，但政府也知道對付一般百姓還得用另一套手段。在巴真府（Prachinburi Province），一名區長在區辦事處籌開一系列強制性集會，下令與會天主教徒簽下皈依佛教的切結書。不願簽切結書的人必須第二天、第三天、日復一日參加同樣集會，除了聽他大談歐洲宗教的邪惡以外，什麼事都做不成，直到屈服為止。不參加集會的人會被警方逮捕。許多天主教徒迫於財務壓力，為了繼續過日子，最後只得簽下切結書。[53]

天主教欠缺強而力的領導層，也讓府領導人可以輕易霸凌會眾，迫使他們皈依。在宣布戒嚴以及所有法國公民被驅逐出境之後，教會喪失最有效的導師與贊助人。政府以替法國人進行諜報工作為由，逮捕幾名泰國神父。在法國飛機轟炸巴真府的東普拉（Dongphraram）陸軍基地後，警方逮捕麥克・蘇欽（Michel Somchin）與桑坤（Sanguen）兩名泰籍神父。兩名神父都被控用手電筒引導法國飛機轟炸基地，入獄兩年。[54]在呵叻府（Nakorn Ratchasima，又稱那空叻差是瑪府），神父尼古拉（Nicholas）也因間諜罪被捕。他坐了三年牢，因結核病死獄中。[55]那空拍儂府的反天主教暴力情況最為嚴重。般松坤（Ban Song Khon）的七名天主教徒因為不服從警方命令、繼續宣揚天主教，鼓勵其他教友堅定信仰，而遭警方殺害。這七名殉道教友加上尼古拉神父，後來獲教宗追封受福，成為泰國第一批天主教烈士。[56]

當法國與泰國在一九四一年二月達成停火協議時，大多數天主教領導人認為泰國政府會就此停止對教會的騷擾。但事實上，泰國的勝利使泰國政府對付天主教的手段更加明目張膽。儘管曼谷撤銷驅逐令，准許法國公民返回泰國，地方官員仍不允許法國天主教傳教士重返。回到那空拍儂府教區的神父立遭警方逮捕，直到保證回曼谷以後才獲釋。[57]地方政府繼續向那些不肯皈依佛教的天主教徒施壓。在烏汶府，一名修女因為勸說親戚不要走進佛寺而坐了一年牢。[58]在公立學校，教師與校方管理人員也對沒有教會學校可讀的天主教學生肆意欺凌。農勝的勞倫斯・凱（Lawrence Khai），在回憶當年他就讀的天主教學校以公立學校面目重開時，有以下一段描述：「在學校，教師強迫我與我的友人否定天主教信仰，崇拜佛像。他們說『除了佛教，不可以崇拜其他宗教』。教師在禮堂設了佛像，迫使我們學生拜佛。我們不肯聽從，他們就用棍子打我們。他們逼我們跪在佛像前，用一雙大手把我們的頭往下壓。我們掙扎著轉開頭，教師打我們，把我們的頭硬轉向佛像。」[59]

如前文所述，泰國以長期抗爭的方式迫使境內天主教徒放棄他們的信仰，邊界戰爭期間出現的逮捕與暴力事件不過是這種長期抗爭的初階段而已。泰國政府認為，在將法國傳教士驅逐出境、逮捕泰國神父之後，它就能拆毀教會領導台柱，看著天主教崩潰。

教廷反應

面對泰國政府有計畫的強取豪奪，前後好幾個月，天主教會無力保護它的信徒與資產。但與泰國宣傳所說不同的是，天主教會並非一種純法國的建制。它可以從一個世界性的組織取用資源。一九四二年，為因應泰國的反法情緒，教廷將伊善教區置於叻武里慈幼會轄下。義大利籍主教帕索提奉命遊說披汶政權，讓泰國人民重享宗教自由。[60]之後兩年，帕索提或寫信，或親自出面在泰國政府各部門間奔走，抗議教產被毀，要求終止公共集會禁令，恢復教會戰前地位。帕索提在寫給內政部的信件中說，這些迫害沒有道理，因為信奉天主教的泰國人並非法國線民，對國家安全並無威脅。教會告誡它的信眾，要他們愛國、守法。帕索提並且提醒泰國當局，在日本勢力範圍內的其他任何國家，教會都不曾遭遇這樣的迫害。在中國、印度支那、菲律賓，甚至在日本本土，天主教徒仍然享有公開崇拜的自由。[61]儘管帕索提據理力爭，儘管他是義大利公民，泰國政府仍然拒絕歸還教產。

不過，帕索提派遣義大利籍神父進入東北部省分、取代遭驅離的法國神父之舉，確實引起政府注意。教會當局認為，義大利既是日本與泰國的盟友，義大利籍神父應該能領導當地分崩離析的會眾，讓教會在這些備遭迫害的省分重新站穩腳步。非法國教會領導人的到來讓地方當局提高警覺。那空拍儂府尹對內政部說，地方當局努力防阻新近皈依的佛教徒重投天主教懷抱，但這些義大利神父讓他們的工作備感艱難。他提出警告說，如果任由這些義大利神父隨意發揮，地方官員好不容易取得的剷除天主教勢力的成果將毀於一旦。[62]地方領導人雖說決心不讓天主教復辟，但也知道他們需要一項新策略。內政部給他們的指示只適用於法國人。從這一刻起，府當局開始自行訂定對付慈幼會傳教士的政策。

為了阻撓義大利神父常駐東北地區，地方政府不讓他們運用一切教會資產。在大多數情況下，政府已經將原屬教會的建築物撥作他用。在那空拍儂府，奧伯特（Albert）神父寫信給府尹，要求當局歸還他的住處，以便鳩斯比・皮納福（Giuseppe Pinafore）神父在抵達清園（Chiang Yuen）時可以暫住。府尹回信說，這棟房子為府資產，現在是府警察總長住宅。那空拍儂府准許皮納福神父訪問清園與農勝，但不准他傳教。[63]義大利神父馬奇西（Marchesi）與佛拉吉尼（Forlazini）在抵達色軍之後，以昌明（Chang Ming）與他雷區新任天主教執事人員的身分向府當局報到。但政府不讓他們接管當地的天主教資產，說他們不是資產所有人。[64]神父史陶克（Stocker）在抵達東特伊（Donthoi）時，發現府尹已經把原本神父住的房子撥給和尚居住。史陶克於是借住友人家裡，不久警察登門造訪，命令他離開東特伊。警察告訴史陶克，政府已經將教會建築與一切相關資產全部充公，並禁止東奧居民與天主教神父交往。既如此，他留下來又能幹什麼？剛從曼谷前來的史陶克對此稱奇不已，因為地方政府在「暹羅寮」沒收教會資產，但曼谷的天主教設施卻能絲毫不受影響。[65]

義大利神父抵達東北地區，造成當地社區尖銳分裂，重新點燃了法國－泰國衝突的仇恨火苗。在政府壓力下放棄信仰的前天主教徒，對於歐洲神父再次出現在他們村落一事很是惱怒，但不肯放棄信仰的天主教徒則對新來的神父熱忱擁抱。泰國民族主義分子見到這些新來的神父非常光火，他們認為這些神父是法國人，又到他們村裡生活、工作了。有些人儘管認出新來的神父是義大利人，不是法國人，仍然指控這些神父「試圖讓泰國人成為義大利人的奴隸，是泰國的敵人」。[66]在神父恢復講道與禮拜儀式的地方，原本疏離的教友緩緩回復了宗教活動。政府於是擔心教會將重振旗鼓。這種仇怨持續升溫，導致對抗與暴力再起。馬奇西神父遭到多次死亡恐嚇，警告他離開色軍府他雷區。夜間，暴民用石塊砸他住的房子。[67]警方與地方政府建議這些義大利神父離境，因為當局無法保證他們的安全。同時，在一名和尚在攀那尼空縣遭人刺傷後，色軍府尹指控神父煽動天主教徒宗教狂熱。[68]由於義大利神父不肯聽警告離開東北，教會－政府對峙局面進一步升高。最後政府訴諸監禁手段。警方在那空拍儂逮捕皮納福神父，把他移送占巴塞監獄。泰國當局指控他煽動會眾，說泰國軍隊在前一年對占巴塞發動攻擊時搗毀天主教教堂，偷竊天主教財產，還打傷一名神父。[69]

這時，天主教派遣義大利傳教士進入東北地區的策略開始收效。皮納福神父遭到監禁一事引起義大利駐曼谷使領館注意。它在同一週找上外交部，要求當局釋放皮納福。[70]曼谷官員害怕損及與軸心盟國的關係，立即同意不再騷擾、拘禁神父，但要求義大利將這些慈幼會傳教士活動範圍限制在叻武里境內。義大利外交官拒絕，說這個問題最好留待戰後解決。泰國駐羅馬大使建議曼谷外交部接受這項安排，因為與數以千計日軍駐紮王國境內相比，東北地區的幾名神父根本不重要。泰國外交官不久前接獲義大利與德國政府保證，說會在戰後支持泰國獨立，不受日本支配。泰國駐羅馬大使奉勸本國政府，不要在如此關鍵性議題上招惹羅馬當局。[71]

泰國政府既不能再起訴或監禁義大利神父，就向天主教徒加強施壓，迫使他們與教會疏離。東北地區警方記下經常與神父會面民眾的姓名，然後對黑名單上的人進行監控。[72]總理披汶指示地方官員，要他們必須尊重天主教神父，但必須以各式間接手段懲罰那些不服從政府政策、拒不皈依佛教的泰國公民。在廊開，地方官員根據這項指示對天主教徒實施臨檢，找一些模糊理由向他們開罰單。居民只要前往當地佛寺上香，向寺內和尚致敬，或邀請和尚到家裡用晚餐，就能免繳罰單。不肯照辦的人會累積更多罰單，直到坐牢為止。[73]在挽廊洞（Ban Nong Doen），天主教徒居民因為沒有把廁所洗乾淨而被罰。想免繳罰款，唯一可行之道就是皈依佛教。[74]

北柳府的反天主教活動

有人認為這種對天主教的迫害，就若干程度而言只是泰國與法屬印度支那衝突造成的戰爭狂熱副產品。但果真如此嗎？鑒於許多天主教社區位於泰國與法屬印度支那邊界附近的事實，泰國當局在戒嚴期間監視這些社區不足為奇。但這種政府主導的反天主教運動並非局限於邊區，而且也不是單純的軍事衝突副效應。一九四一年十月，在披汶發動邊界爭議一年以後，泰國報紙《獨立報》（*Ekkaraj*）談到泰國境內的宗教排斥。《獨立報》發表社論說，在邊界激烈衝突期間，當局或許有必要在邊界地區禁止天主教徒集會，但直到今天，內陸的許多天主教堂仍然關閉。它問道，如今敵對狀態早已結束，國家也早已回復正常，這樣排斥天主教有必要嗎？[75]

《獨立報》談到緊鄰曼谷東部的北柳府狀況。北柳府儘管沒有許多少數族裔人口，也沒有什麼重大軍事設施，但目擊報告證實，邦卡（Bang Khla）縣天主教徒受到的騷擾，與色軍以及那空拍儂的情況一樣嚴重。在邊界衝突開始後，邦卡縣各區區長取得一張區內所有天主教徒的名單，下令名單上每個人都必須報到參加「再教育會議」。從一九四一年三月起，約有六十到七十人參加了在證寺（Wat Chaeng）舉行的這些會議。主持會議的區長與助理警察總長首先在會中說明開會主題：「我們是泰國人，必須在血肉、心靈上都像泰國人。」[76]區長隨即下令：「我們不能再在這個地區奉行天主教，我們必須拋棄它，信奉新宗教。你如果仍想當個天主教徒就坐在地上，你如果願意皈依佛教，就請坐在椅子上。」[77]聽到他的指令，在場天主教徒除了三名婦女外，全部坐到地上。區長於是向他們解釋邦卡縣對天主教的新政策。他警告說，民意顯示，大多數人反對天主教，天主教徒不要太頑固。天主教是法國的宗教，佛教才是泰國宗教。在場有人抗議說天主教並非法國宗教，區長答稱：「天主教教徒或許不都是法國人，但這個宗教本身絕對是法國宗教無疑。」[78]

這種「再教育會議」還為當局帶來機會，讓當局質問泰國天主教徒對泰國的認識與忠誠度。舉例說，邦卡那名區長就問與會天主教徒，泰國國旗上的各種顏色代表什麼意義。有人提了正確答案，他就說：「答對了，既然這樣，你為什麼不做一個真正的泰國人？」府當局表達的訊息是，天主教有害泰國的團結統一。一名參加過這類會議的塔臘（Tha Lad）村婦回憶會中對話說：「區幹部問我們『如果一棵芒果樹遭了蟲害，我們該怎麼做？』有人答道『我們必須把它砍了丟掉，以免蟲害擴散』。區幹部說『答對了。天主教就像蟲害一樣。我們必須把它砍了丟掉』。」[79]

邦卡居民被迫聆聽這反天主教長篇大論，一坐數小時。任何意圖辯駁的人立即遭到大聲喝斥，被指為「第五縱隊」。天主教徒發現辯駁只會惹來更多麻煩，於是默然承受這一切誹謗。[80]區長在第二次會議結束後宣布他不再召集他們。他們以後必須每天下午一點到五點自行報到參加會議。這型態一直持續數週。由於會議要占用整個下午，天主教徒得放下他們的店鋪與工作，而且許多人還得長途跋涉，才能從居住的村子到區中心開會。在金錢與時間成本越來越大的情況下，一些天主教徒逐漸屈服。在每一次會議結束時，開始有幾個人在切結書上簽名，表示他們現在了解身為泰國公民的職責，不再需要參加這類會議了。[81]但由於大多數天主教徒不肯屈服，區長開始提出警告，說邦卡的環境越來越危險。一名與會居民事後回憶說：「區長告訴我們，他為了保護天主教徒安全，已經累得筋疲力盡。他緊緊盯著教會，目的不是要監視我們，而是要保護我們。他對我們說『天主教徒在上教堂時不帶武器，如果碰上有人找麻煩，你們怎麼辦？泰血黨有數以百計惹事生非的成員。你們知道我曾經多少次阻止他們，不讓他們傷害你們嗎？我聽說他們準備鬧事，很擔心區裡民眾的安全。因此我鼓勵你們所有基督徒不要再堅持，因為他們認為你們都是第五縱隊』。」[82]

這些指令究竟是真心的警告，抑或是變相威脅不得而知，但它讓邦卡的天主教徒覺醒，讓他們知道不能再依賴當局保護他們的生命或財產。他們於是成立守夜隊，每個夜晚派幾名志願者在教會園區守夜，保護教會建築。[83]由於天主教徒不能合法持有武器，如果暴民發動攻擊，他們其實不能有什麼抵抗。不過他們的出現確實產生嚇阻效果，讓泰血黨不敢輕言攻擊他們的教堂。

兩名義大利神父從叻武里教區來到北柳府，在當地引發軒然大波的暴力事件，迫使天主教徒前後數年放棄這個地區。為了替北柳府信眾帶來引導，康斯登佐・賈法拉（Constonzo Gavalla）神父奉命從北碧來到北柳府。賈法拉神父從曼谷搭乘小船來到塔闞（Tha Kwian）村上岸，他的到來令許多當地民眾不快。一名與他同乘一艘船的旅人回憶說，曾無意間聽到兩名男子揚言要在那天夜裡「打斷那神父的脖子」。[84]那天傍晚，賈法拉神父按照法規先向當地民政當局報到，然後到教堂旁邊的神父宿舍過夜。不到幾小時，整個社區都知道又一名天主教神父到了。一九四一年三月十四日夜，暴民攻擊塔闞的神父宿舍，洗劫了教堂。賈法拉神父後來談到他那天晚上的驚魂過程：

晚上十一點三十分，就在我們都已入睡時，二十幾個人來到宿舍。他們用斧頭砍毀大門，進到屋裡。然後開始用斧頭、大刀與棍棒搗毀屋裡的一切。我完全清醒以後，知道我不可能對抗這麼多人，於是決定走為上策。當我逃到市場（距離宿舍約三十公尺）時，暴民抓到我，撕爛了我的衣服。他們把我袋子裡所有的錢（十銖）全部搶走，還拿了我的手表、船票、火車票、旅行證件，以及其他個人文件。

之後暴民迫使我臉朝下，拖著我走，還揚言不准我翻身。如果不服從，他們就要殺我。其他暴民開始揍我、踢我、打我。打我的是兩名男子。第一個人用棒子打我的頭。最後他們把我拖到教堂邊，綁在一棵樹上。我被打得暫時喪失知覺。清醒以後，我見到一個男孩走過，於是請他將我放了。那男孩不肯，說如果他幫我，他也要遭殃。我奮力掙扎，最後終於靠自己脫困。[85]

賈法拉神父之後回到神父宿舍，發現宿舍已遭洗劫，許多東西被竊。兩個小時後，區長與警察局長到訪。賈法拉正準備向他們訴說這一夜的經過，區長打斷了他的話，說他們對昨夜發生了什麼事不感興趣。他們此來想了解賈法拉來塔關幹什麼，是不是來做諜報工作。兩人在宿舍裡裡外外搜索了一陣，問了幾個問題，之後，警察局長認定賈法拉不是間諜。區長隨即寫下一紙聲明，聲明中確定神父的清白，並表示神父宿舍的損失與塔關區無關。區長隨即令神父在聲明上簽字。賈法拉神父於當天下午回到曼谷，在巴拉武（Baed Raew）警局報案，隨即住進聖路易斯總醫院（Hospital General St. Louis）療傷。[86]

塔關這次入屋洗劫行凶事件，為地方官員帶來藉口，讓他們在邦卡縣其他地方對付天主教。賈法拉神父遇襲第二天，警方在塔臘村逮捕七名天主教徒，指控他們在塔關搶劫並攻擊一名義大利神父。[87]被捕的七人大多是塔臘村巡夜隊隊員。他們都被送往拍儂沙拉干一處監獄。隔了三天，一名前往探監的警官告訴他們，如果同意放棄天主教就能免罪。他們會立即獲釋，還可以領回自己的槍械。這七個人一一簽了一紙聲明，然後回到塔臘。

在他們被捕坐監的這幾天，由於沒有人巡夜，教堂成為泰血黨暴徒下手的好對象。在他們被捕第一天夜晚，教堂就傳來暴力事件，塔臘村一名天主教村婦對當時情況有以下描述：「在他們在拍儂區坐監時，許多人趁夜來到村子，洗劫教堂。我不知道究竟來了多少人，因為當時我帶著孩子躲到小船上，沿著河駕船逃逸。聽起來有很多人，因為我聽見打、砸、毀滅、喧嘩之聲，聽到有人高喊『打得好！』第二天，我向區長報告，放棄天主教。區長告訴我，有超過四百人攻擊教堂。在那以後，我可以不用再參加再教育會議了。」[88]

政府很清楚，教堂不只是聚會所而已；它還是天主教社區靈魂所在。教堂遭到褻瀆，塔臘村天主教教會也隨即停擺，直到戰後才重新恢復。被捕的塔臘村巡夜員中有一名叫通馬（Thong Ma）的村民，在獲釋回到村子後發現，村幹部已經成立一個委員會，清點、拍賣從教堂裡搶來的一切財物。教堂先遭棄置，後來村子決定開一條穿過教堂園區的路，遂將教堂夷為平地。一九四四年，泰國政府開始將掠奪、損毀的天主教財物歸還天主教，並在塔臘村進行一項調查。它發現天主教早將村子裡的殘餘物業出租，天主教崇拜活動已經在邦卡絕跡。[89]

北柳府的這個案例說明，泰國政府的所謂安全顧慮不過是推動宗教一元化的一項藉口。北柳府不是東北邊疆地區省分，境內沒有軍事設施，而且府內大多數自稱信仰天主教的居民都是泰族人，不是越南人。在這樣一個府進行這樣嚴厲的迫害，意味著兩件事：首先，反天主教運動是披汶強國計畫內政部分的要件；其次，府與區領導人可以自行決定如何執行內政部指令。

迫害的結束

不久情況明顯，日本即將戰敗，盟國勢力將重返東南亞，對宗教迫害的支持也開始退燒。在披汶於一九四四年辭去總理職務後，泰國新領導人放棄他的國恥論，試圖爭取盟國支持。[90]廢止反天主教運動是新政府施政優先項目之一。泰國政府察覺，如果不想戰後遭英國占領，教廷會是一個有力盟友。寬・阿派旺（Khuang Aphaiwongse）政府公開表示，願遵守泰國憲法中宗教自由的原則。多年來，帕索提主教不斷寫信給泰國各級政府，抗議當局對天主教信徒與教產的迫害與侵奪，但始終沒有結果。現在突然間，內政部開始找上帕索提，表示政府準備儘快歸還天主教教產。[91]一九四四年十一月，那空拍儂府尹發出一份備忘錄，要府內各區領導人調整有關天主教教會的政策。占用教會建築物的政府組織必須撤離，否則得徵得天主教領導人同意才能繼續使用。在黎府，帕索提主教指示地方領導人將充作公立學校之用的教堂清空，由天主教重量級人士以臨時監管人的身分接管。[92]所有拿了天主教任何財物或貴重物品的人，奉命將物品歸還區辦公室。府內各區必須將三年來損毀的天主教財物登錄成冊。最後，天主教崇拜活動在當地警方監督下獲准恢復。[93]

曼谷這項政策急轉彎意謂，當年迫害天主教的政府官員現在處境尷尬不堪。在披汶垮台後，這些官員現在眼睜睜望著他們的後台迅速蒸發。泰國政府當年曾經徵召民眾執行民族主義宗教政策，在發現政策行不通之後立即將這些民眾拋棄，乃隆（Nai Roen Trisathan）的個案就是一個好例子。彭世洛府（Phitsanulok Province）於一九四四年一月要求乃隆出馬，負責處理尼空叻（Nikorn Laks）地區天主教問題。乃隆在接受這項徵召之後，開始執行政府推動的三面夾擊策略：禁止公共集會、要天主教徒皈依佛教、將天主教學校轉換為公立學校。乃隆在警方保護下執行這些政策，認為這是他對國家應盡的職責。在泰國軍隊為收復失土、擊敗西方帝國主義而戰之際，他的職責是肅清內部敵人。為示酬庸，政府在社區屠宰場內給他安插了一個經理職肥缺，讓他在原屬天主教、現在是公立的學校當了校長。[94]

但戰況開始對日本不利，乃隆發現地方政府逐漸開始收斂反天主教政策。他寫信給彭世洛府尹，說過去負責管理當地天主教教堂與學校的一個天主教團體已經向他施壓，要他歸還他們的財產，讓他們可以再次集會。他在信中訴苦說，新任區長不給他原本享有的政治支持，警方也不再保護他。乃隆表示，天主教徒準備對他在彭世洛府的迫害行動採取報復，沒有地方當局與警方的保護，他有性命之憂。乃隆在之後不久就辭職了。

只要泰國政府能證明它願意支持宗教容忍，帕索提主教似乎贊成運用教廷影響力，支持盟國在戰後對泰國保持寬大。他非但沒有報復泰國在大戰期間對天主教的迫害，反而對新政府歸還教產、重建教會地位的做法表示感激：「這項行動反映新政府讓人人享有宗教自由的新政策，而宗教自由是憲法保障、普里迪在一九四四年十二月八日表明支持的。我們相信，宗教自由對泰國的外交關係也有影響……我們致力泰國福祉的立場沒有改變，我們保證今後將竭盡全力協助提升泰國的榮譽、聲望與成長。」[95]

二次大戰最後幾個月的證據顯示，天主教徒一經獲許重返，立即回歸教會。戰後泰國政府為表示修好，究竟對遭到沒收或損毀的教產做了多大程度的補償，由於研究數據不足無法確定。不過，在遭到前後四年的嚴厲迫害之後，天主教組織在泰國似乎很快重建。毫無疑問，在法國–泰國衝突期間，天主教徒不是唯一受害人。披汶政府製造宗教民族主義氣氛，以迫使所有宗教少數派皈依大多民眾信仰的佛教。在宗教成為是否效忠的一項指標之後，穆斯林也開始遭到宗教迫害。[96]事實上，在這項民族統一運動中，由於穆斯林大多住在所謂西方帝國主義強占的邊界地區，伊斯蘭教是更理想的攻擊目標。不過與天主教徒不同的是，泰國當局沒有指控穆斯林是第五縱隊，也沒有為他們安上危害國家福祉的標籤。所以出現這種差別待遇，有兩個重要原因。問題所在的南方土地已經讓給英國，不是法國，披汶不想挑起與英國的敵意。此外，由於伊斯蘭教帝國從未干預過泰國事務，伊斯蘭教並不切合國恥論論述架構。也因此，穆斯林雖說也遭到干擾，但不及天主教徒遭遇的那樣嚴重。在內政部有關宗教政策的官方通訊紀錄中，只有天主教會被指名道姓，反覆指為對國家安全的威脅。[97] 根據國恥論論述，天主教不只是外國宗教而已；它還是帝國主義的象徵。

小結

前後三年多時間，披汶的軍政府將反天主教視為完成獨立大業的一項重要步驟。在他的支持者眼中，帝國主義在泰國境內建立不遵守泰國法律、逕行自治的機構，而天主教會就是這機構的一部分。在他們眼中，像史陶克這樣的天主教神父，由於阻撓天主教徒參加禮佛等儀式，是顛覆分子。如前文所述，由於地緣位置以及區域性做法互異，不同地區對天主教的迫害層次也不一樣。迫害最嚴重的地區在東北部，曼谷與北部地區的教會相對而言未遭波及。不過，北柳府的例外說明一件事：如果我們想了解每一地區對內政部反天主教政策的反應，有必要進一步研究。

亞洲爆發戰事為泰國政府帶來可乘之機，讓它可以鼓吹反西方運動而不危及它的獨立。一九四一年，泰國報紙大事慶祝新時代到來，認為泰國洗刷前恥的時機已至。曼谷報紙上出現的反白人情緒，讓生活在曼谷的歐洲人越來越提心吊膽。[98] 披汶由於善用國恥論強調必須重建國家榮譽、提升泰國國際地位，他的強國理論獲得國民大力支持。要重振泰國國威，就必須收回過去割讓給歐洲帝國主義者的土地，必須剷除一切曾經參與在泰國半殖民征服行動的組織機構。天主教會既是泰國境內最顯然的歐洲勢力象徵，自然成為這種政治運動的首要目標。

第四章　泰國與泛亞主義

泰國史上最吸引學者矚目的大事，莫過於第二次世界大戰期間與日本的結盟。史學者常以這項結盟為「竹子外交」（bamboo diplomacy）最明確的例證，認為披汶為了不讓泰國淪為戰場，而與日本建立一種恩庇－侍從關係。披汶希望維護泰國獨立，這完全正確。但他同時也想借助日本帝國之力，在東南亞擴張泰國勢力。他與日本結盟，是以亞洲權力均勢消長為基礎的務實決策，要了解這項決策，必須透過新角度解釋泰國與日本的夥伴關係。由於泰國與日本既無文化、又沒有歷史淵源，披汶利用國恥論與泛亞主義在意識形態上的類同之處大做文章。大戰期間的宣傳說，兩國都曾經是西方帝國主義受害者。泰國政府展現高明手段，配合國際政治新氣候調整國恥論，讓泰國成為某些國家心目中的半殖民國，或是其他國家心目中的永久獨立國。從這個角度來看，東亞戰爭不過是泰國對抗殖民主義鬥爭的擴大而已。同時，披汶政權運用戰時的顛沛流離與動亂不安，繼續追逐它的大泰國之夢。

決策

在一九四一年將近尾聲時，日本將出兵東南亞、進擊更多目標的態勢越來越明顯。由於泰國夾在英帝國與據有法屬印度支那的日本占領軍之間，日本與英國之間的任何攤牌，對泰國而言自然都是不祥之兆。在有關歐戰與中國境內戰爭的問題上，泰國政府雖說仍保持中立，但披汶知道泰國不可能繼續袖手，拖過這場大戰。日本若想攻擊緬甸或馬來亞，就必須取道泰國。在一九四一年與法屬印度支那的邊界衝突爆發前，披汶與日本簽下一紙祕密協定，同意日軍無害通過泰國攻擊駐緬甸的英軍，條件是東京支持披汶的領土主張。日本已經宣布這項《東京和平協定》，披汶知道他必須有所回應。而實際上，披汶已經經由談判把自己談進一個死胡同。除非背棄保持泰國中立的諾言，否則他不能讓日軍進入泰國。前後幾個月，他看著、等著，希望事情出現讓他脫困的轉機。

一九四一年十二月八日，披汶不能再拖了。日本軍已經沿著泰國東部與柬埔寨的邊界，以及南半島西側沿線幾個點入侵泰國。在經過幾小時的抵抗後，泰國政府同意停火休戰。之後雙方簽署條約，同意日軍通過泰國，但更重要的是，泰國可以保有軍隊完整，而軍隊是披汶的政治權力基礎。接下來幾週，披汶對日本有能力擊敗盟國的信心增加，開始更積極地向軸心陣營靠攏。一九四二年一月，泰國對英國與美國宣戰。

披汶的宣戰讓泰國政府鐵了心——它的命運現在跟日本連在一起——但也引起一個關鍵性次要議題。政府怎麼解釋它的策略急轉彎？它該怎麼讓民眾仇恨英國、支持日本？[1]儘管學者們總是強調泰國的「彈性」外交政策，但早自十九世紀中葉起，泰國就是親英國的國家。英國是第一個與泰國談判貿易協定的歐洲國家。英國在泰國經濟中仍然舉足輕重，對泰國的政治精英也仍然保有巨大影響力。相對而言，泰國－日本關係的歷史短得多。對泰國的外銷——特別是稻米——而言，日本是個小得太多的市場，而且大多數泰國人對日本人並無文化認同。披汶在泰國—日本條約簽訂後舉行的祕密談判中承認，如何說服泰國民眾支持日本是個嚴重問題。除了軍方以外，大多數政府官員對英國與美國態度都很友好，有些官員甚至還展現反日情緒。[2]

為推銷與日本的聯盟，泰國政府企圖將日本的泛亞主義，與在泰國廣獲支持的國恥論結合在一起。披汶解釋說，他的政權所以向英國宣戰，是因為英國過去一再占泰國便宜。他說，這場戰爭會削弱英國對泰國文化、經濟與前藩屬國的影響力，從而提升泰國的獨立層次。反之，威集發表文章，說日本是一個同病相憐的盟國，像泰國一樣也曾備受西方霸凌。他認為，在與日本結盟以後，泰國可以展開行動解放整個亞洲。在將西方帝國主義秩序掃除以後，泰國可以憑藉它非殖民地的身分，在統治亞洲的「新秩序」中位居顯要。披汶與威集要效法日本的政治與軍事成功。他們認為，亞洲這場衝突是剷除西方勢力、收回失土、建立「大泰帝國」的好機會。他們在大戰期間不斷宣稱，泰國已經展開行動將法國趕出黃金半島，下一步就是協助日本剷除亞洲境內的西方帝國主義。

在定調以後，披汶政府透過各種媒體管道宣揚這套說法。報紙發表文章，詳述日本與泰國多年來的友好關係，解釋日本在東南亞的戰略。報上每天不斷刊登披汶與威集、萬親王，以及其他著名領導人的演說摘要，強調參戰的必要。政府印製收復失土新地圖，記錄歷年被英國占領的土地。為彰顯泰國與被殖民民族站在一起的決心，披汶政權允許自由印度（Free India）運動等爭取獨立的組織，利用泰國電台播出反殖民訊息。

一九四二年，曼谷只有一家電台。這家由宣傳部（Department of Publicity）擁有和運作的電台，製作了一個由乃曼（Nai Man）與乃空（Nai Khong）兩名喜劇角色擔綱的熱門節目，一方面宣揚披汶政權的親日政策，一方面強化民眾對盟國的仇視。[3]民眾每天晚上都會收聽這個節目，聽乃曼與乃空慶祝日軍捷報，討論西方國家過去如何欺壓泰國，節目中還會宣布政府的新文化政策。曼谷電台就這樣透過乃曼與乃空對敵人大舉撻伐，同時與新德里、仰光和新加坡境內親日本的友台相互呼應。

泰國政府在大戰期間對一切大眾傳媒實施新聞檢查，以控制輿論。在與日本簽約以後，泰國政府與日本大使辦了一場記者會。日本大使在會中告訴記者說，某些有關日本－泰國關係的議題不得報導。[4]當時泰國境內有一個普里迪領導的抵抗運動，叫做「自由泰」（Seri Thai）。自由泰反對與日本結盟，主張泰國向盟國靠攏，還不時散發攻擊政府政策的傳單。但由於披汶在戰爭初期享有的壓倒性民意支持，自由泰對輿論造成的影響極為有限。[5]至於泰國當時是否有其他與國恥論角逐的民族主義論點，不在本文討論之列，因為本文的目標不在指證特定論述的合法或非法。本文希望闡述的是，有關泰國在大東亞地位的官式（政府支持的）對話如何從原本的國恥論論點演繹而出。

推動與日本結盟

泰國向日本皇軍投降的消息震撼全國。許多泰國人不敢相信他們竟會如此輕而易舉就遭日軍擊敗、占領。在見到日本兵列隊通過曼谷時，許多泰國人淚流滿面。他們認為國家已經喪失獨立。[6]宣傳部面對一項緊急任務，就是想辦法讓國人相信，泰國與日本之間是夥伴關係，不是占領關係。一九四一年十二月十日，披汶在一次全國性電台廣播中說明政府的新政策。他說，戰火已經吞噬全球，泰國不能再置身事外。泰國政府為維護國家獨立，已經同意東京提出的要求，與日本合作。披汶堅持說，日本無意與泰國作戰，只想借道泰國，攻擊它真正的敵人英國。[7]政府已經與日本談妥協議，准許日軍進入泰國，以換取日本尊重泰國獨立與主權的保證。披汶在這篇電台演說的結尾呼籲國人團結。他說，如果全國人民都能信任他們的總理，他會帶領國家度過這場動盪亂局。

泰國領導人努力營造同情軸心陣營作戰目標的民意，駁斥日本對泰國構成威脅的論點。在泰國保持中立期間，曼谷報紙刊載許多同情日本的文章，幫日本擴張做解釋。一九四一年五月，就在《東京和平協定》剛簽署之後，《尼空》報就刊出一篇上下兩部分的報導，詳述日本面臨的人口壓力。報導以十九世紀末的日本為開端，說當年的日本與英國、法國相比算得上「一無所有」，因為日本土地不足，無法養活不斷增加的務農人口。

文中說，日本人百分之五十是農民，但由於境內山嶺起伏，可耕之地僅占全國土地百分之十五。日本政府也曾打算向中國與滿洲（中國東北）移民，但這些地區已經人滿為患，生活水準也很低。所以日本把目光移向「南方土地」，因為南方有足夠可供開發的空地，氣候也適合日本人。[8]

這類報紙報導說，西方列強就像對付泰國一樣，也曾洗劫、羞辱日本。《尼空》刊出的另一篇報導說，西方帝國主義千方百計不讓日本取得原料與外國市場，以防阻日本工業化。儘管面對這些干擾，日本成功製造出物美價廉的產品，開始在整個亞洲與歐洲產品競爭市場。[9]面對日本這項挑戰，西方列強開始對日本產品徵收關稅，或對進入印度、印度支那、東印度群島與菲律賓殖民地的日貨設立進口配額。這些保護主義政策使日本覺醒，察覺自己的經濟罩門。日本領導人發現，想繼續工業化就必須像西方列強過去一樣，取得屬於自己的殖民地。這種覺悟使日本在一八九五年占領台灣，在一九〇五年占領韓國，之後在一九三三年進兵滿洲（建滿洲國）。報導在結論中說，日本的新政策開啟了提振經濟發展、加強國家安全的道路。

《桑諦人民報》（*Santi rasadorn*）也以「太平洋戰爭的起源」（The Origins of the Pacific War）為題，刊出一篇類似報導，說美國與英國陰謀窒息日本。[10]盟國擔心日本壯大以後會挑戰既有的帝國主義秩序，於是聯手不讓日本商家進入中國市場。這些措施令日本忍無可忍，除了發動戰爭，從西方帝國主義控制下解放中國，讓中國市場向其他亞洲國家開放以外，別無其他選擇。《京華日報》（*Sri krung*）也在社論中說，英國與美國曾試圖運用一九二二年《華盛頓海軍公約》對日本軍力設限，現在又將武器交給蔣介石。英國與美國打算讓蔣介石的國民黨中國對抗日本，為保護西方帝國主義利益而犧牲。社論中說，在這項戰略失敗以後，盟國開始用石油禁運與其他經濟制裁手段窒息日本，迫使日本陷於生死存亡的鬥爭。[11]

曼谷媒體一方面譴責西方是帝國主義，一方面為日本「解放」中國叫好。泰國領導人對日本在滿洲國的紀錄當然心知肚明，甚至還懷疑日本對泰國別有用心。但日本同時也是一個曾經備受西方欺凌，但迅速重振成為現代工業大國與軍事強權的國家。日本的成功讓統治曼谷的軍事執政團心動不已。泰國改革派看著日本幾十年來的迅速現代化，不僅豔羨，也認為泰國可以效法日本，將現代化融入傳統。[12]至於日本帝國主義的問題，根據披汶的了解，亞洲新秩序對泰國有利。英國與法國勢力進入東南亞，造成泰帝國式微，但日本在東南亞的霸權或許可以為泰帝國重振創造有利條件。到一九四二年，日本已經協助泰國將勢力伸入法屬印度支那，並且考慮是否應披汶之請，讓泰國控制英屬緬甸的撣邦。泰國的宣傳說，泰國與日本結盟的目的在於「摧毀受制於英國與美國的舊秩序」，但曼谷顯然打算藉此重振本身的帝國榮光。[13]

對付英國的做法

英國一再欺壓我們。我們不會原諒他們。

——曼谷電台，一九四二年一月八日

日本－泰國結盟共同對抗英國暴君的構想，字面上說得頭頭是道，但兩國領導人都承認，泰國人民對英國的社會與文化仍然心嚮往之。日本駐泰國武官淺田信介就發現，甚至在泰國宣戰之後，曼谷精英對英國的運動、歷史與皇家傳統仍然迷戀不已。泰國官員說得最多的外語是英語，許多官員喜歡像英國人一樣打網球、喝茶、參加鄉村俱樂部。淺田信介說，他在泰國任職期間，從沒見過一名能說日語，或愛慕日本文化的泰國人。他估計，有鑒於泰國人對歐洲文化深度的不捨，想將西方影響力從泰國徹底根除，可能得花一百年宣傳苦功才行。[14]在這一切種種情況下，推展有效的反英宣傳自然困難。相形之下，煽動民眾反法容易得多。法國文化沒有像英國文化那樣滲透泰國，而且法國－暹羅危機已是國恥論史觀的根基。想醜化英國還得另出妙招才行。

為製造反英理論，宣傳官員再次鑽進法國－暹羅危機，這次他們要發掘的主題是背叛。泰國政府開始在演說、報紙評論與電台廣播中指控英國背棄泰國，不肯在一八九三年危機中援助王室。泰國與英國的關係一直親密友好，這是事實，但這對泰國有什麼好處？英國人的友好保證不過是想賺更多貿易財的陰謀罷了；一旦發現情況不妙，他們立刻拋棄朋友。英國人過去或許小心翼翼、不肯直接羞辱泰國，但他們這樣做的目的，只是想哄得泰國領導人躊躇滿志，藉機榨取泰國資源、兼併泰國土地而已。

泰國政府以背叛為主題，修改英國在一八九三年危機中扮演的角色，把英國也納入國恥論的指控對象。根據泰國官方過去的說法，英國外交官在危機期間發揮制衡作用，讓法國勢力無法進入暹羅；新的法國－暹羅危機史觀否定這項老論調，認為英國（甚至還有美國）當年坐視暹羅遭到法國毒手。披汶在他的宣戰聲明中特別提到，他所以向盟國宣戰，英國與美國當年的袖手旁觀、保持中立是一個理由。[15]報紙評論指控英國是兩面人。一篇名為〈痛定思痛〉（Pain Serves as a Reminder）的文章，大罵英國不配做泰國的盟友：「英國說，他們在RS 112期間協助我們維護獨立。這話是想騙誰？他們從來沒有幫我們任何忙，他們只是在幫自己而已。」[16]

為改寫法國－暹羅危機史，泰國政府指責英國，說英國利用暹羅的困境為自己牟利。拜法國－暹羅危機之賜，英國與法國兩大帝國得以在東南亞建立持久權力均勢，還讓英國繼續保有對暹羅貿易的壟斷。

在用這種方式陳述一八九三年事件之後，泰國政府以史為例，為它加入軸心陣營辯駁。泰國領導人說，有鑒於過往教訓，泰國不能在即將到來的這場衝突中依賴英國。披汶在接受報紙訪問時表示，邱吉爾想利用泰國軍隊作為一面阻擋日軍進軍新加坡的盾牌。英國要求泰國軍人為保護英國在馬來亞與印度的霸權而戰死沙場。[17]最後，泰國軍隊被毀，泰國被占領，而英國將軍可以撤退到第二線。在一九四二年最初幾個月，當盟軍在歐、亞兩洲各地不斷撤軍時，泰國就以這種英國首先操控、繼而拋棄盟友的論點為宣傳主軸。

電台廣播指出，當挪威、波蘭、法國或比利時淪亡時，英國沒有盡力拯救它們，但現在，英國卻利用來自這些國家的步兵保衛它自己的利益。[18]在每晚播出的節目中，乃曼與乃空經常抨擊英國，說英國用殖民地士兵保護它的帝國，而英國人本身卻安全地躲在自己的島上。加拿大人在香港之戰中被俘，埃及人在歐洲作戰，甚至在日軍蓄勢待發、即將入侵雪梨之際，澳洲還派兵進駐新加坡。[19]當邱吉爾發表那篇著名宣言，說英國永不投降時，這個電台二人組還挖苦說，英國會「戰至最後一名印度人」。[20]

同時，曼谷電台對英-美帝國統治下的「被奴役人民」表示同情，說英國在第一次世界大戰期間也曾迫使暹羅王國替英國打仗。曼谷電台說，在第一次世界大戰期間，英國顧問運用不平等條約為工具，說服拉瑪六世對同盟國（Central Powers）宣戰。之後，大戰期間因暹羅支持而獲益的倫敦，在戰後卻對治外法權特權問題置之不理。拉瑪六世因為功在大英帝國而獲頒「印度之星」（Star of India）勳章。他由於接受這個一般頒給殖民地臣民的勳章，後來遭到泰國人批判，認為他此舉無異自貶獨立國國王的身價。乃曼與乃空就說，此舉證明泰國其實是英國的半殖民地。[21]披汶宣布，為了不讓泰國再次淪為殖民地，他拒絕加入同盟國。曼谷媒體一再宣揚披汶的講詞，說「我們不會為了保衛英國而死」，彷彿那是獨立宣言一般。[22]

在這段修改歷史的過程中，泰國政府舉了幾個例子，說明英國過去如何破壞泰國的獨立。乃曼與乃空不惜耗用整個節目，說英國早自三百年前抵達大城起，就處心積慮想殖民暹羅。兩人在一個節目中解釋說，暹羅國王當年對英國商人很寬厚，不但讓他們進入王國，還為他們提供皇家保護，不讓荷蘭人趕他們出境。但後來當荷蘭海軍艦艇開始強占大城的船隻時，英國人卻不肯協助王室抵禦荷蘭。在那萊王（King Narai）統治期間，東印度公司（East India Company）揚言，除非那萊王賠償對英國總督造成的損失，否則將封鎖大城最重要的印度洋港口丹老（Mergui）。那萊王於是向英國宣戰，迫使英國人撤出丹老與丹那沙林（Tenasserim）。[23]

在一開始，國恥論與失土概念指的都只是法國占領的土地；但在泰國向美、英宣戰後，這種情況改變了。民族統一運動分子說，英國像法國一樣，也窮凶極惡地強占泰國土地。[24]他們說，一七八六年，當拉瑪一世忙著對緬甸用兵時，東印度公司陰謀強占檳城（Penang）。[25] 根據泰國電台的廣播，英國曾經策動吉打（Kedah Province）蘇丹反叛曼谷，為吉打蘇丹提供保護，要他出兵支援緬甸、對付泰王。英國由於垂涎天然資源，不斷談判、修訂泰國與緬甸邊界，騙走泰北大片土地。在談到南方土地的議題時，披汶政權現在說，英國官員當年向朱拉隆功王施壓，使朱拉隆功王為廢除不平等條約中最屈辱的部分，不得不簽約割讓馬來四府。[26]

泰國政府為了修改英國－泰國關係，還在國恥論中透過地圖手段強調泰國受到的迫害。披汶政府製作的民族統一地圖，將吉打這類藩屬國說成泰王國治下的一個單位。事實上，吉打一直是向暹羅王納貢的半自治國，之後吉打轉而承認英帝國對吉打的宗主權。通猜曾說，這種製圖說史的做法是「願望的解碼」。這麼做的用意，是以一種二維圖形，表達一種不用圖形很難表達的、遭人掠奪與背叛的抽象概念。沒了這種地緣概念，披汶很難讓民眾了解泰民族承受的暴力史。就連電台名角乃曼與乃空，也開始分析泰王國歷史地圖，以說明泰國國土是怎麼丟失的：

> 乃空：看著這張老地圖，我真是驚呆了。
>
> 乃曼：怎麼可能不驚呆？在北方，英國人踏到我們頭上來了。他們用鐵鍊綁住我們的雙腳。我們的兩條手臂也被捆得緊緊的。不驚呆才怪。

乃空：你剛才說他們踏到我們頭上。我很好奇，那些與我們血肉相連的大泰城邦怎麼回事？它們是什麼時候被吞掉的？

乃曼：英國人在擊敗緬甸之後吞了它們。英國人明目張膽將它們吞了，而這麼做真正的目的就是監視我們在北方的活動。英國人在法國人還來不及下手以前，忙著先將北部地區吞了，還因此幾乎與法國打起來。

乃空：這種不公不義就是我們的歷史傳承。幾十年來我們的邊界到處都在縮水。[27]

儘管政府媒體傾盡全力，這些對英國的攻擊，與前一年的仇法運動相形之下，激起的民怨差了許多。所以如此，有幾個可能的原因。首先，政府很早就開始宣揚被法國強占土地，而指控英國強占土地的宣傳則展開未久。在法國－泰國衝突最激烈的一九四〇年，泰國政府忙著印製、分發數以千計的失土地圖，當時披汶曾明確下令內政部，地圖上只顯示法國奪取的土地，不提割讓給英國的失土。[28]披汶當時認為，他已經陷入與維琪政府的生死之鬥，在這緊要關頭無端惹惱倫敦沒什麼好處。另有一種獲得普遍贊同的解釋是，割讓給法屬印度支那的失土，住的主要是泰人，讓泰國更感切身之痛；而割讓給英國的失土住的不是緬甸人就是馬來人，讓泰國比較不痛不癢。[29]曼谷報紙經常把北緬甸的撣人說成「大泰」，讓讀者以為撣人與泰國有強大的文化淵源。

但國恥論所以不能激起泰國人仇恨英國，最主要的原因或許是英國從泰王手中取得這些土地的手段。根據蘇風隆旺（Suphaphorn Bumrungwong）的解釋，戰敗割地給法國所以令泰國如此忿忿，是因為那場戰敗令王室羞辱不堪，而割地給英國卻是外交談判的結果。[30]隨著時間不斷逝去，一八九三年戰敗的恥辱逐漸成為泰國軍隊之恥。自一八九三至一九四一年，泰國軍隊沒有與外國打過一場仗。人民黨在一九四一年發現時機已至，應該出兵收復失土，重建軍隊保衛國家的形象。

政府媒體並且分析貿易關係史，找尋更多英國剝削的證據。報紙發表文章，描述英國如何迫使王室就範，讓王室准許它運用暹羅豐富的天然資源與勞工，並控制暹羅的出口。暹羅同時也成為英國產品的市場，開始受到英國人文影響。歐洲人逐漸掌控泰國主要產業，他們開始取代泰國企業家，癱瘓了泰國的長期發展。乃曼與乃空以泰北柚木工業為例，說英國透過欺騙與軍事操控，從王室手中取得巨額柚木特許經營權。泰國伐木業者由於無力與大型歐洲公司競爭而紛紛破產，員工於是轉而為英國老闆工作。幾十年來，英國壟斷了泰國柚木業，從泰國的森林盜走數以百萬銖計的木材。[31]乃曼在結論中說，邱吉爾所以要求與泰國結盟，是因為他擔心一旦失去泰國盟友，英國將不再能取用這些珍貴的天然資源。

泰國領導人再次搬出二十世紀二〇年代法學者首先提出的理論，強調《鮑林條約》為泰國開啟了半殖民主義新紀元。一名評論員說：「由於英國有例在先，白種人束縛了我們七十多年。拉瑪四世簽下的每一項條約都比照這項英國條約模式，我們本身的權威就這樣逐步腐蝕了。」[32]這類謾罵指控鮑林向暹羅假裝友好，哄騙暹羅簽約，一步步剝奪暹羅主權。《鮑林條約》對王室加了三個重要限制：限制關稅、限制暹羅的工業，與厲行治外法權。[33]

泰國與日本的評論員說，除了對自主的影響以外，這類型不平等條約對亞洲的經濟發展還有一種癱瘓性效應。根據披汶的意識形態理論，泰國的發展所以落後日本與其他文明國家，是因為泰國近百年來其實是英國的殖民財產。在一八九三年，將近百分之九十三的暹羅出口經由英國貿易商之手進行。[34]日本在一九四一年的一份報告估計，百分之八十三的泰國出口仍然由倫敦經手：「在這種情況下，若說泰國的國家經濟實際上由英國掌控並不誇大。泰國也曾幾次嘗試改革它的貨幣系統，但每一次都被迫接受英國的方案。由於英國影響力已經深深滲透泰國商工產業層層面面，泰國想根除此惡並不容易。」[35]

泰國政府用這類統計數字為證據，說明泰國與英國之間一個世紀以來一直維持一種半殖民關係。泰國政府認為，如果泰國人仍然忠於西方，只因為他們還不知道英國對泰國的巧取豪奪。這種半殖民論點，扭轉了丹龍親王的傳統理論——根據丹龍親工提出的理論，在從近代王國轉型為現代民族國家的過程中，泰國一直是獨立國。在這種新理論架構下，卻克里王朝那些國王，比較像是為了保護主權與領土而苦苦掙扎的附庸，而不像是精明幹練、運用大國政治相互制衡、保衛暹羅利益的外交官。在這種受害者式理論論述下，戰爭成了自決或繼續臣服兩者之間的選擇。曼谷電台提出警告說：「在牠恢復元氣殺了我們以前，我們必須殺了這頭英國老虎。」[36]

日本：我們可信的朋友

扭轉民眾對英國的看法，不是泰國政府面對的唯一公關挑戰；它還得營造民眾對泰國新盟友的信心。某些媒體響應政府號召，發表文章描述泰國與日本兩國悠久的歷史傳承。《尼空》的政論作者堅持說，黃金半島民族透過佛教信仰，與日本的淵源可以回溯到幾近一千年前。[37]在蒙古稱霸時代，忽必烈大軍曾經攻擊泰人，在攻擊日本時卻遭遇敗績，南詔（Nan Chao，編按：八世紀建立的古國，曾統有泰北地區）人民還曾為此大事慶祝。大城的幾任國王曾經歡迎遭江戶幕府驅逐的日本基督徒，大城軍中還有一群日本武士。在日皇明治統治期間，兩國簽了一項重要的貿易協定。[38]百年來，英國在泰國的影響力不斷增加，讓泰國與日本漸行漸遠。但自從軍事統治者上台，開始重建泰國與亞洲鄰國的關係以來，這種情況改變了。一九三三年，國際聯盟（League of Nations）表決制裁日本侵略中國的動議，泰國代表沒有投票。儘管曼谷此舉反映它保持中立的策略，日本人卻因此解讀兩國可以在今後十年相互拉攏。[39]泰國民族主義者說，有鑒於日本－泰國悠久的友好關係，泰國在與西方鬥爭的過程中靠向日本自屬理所當然。

披汶政府試圖以兩種對比形象，重塑國人對日本的印象：一邊是貪婪、操控、不忠、壓榨、自以為優越的西方人，一邊是慷慨、仁慈、公正、主張人人平等的東方人。政府重新評估歷史，對照英國與日本對泰國的貢獻，以說明究竟誰才是泰國可信的朋友。不久前的印度支那戰爭可以為證。日本在戰後協助泰國收復失去的幾個府，而盟國卻阻撓泰國，堅持應該維持現狀。[40]一九四一年的《東京和平協定》使曼谷更能言之鑿鑿，把日本描繪為泰國之友，力倡亞洲團結。[41]在東京一家報紙刊出的訪談中，時任不管部部長的威集，談到失土議題如何影響泰國與日本的關係：「我完全同情日本人民為建立大東亞共榮圈而付出的努力。對於近衛文麿在組閣時發表的誠摯聲明，我衷心贊同。他在這篇聲明中說，日本應該獻身消滅不平等條約，以一種公正秩序取而代之。由於泰國一直就是舊有不公正秩序下最大受害者，也由於泰國現正力求匡正，泰國沒有不與日本合作的理由。」[42]

威集所以擁抱大東亞共榮圈概念，是因為他認為泰國可以在這個概念的實踐過程中扮演重要角色。他說：「我相信，泰國向法屬印度支那要回失土，已經在東亞新秩序的建立過程中邁出第一步。」[43]

泰國政府一再煽動過去割地求和的創傷記憶，讓民眾相信日本人比西方人更值得信任。威集在同樣那篇訪談中指出，盟國不斷發動宣傳攻勢警告泰國人，說日本是帝國主義，但「我們對日本充滿信心，也教導我國人民要相信日本。我們這樣做有三個理由：首先，日本過去從未威脅過我們。其次，日本沒有強占過一寸泰國土地。第三個理由是，就政治觀點而言，日本對泰國的土地沒有需求，反而只希望泰國加強國力」。[44]

在日本於一九四一年攻擊泰國之後，泰國媒體宣揚日本慈善的形象，提醒國人日本皇軍是泰國的同志，不是泰國征服者。曼谷電台向聽眾提出保證說，日本這個新盟友可以信任，日本一定會信守不干預的承諾，因為「日本對我們一直就只有支持與幫助，他們過去從未傷害過我們」。[45]日本在一九四三年將馬來土地交給泰國管轄，希望提振它身為保護者的形象。披汶一開始有些猶豫，不知是否應該接受這份贈禮；但威集認為這是一個提醒國人勿忘英、法舊惡的好機會，可以升高「戰爭意識，促進與日本的友誼以及對日本的依賴」。[46]

在向日軍發表的一九四二年新年祝詞中，披汶為日軍祈福，稱日軍為泰國軍民的兄弟，祝禱日軍取勝，解放亞洲人民。他並且提醒日軍，強大而獨立的泰國能協助日本在亞洲建立「共榮圈」，因此至關重要。[47]儘管有這些保證，許多觀察家仍然心懷疑慮。日本駐泰國大使在一九四二年四月會見曼谷記者時，就面對一堆質疑，記者們不斷問他，日軍是否真了解他們此來泰國是「客」，不是占領軍。[48]

造就亞洲民族

泰國在大東亞共榮圈的地位，是迄未經史學者詳加探討的議題。儘管泛亞論激起殖民地民族爭取自主的熱情，有關這方面的學術論述也很多，但泰國在東南亞卻是一個異例，因為泰國有一個國際公認的政府，已經是一個獨立國。與荷屬東印度（Dutch East Indies）的蘇卡諾（Sukarno）或緬甸的翁山（Aung San）相形之下，身為主權國元首的披汶，在與日本論交過程中可以運用的籌碼當然更多。他知道所謂「大東亞共榮圈」不過是帝國的代稱；但像其他民族主義領導人一樣，他也了解亞洲秩序的轉變為泰國——還有他自己——帶來一個機會。西方帝國主義架構的崩潰，能幫泰國掙脫半殖民地位，讓泰國可以在區域性事務扮演更大的領導角色。日本的「亞洲人管理亞洲」論點，與泰國有關國恥論與失土論的宣傳不謀而合。披汶政府擁抱泛亞主義，並不是因為喜歡日本文化，而是因為它最能滿足披汶政府的雄圖壯志。

日本在一九四〇年宣布將創立大東亞共榮圈，讓亞洲改頭換面，使亞洲「不再是盎格魯撒克遜人的殖民地或半殖民地，從異族侵略中解放，再次成為亞洲人的亞洲」。[49]將西方勢力趕出亞洲，可以使亞洲想起它的共同過去，開創一種精神覺醒，使亞洲在文化與政治上團結一體。日本哲人大川周明在評論共榮圈的構想時寫道，亞洲有一種共同政治命運與共享的世界觀，這些共同點終將讓亞洲克服膚淺的差異。他相信，所有的亞洲文化都可以回溯到中國唐代的大「東方文化」。西方帝國主義在十九世紀的入侵，打散了這種文化社群的凝聚性。歐洲人所以能壓倒亞洲人，部分原因是他們能貶低亞洲文化、改寫亞洲歷史。根據大川周明這項理論，亞洲的政治獨立能導致「亞洲民族精神生活古代光輝的重振」。[50]日本由於能避開歐洲殖民，也沒遭到文化中斷之痛，仍然擁有古代亞洲精神傳承，可以將這種傳承重新植入剛獲解放的亞洲民族。這套思想，與泰國本身的黃金半島民族離散理論不僅非常類似，甚至還可能是離散論的源起。由於泰國只遭到半殖民，披汶政權自認與日本一樣，也負有文化領導之責。

組建大東亞共榮圈是一個醉人構想，但它欠缺一套精確的定義或界線。誰是亞洲人？身為共榮圈一分子需要具備哪些共同要件？許多國家在成為共榮圈一分子之後，它們的非西方精英都能巧妙運用、詮釋，打著泛亞洲團結的幌子提升本國價值觀。[51]泰國的軍事精英也不例外。威集等知識分子，知道如何運用詮釋亞洲的過程讓泰文化在新興區域架構中脫穎而出。這套過程為身為泛亞洲一分子訂了幾項資格，其中有些比另一些更具包容性。所謂亞洲人，是住在亞洲的各式各樣「黃皮膚民族」，與那些搞殖民的白皮膚歐洲人不一樣。這個條件排除了印度，部分由於印度人皮膚黑得多，泰國人傳統上瞧不起印度人。[52]泰國人視為國家認同基礎的佛教，讓泰、日兩國聯繫在一起，是另一個亞洲共同屬性。就這個條件而言，主要信仰分別是基督教與伊斯蘭教的菲律賓與東印度群島，當然不能算是亞洲。但如果進一步檢視對話，我們會發現另一以東方民族共同經驗為主，與西方顯有文化差距的概念。對泰國知識分子而言，所謂「亞洲民族」指的是可以借鏡泰國克服西方帝國主義經驗，從而獲益的民族。

披汶在公開演說中經常談到，日本與泰國人民之間的獨特關係，建構在失敗與屈辱的共同經驗上。他說，日本所以能與泰國同仇敵愾，是因為兩國都曾因西方侵略而遭到割地喪權之辱：「我們兩國歷史遵循一條類似的路線。日本遭到的霸凌與泰國如出一轍。一八六四年，英國、荷蘭、法國與美國四國軍艦同時攻擊日本港都下關，迫使日本向四國繳交三百萬金幣。三十年以後的一八九三年，法國軍艦侵入湄南河，迫使泰國繳交三百萬泰銖。可以看得見我們兩國遭遇過同類型困苦。」[53]

泰國領導人認為，他們的國家也能像日本幾十年前那樣復甦、壯大。在他們心目中，裴瑞（Perry）提督威逼江戶幕府解除日本鎖國，與鮑林迫使蒙固王與英國簽署貿易協定是一回事。像暹羅國王一樣，日本明治天皇也致力日本現代化，廢除不平等條約。泰國民族主義者認為，日本一定能體諒泰國對收復失土的執著，因為日本在一八七五年也曾被迫將庫頁島割讓給俄國。[54]日本浴火重生、躋身世界強國的事實，使日本成為領導泛亞邁向光明新未來的理想國。泰國的王對於亞洲認同這回事一直不感興趣，但現在的軍事精英頗以亞洲人自我認同為榮。披汶政府說，日本成功打造了一個現代工業社會，為所有黃種人重建榮譽。

乃曼：我們全國人民都應該了解，白人所以沒有像歧視黑人一樣歧視我們，主要原因就是黃種人的日本已經成為世界強國。

乃空：如果日本戰敗，亞洲黃種人受到的待遇不會比今天的黑人好多少。

乃曼：由於像日本人一樣也有黃皮膚，我們在出國旅行時會因為受到尊重而感到驕傲。來自許多國家的亞洲人，就因為長得像日本人，在歐美旅行時受到尊重。

乃空：日本的例子在每個地方都對亞洲人有用。[55]

為爭取支持，泰國政府說，所有亞洲人的命運取決於日本在大東亞戰爭的勝利。日本若是戰敗，亞洲人在種族平等上取得的一切進展將前功盡棄。這場戰爭將決定所有亞洲人的命運。[56]

曼谷大舉慶祝它與日本的結盟，認為這是亞洲史上一個重要里程碑——是兩個佛教國的第一次軍事聯盟。披汶為這項結盟條約精心籌畫簽約儀式，還選了一個具有東方精神聯繫象徵意義的地點。兩國代表簽約的地點不是皇宮或政府大樓，而在泰國最神聖地點之一的玉佛寺。曼谷電台告訴聽眾，玉佛寺是「亞洲建築」的極致之作，而泰國與日本結盟本身就是亞洲團結與外交的一場勝利，在玉佛寺簽訂這項盟約再適合不過。[57]儘管日本以神道教為國教，泰國媒體仍然把日本說成是一個像泰國一樣的佛教國。日本人崇拜天皇，就像泰國人尊敬他們的國王一樣。在這種共享價值推動下，一種可以抗衡西歐傳統、獨特的亞洲文化應運而生。這場戰爭是一場價值鬥爭，亞洲精神力終將擊敗西方的物質主義。因長期暴露於西方價值下而衰弱的泰國文化，若能與擁有精神理念的日本長相左右，一定可以重新茁壯。[58]

依照國恥論的論述，大東亞共榮圈按照精密層次與文化成就為亞洲各民族排名，是一個新階級系統。在這個系統中，泰國的地位將略低於日本，但比荷屬東印度、英屬緬甸、法屬印度支那與菲律賓那些殖民地民族高許多。根據政府宣傳工具的說法，泰國是東京與亞洲各地風起雲湧的自由運動兩者之間的橋梁。曼谷領導人自認有能力理解其他東南亞民族主義運動，因為泰國也曾經遭受歐洲帝國主義之害。一八九三年事件造成的失土之痛與屈辱，終於讓泰民族覺醒：「對當年在軍事壓力下，將這些地區割給法國的屈辱，今天生活在泰國的大多數老人都非常清楚。這種痛苦回憶加上義憤填膺，終於造就泰國決心收復法屬印度支那失土的偉大火炬。」[59]

泰國民族主義者因此宣稱，他們已經掙脫大多數亞洲民族今天仍然面對的苦難，也因此，泰國是其他亞洲民族的理想角色典範。儘管與鄰國有許多類同之處，但他們認為，憑藉高度發展的民族覺悟意識，與鄰國相比，泰國理當高人一等。[60]這種民族覺悟意識使泰國可以迅速進步，邁向全面獨立。日本早在泰國之前很久已經走上現代化之路，搶先趕走歐洲霸權，也因此比泰國先進。乃曼與乃空曾在節目中討論完全主權與國家發展之間的關係。

> 乃曼：當一個國家的政府各部門都由群策群力的國人控制時，這個國家就可以開始無限成長了。
>
> 乃空：特別是能做到自我改革的日本尤其如此。它在泰國以前已經完全獨立，因此在許多領域的進步也比我們快得多。[61]

泰國民族主義者認為，泰國的獨特地位使它成為大東亞共榮圈的重要支柱。曼谷電台用大量節目說明日本的計畫，爭取其他民族主義者的支持，反駁盟國廣播的指控。它要表達的訊息很簡單：這場戰爭代表一個合作新紀元的開啟。日軍作戰的目的是解放亞洲，不是擴大日本帝國。在異族統治下長期沉睡的亞洲民族現在開始覺醒了。在日本與泰國引導下，這些民族將掙脫西方暴君束縛，建立主權獨立的民族國家。世上所謂民主國承諾自主已經幾十年，現在日本要使這美夢成真。亞洲的勞工與天然資源現在要用來促進共榮圈的經濟與文化發展，而不再只用來為歐洲城市添增財富。曼谷電台說：「亞洲同胞們：無論何時何地，當你碰上一名日本或泰國戰士時，請放下你的武器。因為他們不是你的敵人。」[62]

日本領導人希望其他國家也能效法泰國政府榜樣，給予泛亞主義合作與支持。日本以泰國為例，呼籲國民黨放棄在中國的對日抗戰。[63]一九四一年十二月二十二日，披汶播出一則致蔣介石的短波電訊，要求蔣介石放棄那場讓亞洲人自相殘殺的戰爭。披汶在電訊中向蔣介石保證，說日本會信守解放亞洲的承諾，說日本人確實高風亮節，值得信任。披汶進一步向蔣介石提出保證說，他並非在日本人壓迫下發出這則電訊，他說的是句句肺腑。[64]

泰國媒體並且向中國招手，要中國效法泰國，隨大東亞共進退，不要繼續打下去，延長西方在亞洲的霸權。泰國報紙把中國國殤史與本國過去的悲情相提並論，詳述歐洲人如何靠著剝削中國勞工而致富，如何鯨吞蠶食中國自主，讓曾經驕傲的中國人受盡屈辱。曼谷電台說：「中國就像我們一樣，所以能躲開遭到殖民的厄運，只因為西方列強在如何瓜分中國的問題上無法達成協議而已。」[65]如果英國現在願意幫助重慶的蔣介石政府，它為的不過是讓日本把攻擊重心撤離印度而已。在日軍解放區內的華僑社區，已經對日本提出的自由亞洲構想表示支持；現在得靠蔣介石響應參與，結束這場沒有意義的戰爭了。泰國政府還希望利用泛亞主義為工具，取得曼谷龐大華人社區的支持。這些華裔泰人除了控制一些關鍵性產業以外，還是國民黨重要財源。在日軍占領泰國期間，曼谷華人不很情願地支持曼谷，而日軍也不干預曼谷對華人的政策。[66]

在泛亞主義大旗下，披汶支持好幾個東南亞獨立運動，以擴大泰國勢力範圍，撼動英、法帝國。這與泰國傳統外交政策背道而馳。在卻克里王朝統治期間，暹羅一直與歐洲政府合作，鎮壓革命活動。二十世紀三〇年代擔任英國駐曼谷領事的克羅斯比認為，暹羅王因維持現狀穩定而獲利，並不希望英、法勢力撤出它們各自的殖民地。[67]在軍方於一九三二年掌權以後，執政精英的這種情緒逐漸出現變化。到了二十世紀三〇年代，日本人在泰國的勢力不斷增加，與歐洲國家合作的重要性逐漸降低，泰國擴張的遠景也變得更加誘人。在二十世紀四〇年代，幾個民族主義組織以曼谷為作業基地，展開反帝國主義活動。在整個四〇年代，泰國為印度、緬甸、寮國、柬埔寨，甚至越南境內的叛亂運動提供直接與間接支援。[68]

泰國軍方領導人運用自己也曾受害的理論，營造與鄰國革命人士的關係，以大東亞共榮圈忠實信徒自居。泰國鼓勵印度獨立運動就是一個例子。泰國政府從一九四一年起，開始支持「自由印度」（Free India）運動，用它作為對付英國的武器。曼谷印度人社區領導人成立「印度國民理事會」（Indian National Council, INC），全力投入支援印度

「國大黨」（National Congress Party）組建自治政府。同年十二月，日本在曼谷藝術劇院（Silpakorn Theater）舉行大會，讓當地印度人相信泰國與日本都支持印度獨立。一九四二年六月，印度獨立運動各派系代表在曼谷大會廳（Bangkok Conference）集會，時任外交部副部長的威集也出席會議，通過一項有關印度國民理事會宗旨與領導層的決議。許多住在泰國的印度居民自願加入新成立的印度國民軍（Indian National Army, INA），開始在曼谷東南方春武里（Chon Buri）附近的一座營區接受訓練。在印度國民軍發動英帕爾（Imphal）戰役（這場戰役以慘敗收場）期間，泰國是他們的重要補給中心，還為國民軍撤出緬甸提供支援。[69]

除了提供訓練與集會設施以外，泰國政府還透過曼谷電台，為印度國民理事會提供《自由印度之聲》（The Voice of Free India）廣播節目的播出時間。播出內容的審查工作由泰國與日本官員共同負責。當時泰國與日本訂定戰略，力圖爭取東南亞各地印度居民民心，一方面駁斥來自德里（Delhi）的英國宣傳，而自由印度之聲是這項戰略的重要一環。這種泰國－印度夥伴關係為兩造都帶來合法性。披汶贊助印度獨立運動，擦亮了泰國身為亞洲新興領導人的形象，還讓那些說印度國民理事會是印度滿洲國的指控不攻自破。當德里電台（Radio Delhi）罵印度國民理事會是日本奸細時，自由印度之聲在廣播中提醒他們的聽眾：他們的支持來自泰國，不是日本。[70]泰國的介入，也安撫了印度獨立運動內部某些不信任日本、打算一旦將英國勢力逐出印度就要反對日本領導的派系。[71] 印度民族主義者認為，印度與泰國共享印度教–佛教傳統，他們與泰國的合作是這種傳統的自然結果，對日本操控的疑慮也因此緩和。

當英國德里電台指控泰國與日本聯手時，自由印度電台一再為泰國政府辯駁。自由印度電台說，英國現在必須尊重一個他們一度視為從屬國的國家，這類指控只會增加泰國的聲望而已。與其怪罪泰國，英國現在應該自我檢討，找出他們何以戰敗的理由。[72] 自由印度電台繼續說，德里電台顯然對泰國境內確實現況一無所知，卻一味抨擊泰國，實在愚蠢。只有生活在曼谷的印度居民才夠格解說泰國與英屬印度之間的差異。自由印度電台廣播員指出，泰國境內的印度人可以隨意批判英國當局，但成千上萬在加爾各答（Calcutta）或孟買（Bombay）發聲譴責英國的人卻遭到監禁。[73] 泰國報紙不斷刊登經常有政府官員出席的印度國民理事會集會情況，為理事會做宣傳。對這些印度民族主義者而言，泰國仍然保有自由表達意見、自由集會的權利，泰國才是真正民主國。自由印度電台廣播員在節目中說：「英國與美國不是民主國，他們都是偽君子，假借『民主』之名欺騙世人。」[74] 他又說，印度不應理會美國伸出的友誼之手，因為美國只想召募代理人為他們跟日本作戰。泰國是印度可以信任的友人，泰國之所以願意援助印度，是出於對印度文化與宗教的仰慕，並不要求任何回報。[75]

這種共享的文化傳承，使泰國成為印度在爭取獨立與現代化旅途中可以效法的理想國。印度國民理事會在廣播中反覆重申一種史觀，說貪婪的外國人如何欺凌一個有德的王國，讓這王國幾十年來一直為自贖而苦苦掙扎：「泰國人是佛教徒，他們崇信佛祖，視佛祖為偉大導師，佛祖的教義在泰國人心目中據有重要地位。泰國人是世界上最慷慨的民族，原因就在這裡。令人遺憾的是，五十年來，外國人一直利用這種慷慨滿足他們的貪念。」[76]

印度民族主義者贊同泰國剷除境內英國勢力的做法，對披汶將泰國從半殖民地沉睡中喚醒的能力表示仰慕。在一九四二年七月十四日，自由印度電台播出一個祝賀披汶生日的特別節目，說披汶是上天在泰國危急存亡之秋派來拯救泰國的領導人。

前後幾個月時間，披汶陷於「騎虎難下」的困境，最後終於成功地領導泰國與日本結盟。[77]曾經衰弱而分裂的泰國，在披汶的感召下終能全國團結一致，贏得亞洲各國與西方列強的尊敬。在一九四二年國慶節目中，自由印度愛國者對泰國的成就表示祝賀：

> 今天的泰國能在開創亞洲民族大團結的過程中扮演重要角色，是因為它在披汶領導下已經更加強大。慶祝這個國慶日讓我們想到印度的國慶日，一月二十六日。印度在一九三〇年一月二十六日與高采烈地宣布獨立。從那一天起，我們印度人已經在精神上獨立。民族精神很

> 重要。泰國能（在一九三二年）成功改變他們本身的政府，難道不是憑著強大的精神嗎？泰國能有披汶出來領導，難道不也是憑著這強大的精神嗎？
>
> 值此特殊的日子，我們要向泰國祝賀，也希望他們能安全度過這場衝突。讓我們同時祝願我們印度人有一天也能獨立，也能擁有像泰國一樣的精神力。[78]

對於自由印度爭取印度自主的努力，泰國政府也同樣熱心地頌讚不已。曼谷電台稱自由印度「對亞洲新秩序的創建有重要貢獻」，鼓勵所有被殖民的民族組建類似組織。[79]一九四一年十二月二十三日，威集在曼谷藝術劇院發表演說，告訴曼谷的印度人社群，無論哪個民族都有權管理自己。他對他們說，泰國了解把白人趕出亞洲的重要性，因為泰國人像印度人一樣，對這些白人也有許多痛苦記憶。[80]威集等泰國領導人相信，印度民族主義運動不僅能幫助剷除亞洲的西方勢力，一旦西方勢力退出，造成政治與文化真空，還能幫助泰國成為填補這些真空的理想國。自由印度的廣播既然承認泰國在政治成熟度上領先印度，自能有助於泰國在眾多要求獨立的亞洲國家中脫穎而出。

泰國政府儘管言之鑿鑿，說它之所以同情反殖民主義，是因為本身經歷的國恥，它真正的策略卻是削弱西方帝國，以擴大泰國影響力。披汶的演說與著作明白顯示，只要環境許可，他要用泰國的文化霸權取代西方權威。隨著英國勢力逐漸消退，他的政府訂定計畫，向大陸東南亞各地投射泰國影響力。披汶再次借用日本的說法，說泰國由於未遭直接殖民，泰國文化受西方介入程度最小，是最純正的亞洲文化。在一九四二年六月舉行的曼谷會議（Bangkok Conference）中，泰國領導人就以他們未遭殖民的地位為由，強調泰國比其他亞洲國家高一等的聲望。這次會議要旨在於宣揚印度是大東亞一部分的構想，所有與會國國旗在會場飄揚，甘地（Gandhi）等著名印度民族運動領導人的照片也出現在會場各角落。但披汶在大會的致詞卻再次凸顯了泰國沙文主義：「在印度遭到外國人侵，被一個語言與文化都與印度不同的異族統治期間，印度文化因長年失去支撐與維護而逐漸衰敗，泰國負起保衛印度文化的職責。你如果參觀我們的國家博物館，就會發現我們保有的印度藝術古蹟文物，與加爾各答的印度博物館相比，不僅保存得較好，數量也大得多。」[81]

對泰國軍事政權而言，泛亞主義不過是趁西方帝國解體，將泰國利益伸入填補的工具。披汶與日本合作修建泰國－緬甸鐵路，造成數以千計馬來與緬甸奴工死亡，只因為這條鐵路可以將泰國霸權伸展到薩爾溫江（Salween River）以西。在批准這項修建工程的文件中，披汶寫道：「日本要建這條鐵路很好。我們可以跟在日軍後面散播我們的文化。盟國就是這樣合作的。」[82]

在曼谷眼中，泰國－日本文化協議的締約建議，是提升泰國區域性地位的又一個類似機會。威集希望其他國家也能加入這項協議，以便把泰國拱上東南亞文化中心的位置。披汶認為，就連日本也可以向泰國學習專門用於黃金半島的農耕科技，從而獲利。披汶要在這類領域大舉投資，推動泰國「成為所有亞洲人的學校」。[83]

泰國政府認為英國遲早撤出緬甸，當地終將成為泰國勢力範圍。甚至早在大東亞戰爭爆發以前，曼谷已經在悄悄支援緬甸的反殖民活動。在一九三九年，英國領事克羅斯比曾向倫敦上級提出報告，談到泰國與日本聯手攻擊英屬緬甸的傳言。克羅斯比認定威集涉及一項陰謀，透過他在仰光大學念書的妹夫，將武器運交緬甸叛軍。[84]日本人祕密訓練翁山的「三十志士」（Thirty Comrades）以及建立「緬甸獨立軍」（Burman Independence Army, BIA）的工作，泰國政府也有份。一九四一年十二月，緬甸獨立軍從泰國越界進入緬甸，展開解放緬甸祖國的工作。[85]曼谷媒體像當年讚揚印度獨立運動一樣，也將這些緬甸革命分子視為英雄，大事頌揚，並鼓勵所有緬甸人與泰國團結一致，砍斷英國人加在所有亞洲人民脖子上的枷鎖。[86]泰國電台廣播說，英國人一方面保證民主，一方面實施戒嚴，根本是偽善，烏沙（U Saw）被捕事件就是例證。泰國政府希望讓鄰國相信，泰國之所以拒絕加入盟國，是因為英國指望泰國與「我們的緬甸兄弟」作戰。[87]泰國領導人為了能見到緬甸恢復自由，決定讓日軍通過泰國領土，並因此導致泰國參戰。[88]英國無論用盡多少心機，也無法阻止泰國與緬甸重建前殖民時代的友誼。泰國媒體還將歷史大肆篡改，說早在英國人抵達黃金半島以前，泰國與緬甸兩國已經維持了好幾百年的親密關係。[89]國恥論只強調歐洲敵人，對泰王國與緬甸王國許多世紀以來的衝突（這場曠日持久的衝突因緬甸於一七六七年洗劫大城而告一段落）避而不談。

就在曼谷媒體不斷吹捧緬甸獨立、自主的同時，泰國政府也忙著計畫兼併緬甸的部分領土。在參戰以前，泰國承諾嚴守中立。甚至在展開動員以後，披汶仍然向國人保證，泰軍動員是為防禦做準備，政府無意在現有邊界外作戰。[90]日軍侵入泰國，以及隨即爆發的與英、美之戰，使現有邊界不復存在，也增加了披汶政權向外擴張的胃口。曼谷電台說，「我們已經加了四個府，很快還要增加更多的府。」[91]一九四二年初，披汶要求日本准許泰國在緬甸用兵，作戰地區包括北方的撣邦以及東部的丹那沙林。[92]泰國之所以急著向盟國宣戰，「收復」這些土地的渴望是決定性因素。儘管日本不願，泰國遠征軍仍然在三月侵入撣邦，占領景棟（Keng Tung），之後繼續北進，直到中國雲南省邊界。[93]

曼谷利用泛亞主義推動國家利益，入侵緬甸的事實就是明證。披汶所以支持亞洲團結、掙脫英國帝國主義束縛，是因為他認為這麼做能讓泰國重新征服它在兩百年以前「失去」的土地。當西方列強勢力壟斷亞洲時，所謂大泰國的構想無異痴人說夢，但大東亞共榮圈出現，為大泰國的創建提供了理想條件。泰國政府在出兵緬甸以前發布命令，說撣人、克倫（Karen）與緬甸東部的孟人（Mon）原本都是泰人，但因遭到異族入侵而與泰族切斷關係，被迫生活在異族政治統治下。泰北各府官員奉命，必須將這些民族視同泰人對待，無論他們是否住在泰國境內，都應盡可能給予援助。誠如村嶋英治所說，在一九四一年印度支那戰爭期間，泰國當局也曾對寮人與高棉人採取類似措施。在這兩次事件中，泰國當局都偽裝清高，以解放被西方帝國主義奴役的人民為藉口，遂行軍事擴張之實。[94]占領景棟的行動，經泰國媒體渲染，成為一場了不起的軍事大捷，也讓民眾對軍方扮演的民族救星角色更加深信不疑。暹羅過去幾任國王，包括拉瑪三世，也曾試圖征服撣邦未果，但泰國的現代軍人成功了。[95]報紙大吹大擂，說撣邦已經「回歸」，成千上萬泰人可以與祖國團聚。一家報紙刊出一篇描寫景棟人的文章，說景棟人的穿著、文化與宗教「跟我們完全一樣」。[96]一九四二年國慶日慶典活動相關報導指出，數以百計來自新回歸省分的「大泰人」穿著傳統服飾參加國慶遊行，不斷表示對泰國的感激，因為他們現在不必再忍受英國帝國主義壓迫了。[97]

恐懼歐美白人

在歷史小說《四朝代》（*Four Reigns*）最後幾章，普羅（Phloi）家人坐下來，討論泰國向日本投降一事對今後的影響。這件事在當時引起民眾各種反應，普羅家的舅舅富伊（Phoem），與他的外甥西威（Sewi）間的對話，就是典型例子。富伊年長，比較傳統，認為泰國人已經亡國，成為日本帝國最新的附庸。西威則比較理想主義，認定與日本結盟能拯救泰國，使泰國免於徹底毀滅。富伊質疑西威的觀點，並提醒他這場戰爭還沒結束。富伊說，與日本簽約結盟只會把泰國推進一場更大的衝突，讓泰國不得不面對那些與軸心國作戰的強敵。但年輕的西威對富伊這項嚴厲的警告不以為意。他答道：「舅舅，你會這麼說一點也不奇怪。你害怕那些歐美白人，因為你生長在那個時代，你最年輕的歲月也正是那些白人最耀武揚威的歲月。但舅舅，那個時代已經過去了。日本正在亞洲剷除白人勢力，就在這一刻將白人逐出菲律賓與馬來亞，而且很快就要將他們逐出緬甸、爪哇、婆羅洲、印度……甚至連澳洲也可能就要向日本稱臣。當局勢底定，日本將領導亞洲，而我們是日本的夥伴，因為我們洞燭機先，能在一開始就與日本結盟。」[98]

西威這番話重申披汶政府宣揚的論點，也代表較年輕、更有信心一代泰國人的看法。他認為，富伊舅舅的觀點是過去半殖民地時代的產物，當時泰國積弱，面對所向無敵的西方列強只能乖乖割地賠款。對西威來說，那個世界已經不再存在。隨著日本皇軍戰車輾平美國與英國要塞，百年來亞洲人對歐美白人的恐懼也煙消雲散。西威等人士張泰國協助日本重塑亞洲，並且相信他們能在這重塑過程中再造泰國。

小結

第二次世界大戰期間，泰國與日本為了結盟，在日本的泛亞主義與泰國的國恥論之間硬生生找出一些類同之處，這是本章探討的主題。披汶政府造出一種新史觀，讚揚日本友誼，譴責英國的表裡不一。泰國所以支持日本，或許一開始只是為了自保，但它很快演變成一種過度誇張的野心。一九四二年初，曼谷軍政權計畫在英、法帝國的殘骸上打造新泰國。誠如雷諾所說，泰國政府的行動不只是「在動盪多事之秋為保衛國家利益而採取的防禦性措施」而已。[99]披汶在大戰期間採取的對外擴張與對內清算政策，說明他想建一個泰帝國以鞏固自己的權勢。披汶說，他只是要平反過去的恥辱、重振泰國的光榮。對披汶來說，這場大戰是他再造泰國、在整個大陸東南亞建立文化霸權、使泰國與西方平起平坐的大好良機。

泰國政府投入的雖是建國，卻將它說成是一種「重建」或「解放」。政府宣傳機器說，泰國一直存在，只是陷入沉睡而已。也因此，這場東方與西方的大衝突成為泰國再次奮起、掙脫西方殖民秩序、伸張主權的契機。對盟國宣戰為泰國政府帶來立即經濟效益，因為它可以取消不滿意的合約，可以控制原本由外國公司壟斷的產業。泰國政府曾經煞費苦心向國人宣揚治外法權之惡，現在眼見不平等貿易關係舊系統崩潰在即，自然雀躍不已：

> 乃曼：伐木特許、開礦特許，以及其他讓給我們敵人的特許，在我們宣戰的那一刻都終止

了。以後這些產業由誰當家做主？由我們泰國人當家做主。從今以後，泰國人將徹頭徹尾控制商業、伐木、礦業與工業。如果外國人參與這些工作，那是因為我們歡迎他們來，而不是像過去那樣，是因為他們運用特權。

乃空：我們可以完全掌控我們自己的國家，掌控我們自己的地下與水中天然資源。我們應該為我們自己當家做主感到驕傲。[100]

對於在一九三二年後掌權的執政精英而言，這種不斷增加的政治與經濟自主意識，也為他們的統治帶來一種政治法統。人民黨的原始宣言強調，泰國必須改變政府才能克服歐洲阻攔，拉近與西方的差距。在推翻絕對王權十年之後，披汶宣布他的政府不僅現代化，而且也已經完全獨立。在與日本結盟後數月之間，披汶不斷宣稱，誰要是主張王權，或主張與英國結盟，就是想讓泰國走回頭路，像過去一樣卑躬屈膝，讓批判他的人噤聲。[101]泰國政府的戰時政策是國恥論的直接產品，它說一八九三年衝突為泰國帶來不平等條約的束縛與恥辱，過去五十年的泰國史就是一部掙脫這種束縛與恥辱的過程。親日本的宣傳刻意營造氣氛，把泰國在一九四〇年驅逐法國勢力的行動，與日本在一九四二年意圖將所有西方人趕出亞洲的攻勢相提並論。這兩個事件似乎都與湔雪前恥、重建泰國國際聲望的構想有關。

最後，建立亞洲新秩序，由泰國扮演重要角色的保證終於未能兌現。到一九四二年結束時，盟軍的一連串勝利讓泰國領導人對大東亞戰爭的結果產生疑慮。隨著日本勢力漸衰，泰國在大戰期間吞下的土地成為負債。靠著與日本拉攏一路走來的披汶，開始逐漸與泛亞主義以及共榮圈構想保持距離。日本已經無法做到協助泰國發展輕工業的承諾，還迫使泰國不斷擴大負債。一九四四年，由於來自自由泰運動的抵抗越來越強，加上與日本的關係越來越緊張，披汶終於辭去總理職，黯然下台。史學者經常說，泰國能在二次世界大戰期間倖免於戰火毀滅大難，披汶有保全之功，但他們幾乎未曾檢驗披汶與日本結盟造成的後果。他在大戰期間取得的成就，包括他最大的勝利——收復失土——大部分在戰後煙消雲散。

第五章　一九四六年：戰後和解與對國殤的重新思考

民族主義史學者既要堅持泰國從未曾淪為殖民地，當然得針對泰國在二次世界大戰的經驗做一番詭辯。許多學者說，大東亞戰爭沒有波及泰國，泰國是整個二次世界大戰期間，東南亞地區唯一自始至終一直保持獨立的國家。騰蘇就說，在泰國人眼中，日本軍不是占領軍，而是「客軍」。儘管披汶與日本人合作，還向英國與美國宣戰，到了一九四五年九月，泰國已經倒向盟國這邊，希望能躲開軸心國在所難逃的戰敗、被占領的厄運。對騰蘇來說，這種顯然的矛盾不難解釋：泰國的外交救了泰國。[1]騰蘇這套理論借用了法國—暹羅危機的分析架構，然後將它疊在二次世界大戰戰事上。她強調生存是首要目標，一面維持國家保有獨立的假象，一面輕描淡寫將四府與聲望的淪喪一筆帶過。她延續民族主義史學者的做法，把一場歷史悲痛描繪成求生存的勝利。

其他史學者對這種生存論提出質疑，認為二十世紀四〇年代的情況與法國—暹羅危機情況不同。雷諾就說，由於執政精英對墨索里尼與希特勒的崇拜，泰國政府勵行軍事化與文化轉型，造就了泰史上一個個別的「法西斯時代」。[2]在這段期間，泰國的目標是侵略擴張，不是自保。在一九四〇至一九四四年間，披汶為擴大疆土，不止一次讓國家主權陷於險境。曼谷當時的目標不是單純求生存，而是打造一個邊界與民族認同涵蓋東南亞所有泰族的大泰國。基於這個觀點，披汶的垮台、披汶政權種族理論的破產，以及無中生有重振泰帝國光榮計畫的失敗，都說明一九四五年是失敗的關鍵。雷諾的論點雖說無疑改善了生存論，但它強調二次大戰期間的泰國史是泰史上一段異象，與過去或之後的時代都不相關。

我在這一章要透過國恥論，觀察泰國戰後經驗，以檢驗泰史論述的連貫性與斷裂性。如之前幾章所述，支持印度支那衝突與大東亞戰爭的泰國人，認為這些事件是泰國洗刷向西方屈膝前恥的大好機會。但盟軍的勝利毀了大泰國建國之夢，也標示了西方帝國主義勢力重返大陸東南亞。泰國沒有「獲救」。它的帝國主義野心被搗毀，它的政府被迫下台，它的人民不得不面對盟國占領、賠款與領土重劃的要求。一篇報紙社論說：「戰爭使我們跛足。這是我們因為犯錯而必須付出的代價。」[3]像一八九三年危機一樣，第二次世界大戰的結束也代表一種歷史連貫性的斷裂。也因此，這段歷史需要一種能為過去平反的新說法：它不談泰國擴張的失敗，只強調泰國根據聯合國宗旨對國際和平的承諾。現在的泰國為了在新國際秩序中立足而掙扎，在披汶主政期間曾經沸騰的國恥論，現在也成了包袱。但「國殤」（The Loss）論仍有影響力。戰後的泰國政府儘管譴責披汶的反西方政策，並且與美國合作重建泰國國際地位，但也繼續推動披汶的反殖民進程，拒絕交還它的失土。

贖償過去的罪行

戰後的泰國面對無數政治與經濟困境。經濟亂成一團，全國盜匪橫行，發國難財的商人造成各地缺糧。由大戰期間反對披汶的自由泰派系領導的新政府，將這些問題都歸咎於批汶政權。這也是普里迪為了讓泰國免遭盟軍長期占領與賠款而提出的策略。為了表示國家新走向，政府甚至將泰國的英文國名改回過去的「Siam」（暹羅）。[4]當盟國討論如何處理戰後東南亞事宜時，美國與英國在泰國是敵、是友的問題上意見相左。華府認為西尼・巴莫（Seni Pramoj）與普里迪是戰時泰國合法領導人，泰國向盟國宣戰應由披汶負責。[5]另一方面，英國則主張對泰國嚴厲報復。披汶與日本的合作對緬甸與馬來亞造成重大影響。英國官員說，自由泰運動不過是政治擺飾，說泰國背叛英國，幫著日本入侵新加坡。也因此，暹羅必須遵照盟國政策「贖償過去的罪行」。美國認為，英國無非是想在暹羅重建勢力範圍而已，而美國堅決反對這種做法。最後，美國政府說服英國撤銷許多對泰國的要求。由於美國對這件事的干預，新暹羅政府得以建立泰國的和平、親西方形象，而將披汶時代的擴張與反西方政策說成是一種反常。

美國駐曼谷領事館在一九四二年擬就一份「泰國狀況總報告」（General Report on the Conditions in Thailand）。這份報告意圖確定泰國與日本的關係，以及它對盟國真正的態度。由二等祕書約翰・郝爾布魯克・查普曼（John Holbrook Chapman）撰寫的這份報告在結論中指出，泰國與日本的聯盟是假的，泰國對日本「真正的民意」是充滿敵意、恐懼與仇視的。[6]反之，泰國人對西方（特別是對美國）的民意相當友好。查普曼因此認為，披汶獨裁政府與日本狼狽為奸這筆帳不能算在泰國人民身上：「毫無疑問，或基於野心，或基於個人利益，小群最高層政府領導人確實親日。這一小群人控制電台與報紙等等一切輿情管道，並且在日本監護下負責宣傳，讓全世界都相信泰國熱中參與日本的大東亞共榮圈。」[7]

查普曼相信，盟國不應將戰時的泰國視為獨立國。他認為，泰國的政策出自日本軍方企畫人員之手，而日本軍方也仰仗泰國軍方與公務員替日本宣傳並執行政策。他的報告指出，日本在政治上完全控制泰國，甚至還認為每一個政府部會都派有一名日本顧問，負責維護與推動日本在泰國的利益。在披汶於一九四四年辭職之後，戰略服務處（Office of Strategic Services, OSS）也進行了一項個別研究，認為泰國向盟國宣戰完全是披汶一手造成的。[8]

這說法吻合曼谷與華府的政策目標。基於美國的觀點，解除泰國的通敵罪名能減少英國對泰國新統治者的影響力，協助泰國建立獨立的戰後政府，並且將它逐漸拉進美國勢力範圍。普里迪與自由泰，為避免英軍長期占領泰國，當然樂得將一切戰罪推給披汶。也因此，他們認同泰國在大戰期間遭日軍占領的說法，以便在戰後確保國家主權。

美國也協助改寫泰國戰時歷史，以平反泰國形象。美國陸軍與外交人員向新聞界放消息，說美、泰兩國從未真正鬧過衝突。國務卿詹姆斯・伯恩斯（James Byrnes）在一九四五年宣稱，暹羅三年來一直與華府締有一項祕密盟約。[9]由於美國在大陸東南亞沒有帝國主義式介入，想捏造一個存在有年的泰－美友誼不難。《紐約時報》說：「我們與暹羅的關係一直就很友好。在美國顧問協助引領下，這個國家已經走出它中世紀野蠻狀態。」[10]美國刊物經過精心設計，將泰人描繪成一個快樂而天真的東方民族，與侵略成性、窮兵黷武的日本人大不相同：「在所有東方民族裡面，暹羅人絕對是最快樂的。他們喜歡自認是無憂無慮、笑口常開的『笑臉族』（sanuk，好玩、開心之意）。事實上，正因為太『笑臉』，他們在一九三二年叛變，推翻了傳統絕對王權，因為革命領導人保證新政權將比舊政權更有趣。」[11]

這類說法讓美國人相信，像暹羅人這樣愛歡樂的民族，絕不可能主動向美國發動戰端。在泰國「淪為利用工具，國土也成為日本帝國戰略一部分」之後，泰國政府在日本全面控制下向盟國宣戰。[12]美國人以此為由，認為應該將二戰期間的泰國視為占領國，而不是與盟軍作戰的交戰國。披汶政府不過是日本戰爭機器的馬前卒，大多數泰人都支持普里迪領導的自由泰運動，一方面抗拒軸心陣營，一方面為盟軍提供情報。雖說自由泰沒有投入軍事戰鬥，它的存在已經足以證明泰國是美國的盟友。一名派駐泰國的前戰略服務處特工說，在戰爭即將結束時，自由泰已經訓練了十五萬人，準備投入對日作戰。自由泰表面上佯裝協助日本人，卻在暗中對付日本，幹下「史上最大騙局」。[13]

眼見美國人逐漸接受這種暹羅支持盟國的說法，就連披汶也說他在大戰期間支持盟國。為躲避因戰犯罪名受審，披汶寫信給幾家曼谷報紙，說他的政府也曾設計欺騙日本人。披汶說，他知道泰國軍隊不是日軍對手，也發現日本打不贏這場戰爭，唯一剩下的選擇就是誘使入侵日軍產生一種錯誤的安全感。他所以發動「追隨主子」（Follow the Leader）行動，以及決定向盟國宣戰，不過是完成這唯一選項的謀略罷了。他也因為宣戰，才能採取進一步行動，限制日本在泰國徵用糧食、紡織品、土地與原料。他在信中提醒媒體，當年他曾拒絕參加在東京舉行的大東亞會議（Greater East Asia Conference），並不准公立學校教授日文。披汶在信的結尾寫道，他「從未對盟國有過一絲惡感，因為盟國從未像日本那樣大肆侵略我們的國家」。[14] 雖說沒有人對披汶這番說詞信以為真，但他這些辯詞說明戰後泰國史觀出現的大修正。

美國人儘管想與暹羅修好，英國人不這麼想。披汶讓日軍通過暹羅的決定，對英國在東南亞的利益造成重創，也使戰後關係更加複雜。一九四五年提出的條約草案明白顯示，英國有意將暹羅視為交戰國，需要實施占領。英國提出要求說，曼谷不僅必須接受盟國（英國殖民地）占領軍無限期進駐，還必須負擔進駐成本。[15] 此外，英國政府還堅持，暹羅政府必須賠償盟國在大戰期間的一切財產損失，並且宣布盟國軍事當局（Allied Military Authority）有權監督暹羅境內錫、茶、橡膠與稻米等關鍵產業，以紓緩全球短缺。[16] 總算暹羅走運，美國國務院進行干預，說服倫敦當局做了修正。暹羅於一九四五年九月八日在這項經過修正的協議上簽字。根據這項協議，英國不能控制暹羅的關鍵產業，但仍然可以派駐占領軍。根據之後的一項經濟協定，暹羅必須將定額米糧運交聯合國，以紓緩全球糧食短缺困境。[17]在暹羅，這項解決辦法引起的反應不一。兩萬名印度軍隊的進駐讓泰國民眾沮喪不已，也使泰國進一步與英國疏離。《京華日報》刊出的一篇社論頗能反映當時首都的民情：「自日本人進入暹羅以來，我們就民不聊生。我們想盡辦法，也禱告這些無法無天的匪徒離開我們的土地，但我們的祈求落空，我們被綁住手腳。大戰結束，日本氣數告終，我們也放下心頭大石，卻見到黑皮膚與白皮膚軍隊開進來，解除日本武裝。」[18]

又一支占領軍（或者應該說「客軍」？）的進駐，使暹羅在大戰中一直占有上風的說法不攻自破，也為泰國一直享有獨立的史觀帶來又一挑戰。另一方面，大多數消息靈通的泰國人都了解，若非美國干預，泰國的命運會更慘。《京華日報》就在社論中讚揚美國運用影響力，讓暹羅得以「在國際社會抬頭」，對美國人民的同情表示感激。[19]

失土的議題

暹羅與美、英的條約為暹羅自贖之路排除了重要路障，但也帶來一些新問題。設在倫敦的戴高樂（De Gaulle）政府不承認維琪政權在一九四一年簽訂的《東京和平協定》。在大戰結束時，康提（Kandy）的法國代表通知泰國代表，法國與暹羅仍處於戰爭狀態，除非暹羅將四府交還法屬印度支那，這種狀態將繼續存在。泰國政府雖說也料到法國會提出土地要求，但沒想到法國會認為兩國仍處於戰爭狀態。甚至在一九四一年法國與泰國衝突爆發之初，兩國之間也沒有宣戰。當兩國政府都加入軸心陣營時，貝當（Petain）元帥與披汶總理合法授權將四府主權轉手；現在自由法國與自由泰都與盟國站在一邊。泰國政府問道，兩國有什麼理由仍處於戰爭狀態？[20] 法國答覆說，《東京和平協定》無效，因為法國代表當年是在日本干預下被迫簽字的。由於在聯合國安全理事會據有常任理事國席次，如果泰國不同意交還四府，法國現在有權否決暹羅加入聯合國的申請。

有鑒於暹羅政府急於撇清披汶、對盟國要求唯命是從的事實，它會斷然拒絕法國這項最後通牒值得我們討論。這件事所以重要，是因為泰國政府成功運用國恥論，把民族統一炒作成一個真正的全民議題。在日本投降不過幾天之後，普里迪宣布暹羅放棄在馬來與撣邦的利益，但對於取自法屬印度支那的四府隻字不提。[21] 這種差別待遇有幾個可能的因素。首先，披汶與威集以國恥論與種族起源為基礎的民族統一運動，讓許多泰國人相信，暹羅有主張四府主權的合法權益。[22] 相形之下，馬來與撣邦比較不具爭議，泰國認為住在當地的人只算得上部分泰人。其次，暹羅在經過一場血戰、犧牲許多戰士性命之後才取得四府，而且交戰雙方簽有具法律約束力的條約。如果法國認為它是在日本威逼下簽約，法國在一八九三年對暹羅王室施加的壓力絕不比日本稍遜。最後，泰國認為法國是戰敗國，現在不過是仗著英、美之勢，狐假虎威罷了。[23]戰時加入軸心陣營的法國，現在似乎不夠格搶占道德高枝。最重要的是，在一九四一年衝突最緊要的關頭，泰國軍方精英曾經告訴國人，收復失土是泰民族救贖的必要步驟。現在放棄四府，等於承認暹羅與西方國家相比仍然低人一等。放棄四府會重新揭開一八九三年瘡疤。

一九四六年十月，寬・阿派旺率領暹羅特別代表團訪問巴黎，為暹羅的邊界議題立場辯護。談判展開時，法國官員指控暹羅的機會主義，說暹羅趁法國在一九四〇年遭到占領的機會，偷走這些邊界省分。寬・阿派旺則搬出披汶政權統治期間宣揚的國恥論予以回應。他說，對法國來說，這四府不過是大片殖民地的一小部分；但對泰國人來說，它是震撼人心的國難象徵。寬・阿派旺說，暹羅在一八九三年戰敗的慘痛記憶代代相傳，至今仍刻印在泰國人內心深處。[24]在日本占領法屬印度支那之後，輿論要求住在四府的居民與泰民族重新團圓。一九四〇至一九四一年邊界戰爭本就是泰國為解決這個議題而進行的一項嘗試。曼谷報紙也發表社論，呼應他的說法：「如果法國能大度一些，在經過仔細盤算之後將一小片土地交還暹羅，這一友好姿態將永遠化解兩國之間的仇怨。法國只要展現些許同情，就能讓雙方盡釋前嫌。法國與暹羅若想和解，再沒有比這更好的機會了。」[25]

情況於是明朗：戰後暹羅雖說願意拋棄披汶的幾乎一切政策，但它極度重視收復失土，認為這是撫平舊創的部分進程。再次敗於法國會使這項療傷進程前功盡棄。戰後泰國政府面對的問題（食物囤積與糧荒、賠款、犯罪猖獗、盟軍占領）已經太多，如果再以如此屈辱的方式放棄國土，後果不堪設想。泰國政界人士知道，承受這種新屈辱會造成嚴重政治後果。

基於這種認知，現在統治暹羅的普里迪派提出幾個替代選項，以避開法國這些要求。曼谷建議將這個問題提交一個英－美仲裁委員會。在發現此路不通之後，泰國政府建議將這些邊界省分的控制權交給一個四國委員會，再由這個委員會在這些邊界省分舉行全民公投。一九四五年十一月，西尼・巴莫政府建議兩造將這件爭議提交聯合國。[26]這些建議都反映暹羅當局不願與法國進行直接兩造對談。由於英國與美國都支持回復一九四〇年前現狀，暹羅領導人知道想保有所有四府已經不可能。不過政府不能露出向法國屈服的樣子，這一點至關重要。一九四六年初，美國國務院做了一次暹羅政情評估，達成結論說，這項邊界爭議若以不利於暹羅的解決方式收場，曼谷的民主政府將因此垮台。一名美國官員說，相較於其他任何內政或外交議題，民眾對失土議題的口徑最為統一。[27]

當年負責奪回這些省分的泰國軍方，更是堅決反對將它們交還法國。一九四一年法國－泰國談判主要人物萬親王認為，任何將這些土地交還法國的企圖，都將引發民選政府垮台、軍隊重新主政。[28]一九四六年六月，阿南達・瑪西杜（Ananda Mahidol，編按：拉瑪八世）猝逝、有關普里迪涉案的傳言甚囂塵上，軍方重掌政權的可能性大增。美國國務次卿迪安・艾奇遜（Dean Acheson）儘管支持法國收回四府，但也知道如果不想讓泰國再次淪為獨裁，就必須讓泰國政府在這個問題上保住臉面。

談判桌另一邊的法國，決心利用這場談判重建本國聲望。從一開始，法國的目標就是以一種羞辱暹羅的方式收回四府。法國派駐康提的談判代表喬治・皮卡（George Picot）要求，泰國必須首先正式廢棄一九四一年《東京和平協定》，兩國才能展開談判。法國在一九四五年十月提出的談判條件中，除了交還四府以外，還要求泰國交還玉佛——泰國在將近兩百年前從永珍取走、擺在玉佛寺的宗教信物。曼谷政府認為這條件是一項侮辱，並且告訴法國，稍有自尊的暹羅領導人都不可能放棄這座國家最神聖的佛像。[29] 之後幾週，當法國提出這項要求的消息走漏，曼谷輿情大譁，掀起又一波反法怒潮。[30] 之後，由於英國與美國對法國此舉都有負面反應，法國撤銷這個條件。

美國在一九四六年七月提出調解方案，由美國官員換下四府泰國高官，負責治理四府，直到國際法庭（International Court of Justice, ICJ）決定四府命運為止。法國再次拒絕，堅持泰國必須將包括警察等所有人員立即撤出四府，之後才能將這個問題提交聯合國。誠如萊利・尼西（Larry Niksch）所說，法國的要求讓美國憤而干預，因為這些要求「目的就在羞辱暹羅，而這正是國務院希望避免的」。[31]

暹羅與印度支那獨立

法國的高姿態造成始料未及的後果。此舉不僅使與泰國的領土談判一再延遲，在印度支那重建法國霸權的大業也因此受創。日本在大陸東南亞的橫衝直撞毀了法國建立的殖民地安全秩序，使土著民族主義勢力得以重組、茁壯。日本帝國的突然崩潰為越盟（Viet Minh）、自由寮（Free Lao）與自由高棉（Khmer Issarak）等勢力帶來機會，讓它們在各自地盤上自稱合法政權。到一九四六年，這些勢力都以曠日持久的游擊戰進行干擾，讓法國無法在大陸東南亞重建帝國主義霸權。同時，事實證明，儘管表面上不露痕跡，暹羅政府也是這些民族主義勢力的忠實盟友。披汶政權在二次大戰期間就說，它的擴張其實為的是將西方帝國主義勢力逐出亞洲。甚至在大戰結束後，暹羅的幾任左傾政府也都極力設法阻止殖民秩序重返。法國對四府的意圖以及對待泰國的蔑視，將戰前殖民心態暴露無遺，讓泰國在深惡痛絕之餘繼續支持散布在法屬印度支那各地的革命運動。

克里斯多佛・高夏（Christopher Goscha）曾說，泰國政府與越盟的祕密關係，以兩造對法國帝國主義的同仇敵愾為基礎。早在一九三七年，披汶還沒有出任總理以前，泰國已經修訂移民政策，鼓勵越南人、寮人與高棉人在它的東北部省分定居。曼谷將移民視為擴增邊區人口的重要策略，邊區人口增加能幫泰國保住邊區，對抗法國入侵。泰國政府在一九四一年發表報告說，一萬三千名越南人已經移民泰國。這些移民不僅成為越盟招兵買馬的重要潛能，還為跨越湄公河躲避法國保安軍的難民提供了理想的藏身之所。越南游擊隊也因此可以重新控制之前在暹羅東北建立的基地。[32]泰國政府在一九四一年年底宣布建立兩個團體：獨立印度支那黨（Independent Indochina Party）與自由高棉黨。兩個黨分別以恢復越南與柬埔寨獨立為宗旨。披汶為追逐他的大泰國夢，要「回復」黃金半島在歐洲帝國主義抵達以前的原貌——泰國統治寮國與柬埔寨，越南完全獨立。[33]

普里迪不贊同披汶與威集創造的國恥論，但與披汶和威集一樣，他也對法國帝國主義深惡痛絕。在二次世界大戰戰後那幾年，普里迪與他的支持者為幾個反法派系提供各種形式的祕密援助。日軍在一九四五年的繳械，加上盟軍在大戰期間的無數次武器空投，讓暹羅控有大量武器。普里迪曾以自由泰領導人身分接觸這些武器，協助將它們交到越盟手中。越南共產黨在自由泰政府、皇家海軍與泰國警方內部都安插有重要線人，曾頻繁往訪暹羅採購軍火。在暹羅東部，阿派旺家族還經營一個為越盟提供武器的事業。曾擔任馬德望國會議員的差瓦立·阿派旺（Chawalit Aphaiwongse）祕密為越盟提供步槍、機關槍與高射砲。[34]

暹羅基於兩個理由而支援印度支那的革命鬥爭。首先，出於一種族裔團結意識，自由泰政府與民眾都同情在印度支那作戰的土著運動。廊開府尹曾庇護自由寮領導人蘇發努馮（Souphanouvong）親王，讓他免遭法國逮捕。[35]在黎逸（Roi-Et）府，祕密團體散發傳單，要求民眾捐錢給代表自由寮運動募款的東方寺（Wat Burapha）和尚。[36]許多年以後，普里迪的妻子在回憶當年泰國與印度支那人民的合作時說：「我們協助……畢竟我們都是亞洲人。」[37]但話說回來，如果認為泰國這些行動純屬利他就錯了。泰國之所以支持這些抵抗團體，是因為這樣做對泰國本身有利。根據高夏的說法，曼谷所以在一九四六年五月決定讓越南人在暹羅境內訓練越南軍隊，是為了反制法國在邊界談判的凶狠立場。[38]就在那個月，法國否決了暹羅加入聯合國的動議。暹羅如想保有它兼併的土地，想維護它的聲望，唯一的辦法就是阻止法國重新統治印度支那。

同時，暹羅在有關敵對議題上也保持一種不偏不倚的立場，以重建國際形象。當英國領事館與外交部交涉，要求暹羅不再為寮國與安南境內獨立運動提供援助時，泰國官員答稱他們對這類活動一無所知。[39]法國代辦已經就曼谷報紙出現的親越盟報導提出正式抗議。他說，這種偏差報導會毫無必要地損傷兩國間正在進行的談判。外交部官員維蘇・安阿約（Visutr Anthayukti）答稱，泰國政府是尊重新聞自由的民主政府，不能控制報紙的活動。維蘇又說，對於法國在印度支那的活動，泰國始終保持中立，但如果法國對曼谷報界的有關報導不快，法國應該為這些報紙提供他們自己有關這場衝突的說詞。[40]事實上，泰國媒體早自一九四〇年法國－泰國危機起就採取親越盟的論調。根據披汶的指示，報紙告訴民眾，在印度支那為自由而戰的越盟民兵是具有較大法統意識的「革命分子」，而不是過去媒體所謂的「叛亂團體」。[41]甚至在二戰結束後，泰國報紙繼續以這種手法報導印度支那衝突。

泰國政府拒絕撤出邊界四府，並且鼓勵可能把泰國捲入第二次泰國－法屬印度支那戰爭的革命團體。一九四六年五月五日，一個近兩百人的隊伍從暹羅穿越湄公河，進入法屬印度支那，攻擊寮國小城興布（Hin Bu），殺了幾個人，搶了一批槍械，然後渡河返回泰境。法軍隨即砲轟那空拍儂城以示報復，並對涉嫌搭載越南叛軍的暹羅渡船開火。兩週以後，廊開府爆發類似暴力衝突。一群自由寮分子突襲永珍，與法國守軍交火，然後撤入暹羅，躲進邊界村莊塔波（Tha Baw）。追逐這群自由寮的法軍暫時占領塔波，與泰國警方交火，造成一些傷亡。[42]為免升高與法國的軍事衝突，普里迪遵從美方建議，將任何遭到攻擊地區的泰軍全數撤離。這兩起事件引發傳言，說法軍即將入侵暹羅以奪回邊界四府。[43]在慶祝法國從自由寮手中奪回龍坡邦時，西貢電台（Radio Saigon）說，一旦擊敗剩餘叛軍，法國就要收復遭披汶竊取的寮國土地。曼谷報紙翻譯了西貢電台這項廣播。[44]六月初，泰國報紙《談塔達》（*Thamthada*）報導，法軍在緊鄰泰國邊界處大規模動員：「馬德望的一個口岸城市，將遭到三面包抄而至的軍艦攻擊。飛機與步兵正向我們邊界進逼，準備穿過叢林抄近路來襲。內部人士說，法國正在調遣軍艦與飛機，準備大舉入侵泰國。情勢顯示，法國這次入侵規模將比RS 112還要大。」[45]

接下來幾個月，這類邊界衝突引起的民眾焦慮有增無減。八月初，越盟與自由高棉的一支聯軍，攻擊披汶頌堪（Phibun Songkhram）府邊界附近、法國治理的暹粒，還短暫占領當地。在法軍收復暹粒之後，法國指控暹羅援助這次入侵，甚至說泰國正規軍參與攻擊。[46]泰國政府否認介入這次事件。許多泰國官員相信，法國暗中挑動這些衝突，以便為入侵爭議土地尋找藉口。[47]事實證明，暹粒事件是談判進程的一個轉捩點。八月二十六日，法國以泰國串通攻擊暹粒為由，照會美國政府，說它準備撤回將邊界爭議交由國際法庭仲裁的建議。[48]法國當局隨即增調一千名援軍進駐泰國邊區，西貢電台也開始宣稱法國準備以武力奪取四府。在無法控制難民與游擊隊動向、法軍又可能犯境的情況下，暹羅於八月底關閉與法屬印度支那的邊界。[49]

國民大會的辯論

一九四六年九月底，將四府還給法國的前景似乎難以避免。法國、英國與美國對暹羅的耐心迅速消逝，暹羅已經無法繼續拖延談判。曼谷報界猜測，暹羅情況的變化，將迫使探隆・那瓦沙瓦（Thawan Thamrongnawasawat）總理的泰國政府在十月底以前解決爭議。在八月的暹粒事件過後，部署在邊界沿線的法軍氣焰更加激進。雨季已經結束，氾濫的河水逐漸消退，法國殖民地軍想渡過湄公河進入泰國也比較容易。此外，印度占領軍預定十月三十一日撤離曼谷。這意味著，法軍如果侵入暹羅，不會造成英國殖民地軍卡在衝突中間的問題。[50]

探隆知道事態緊急，遂自一九四六年十月十四日起召開國會特別會。他說，政府最近接到法國一項新建議，因此需要徵詢國會意見，以決定如何反應。在探隆說完這段開場白以後，外長迪雷起身，向在場議員宣讀法國建議案的條文，條文摘要如下：

條款一：暹羅政府應同意一九四一年五月九日的協定無效，並將爭議土地的控制權交給法國當局。

條款二：在遵照上述條款所提，將爭議土地交還之後，兩國敵對態勢告終。如果暹羅同意撤銷對安理會的控訴，法國將不再阻撓暹羅加入聯合國。

條款三：兩造將成立一個和解委員會（Conciliatory Commission），由兩國各派兩名代表，與來自中立國的三名代表組成。

條款四：和解委員會將根據所有族裔、地緣與經濟論點重新評估邊界畫界。

條款五：最後將啟動談判，決定暹羅向法國賠款金額。[51]

迪雷在談話中強調，政府仍然決心保有這些失土，不贊同將它們交還法國。所以提出這個議題進行辯論，是因為如果接受法國這項建議，就必須涉及國土變更，而根據一九四六年憲法第七十六條規定，國土變更必須經過國會批准。在第一天整個討論過程中，探隆總理一直不肯透露自己對法國這項建議的立場，只是讓議員們發問、各抒己見。[52]國會對政府這種做法反應激烈，失土爭議於是越演越烈，形同一枚政治手榴彈。幾名國會議員譴責這項會議，說這顯然是政府把責任推給國會的伎倆。清邁代表蘇威・凡他塞（Suwit Phantaset）說，探隆把程序倒反了。政府有權與外國談判，只有在簽下條約以後，才能將條約交由國會投票、批准。[53]大多數國會議員也了解暹羅當前情勢，他們怕的是，政府明知必須接受法國這項必然激起極度民怨的建議，卻故意要國會表態，好將責任推給國會。

法國這項建議案的內容讓國會議員們更增疑慮。幾名議員說，法國想藉此屈辱暹羅以重振本國國威。最遭國會議員批判的，是暹羅必須宣布一九四一年協定無效的條款一。暹羅認為法國在幾十年前以不公正手段奪取領土，暹羅儘管在大東亞戰爭中落敗，對泰國軍隊收復這些失土的表現仍然引以為榮。要暹羅宣布《東京和平協定》無效，等於要暹羅為他們在當年那場衝突中的作為致歉。國會議員認為，這樣做會讓當年用生命換回四府的泰國陣亡將士英名蒙羞。剛獲解放的邊區百姓又要陷入法國帝國主義掌控，令議員們遺憾，選民在聽說這些土地又將失陷以後的反應，也讓他們恐懼。從國會的激烈辯論可以看出，這些代表暹羅屈辱的土地，在過去五年已經成為暹羅重振國威的象徵。戰勝法國是泰史上最偉大的勝利之一，它暫時洗刷了來自王室的戰敗傳承。現在，新一代泰國政界人士擔心自己也要經歷國土分裂之痛了。許多國會議員因認為這樣的痛苦難以承受，而呼籲政府拒絕法國這項建議，即使必須一戰也在所不惜。

主張不接受法國此案的國會議員舉了各種理由。其中最主要的理由是不能再次向法國霸凌屈服。反對法國此案最力的國會議員是馬德望新選出的代表、反對黨領袖寬・阿派旺的弟弟差瓦立・阿派旺。差瓦立在向國會發表的演說中說，暹羅不能向法國帝國主義屈服，這一點至關重要。他提醒與會議員，不要忘記半個世紀以來法國—暹羅關係為暹羅帶來的奇恥大辱，不要忘記法國多次威逼暹羅簽下不平等條約。他承認：「如果提出這項建議的是中立一造，我不會這樣強烈反對。但提出這項建議的是法國，而法國一直自認是我們的敵人，一直存心從我們手中奪取這些土地，奴役當地居民。」差瓦立警告說，法國這項最後通牒是專門用來貶抑暹羅的，暹羅終必在今後幾代與法國一戰，接受這項最後通牒不過是將衝突時間延後而已。前總理西尼也認為，法國所以像這樣以不必要的嚴厲手段對付暹羅，目的就在重振聲威，繼續在東方稱霸。他說，法國像暹羅一樣都是戰敗國，但這場四府土地之爭為法國帶來像超級強國一樣行動的機會。

國會議員表達的抗拒之情，與政治派系「暹羅青年」（Young Siam）的態度相互呼應。一個世紀前，領導泰國走上與法國衝突之道的，就是「暹羅青年」。就像他們百年前的先輩一樣，暹羅的國會議員們也相信法國想騙取暹羅合法取得的土地。他們認為，法國與暹羅在第二次世界大戰期間各自採行符合本國利益的政策。披汶與貝當為免亡國，都選擇向軸心陣營投降、成立占領政府。兩國也都出現與同盟國並肩作戰的抵抗運動——戴高樂領導的自由法國，與普里迪領導的自由泰。這些抵抗運動在大戰結束後掌權，廢棄本國戰時政府的政策。儘管有這許多類同，暹羅無緣加入聯合國，法國卻在安理會占有令人垂涎的席次。

在邊界談判之初，法國官員說他們不會尊重一九四一年條約，因為那是維琪政府簽署的。某些國會議員指出法國這項邏輯的錯誤。呵叻府國會議員楚・空潘（Chod Khumphan）就說：「如果維琪是獲得承認的政府，這項條約就是有法定約束力的文件。怎麼能廢約？」這麼做等於給予法國免責權，而把責任都推給曼谷。更何況，法國所謂暹羅非法取得土地的指控根本不相干，因為這些土地是法國五十年前用砲艇外交取得的。

有關法國過去種種惡行惡狀的討論持續進行，歷史將重演的恐懼也越來越深。每個國會議員都認為暹羅必須加入聯合國，但有人質疑，就算暹羅同意法國的要求，法國會不會尊重它自己的建議。法國過去的行為證明它一再背棄條約規定與國際法。一名代表提出質疑說，巴黎在僅僅幾個月以前才反悔將整件事交由國際法庭仲裁的協議，這項新協定一旦簽署，法國會不會又一次變卦？如果暹羅老老實實放棄這些土地，手上一切談判籌碼將全部耗盡。到時如果法國繼續否決暹羅加入聯合國，暹羅怎麼辦？素可泰代表拉達卡地（Khun Radab Khadi）談到法國在一八九三至一九〇七年間占領尖竹汶與桐艾府的往事。他提醒議員們，法國最後雖說為了交換寮國與柬埔寨而將這兩個府交還暹羅，但卻一直不肯交還康島（Kong Island）。還有國會議員說，法國人慣常表裡不一，不可不防。或許法國會在暹羅交還四府以後，對四府居民進行報復，也或許法國會說服蘇聯代它否決暹羅的入會申請。難府（Nan）代表蘇本潘席（Sombun Panthid）提出警告說，法國可能利用這些談判奪取更多土地。如果探隆政府同意交還蘭長（Lan Chang，或稱瀾滄府），法國可能把鄰近的難府也占了。

反對法國此案最有力的論點，涉及民眾對四府得而復失會有什麼反應的問題。僅僅幾個月以前，這四個爭議府一直是國會選舉的中心議題。寬•阿派旺說，在競選期間，選民不斷問他會不會參與邊界談判，以及他對談判可能有什麼結果的看法。有幾名代表說，暹羅人民沒有放棄這些府的準備，會因此指責國會向法國投降，讓國家遭到又一場慘敗。儘管所有國會議員都對這樣的結果憂心忡忡，有些代表的反應顯然比其他代表強得多。當法屬印度支那在一九四一年將龍坡邦對面的長條土地交還泰國時，這些土地大多數成為新設的蘭長府，不過其中一小部分劃為五個區，成為鄰府黎府的一部分。黎府新選出的代表宋干．烏冬西（Songkran Udomsit），堅決反對將這些土地交還法屬印度支那自也不足為奇。他告訴在場國會議員：「我在當選時獲得這五個地區的支持。怎能這麼不負責任將它們還回去？」吞武里（Thon Buri）代表沙．西沙布（Saw Sethabut）指責政府在訂定邊界爭議政策時罔顧民意。他說：「我們在討論這個問題時，必須考慮泰國人民的感受。在昨晚與包括幾位代表在內的幾個人會談之後，我已經改變我對這個問題的看法。總理說，民眾可能會對這件事感到非常生氣。我認為會比生氣更糟；它像是撕裂了這個國家的心！」

圍繞土地交還議題的激辯，證明國恥論對泰國民意影響之深。由於威集的種族理論——四府的居民是泰人——作祟，這個議題已經成為是否讓泰裔居民再遭法國禁錮的選擇。無論大東亞戰爭結果如何，大多數泰國人仍然認定他們對抗法屬印度支那之戰是一場正義之戰。卡孟．充蘇（Kamon Chonsuek）在國會慷慨陳詞，講述當年他在印度支那作戰的經驗。他回憶說，戰爭期間曾聽見孩子唱一首名叫〈東部省曾是我們的土地〉（Monthon Burapha Once Belonged to Us）的新歌。戰爭結束時，民眾無分老少，都為《東京和平協定》慶賀不已，因為它收回失陷省分，重建泰國榮耀。卡孟本人也在與法軍的衝突中負傷，但能讓「東部省」重歸祖國懷抱，他認為他的傷不值一提。

現在暹羅戰敗，往事重演，交還這幾個府，放棄當地僅僅幾個月以前才投了他們有生以來第一次票的居民，就像把無辜的人送上絞刑架受死一樣。馬德望代表差瓦立說：「我們才剛讓他們從監獄裡放出來，現在又忙著把他們趕回監獄。」大多數代表知道泰國人民將邊界四府居民視為同胞，擔心他們會在法國統治下遭到迫害。呑武里代表西沙布建議，政府應要求法國向暹羅提出寮國與柬埔寨獨立時間表，作為移交這些土地的條件。這樣做至少能證明曼谷關切邊界府的命運。西沙布說：「總理說這事（法國今後打算怎麼處理這些地區）與我們無關，我認為這事與我們關係大了，因為住在這四府的是我們的骨肉同胞。他們如果遭到迫害，與我們遭到迫害一樣。」

一旦將四府交還法屬印度支那，政府還應該為有意離開當地的民眾提供援助，展現它對邊區人民的關切。想到成千上萬難民將又一次不斷從法國占領區湧進暹羅，讓人想到過去的貧困。桐艾府代表阿拉塔蓬・披山（Ararathaphorn Phisan）想起一九〇四年朱拉隆功王將桐艾割讓給法國之後，當地居民舉家遷離的痛苦往事。他說：「一九〇四年這些往事將永遠烙印在每一個桐艾居民心目中。」

這些發言說明失落土地繼續發揮著「選定創痛」效應。就集體記憶而言，泰國認為原始的法國—暹羅危機悲劇再次上演。幾名代表所以甘冒武裝衝突之險，也不願接受法國這項最後通牒，原因就在於這些歷史淵源。

辯論繼續，暹羅的困境也越來越明顯。在法國決不妥協的立場威迫下，國會只有兩個非常惡劣的選項：不投降，就打仗。選擇前者等於拋開一九四一年印度支那戰爭的目標，讓當年在戰事中死難的軍民白白犧牲，並且把同胞重新送入法國霸權虎口。選擇後者等於要國家在沒有準備的情況下付出巨大犧牲。國恥論邏輯將泰國逼進一個道德兩難：想讓死難同胞的血沒有白流，就得流更多的血。

在放棄保有四府的念頭之後很久，泰國政府仍在想方設法保有尊嚴。如前文所述，泰國政府希望避免一種向法國屈服的外觀，想做到這一點，最有效的策略就是找第三方——最好是聯合國——介入。一九四六年的聯合國仍處於草創階段。和平共存的言論還沒有遭到冷戰現實埋葬。儘管認定法國濫用它在安理會的地位實踐帝國主義野心，泰國領導人對聯合國仍然極為尊重。他們認為，聯合國是小國爭取國際正義的最佳途徑，是幫助小國斡旋爭議最理想的組織。國會議員楚・空潘說，如果聯合國想當「世界之父」，泰國政府應該將這個問題交由聯合國評斷。

暹羅並沒有聯合國會准許它保有四府的幻想，但把問題委由聯合國解決可能好處多多。聯合國做成的裁決就算對法國有利，對泰國人民而言也有極大分量。[54] 碧差汶（Phetchabun）府代表朱・沙那目（Chuea Sanamueang）就說，聯合國下令暹羅放棄四府造成的民怨，遠比向法國屈服而交還四府造成的小得多。此外，由聯合國考慮這個問題，還能讓國際社會檢驗法國過去與現在對暹羅的所作所為。西沙布等泰國領導人深具信心，認為如果能在聯合國這樣的高階論壇中討論邊界爭議，國際社會很可能會對暹羅的命運寄予同情。或許西方民主國的媒體與人民會遊說他們的政府，要它們採取對暹羅較寬厚的政策。西尼就曾運用這個策略，將英國所提二十一項要求的機密情資洩漏給一名美國報紙記者，為暹羅帶來一些好處。但儘管聯合國無疑是暹羅挽回面子的最佳希望所繫，法國在聯合國的特權地位也讓一些代表感到疑慮，擔心聯合國不會理會暹羅的要求。春武里府代表他能・先金（Thamnun Thianngen）問道：「如果聯合國真的像外交部長說的那樣致力於和平，為什麼它在法國一再侵犯我國邊界時什麼也不說？」

根據暹羅的聯合國策略，有幾名代表仍然寄望國際法庭能出面解決這場土地爭議。八月間，法國指控暹羅支援柬埔寨叛軍攻擊暹粒附近一處法軍衛戍地，並以此為由，宣布退出國際法庭訴訟程序。暹羅政府一再否認法國這項指控，並協助成立一個事實調查委員會，證明它的清白。阿拉塔蓬建議，現在暹羅已經證明無罪，政府應該再次向國際法庭提出這件土地爭議案。針對這項建議，外長迪雷提醒議員們，只有聯合國會員國才能向國際法庭申訴。國際法庭上一次之所以接受本案，完全只是因為法國同意支持這項程序，但要法國再次支持看來不大可能。

如果聯合國不能決定四府命運，次佳的解決之道是由四府人民舉行公民投票。許多代表主張透過選舉，由四府居民自己決定是否願意留在暹羅，或回歸法屬印度支那，碧差汶府代表沙那目就是其一。[55]這項建議似乎很能呼應戰後政治氣氛。無論怎麼說，盟國已經忙著向世界各國宣揚《大西洋憲章》（Atlantic Charter）中的民族自決原則了。暹羅與印度支那的邊界爭議，為這些理想的實現帶來絕佳機會。還有國會議員主張從四府撤出暹羅政府官員，讓四府獨立。政府寧可放棄這四府，也不願背負向法國投降之恥。這樣做還有一個好處：法國如果選擇占領，就得背負入侵主權國之名。外長迪雷於是再次起身，說明何以公民投票與宣布獨立都行不通。《大西洋憲章》有一項基本原則，就是恢復戰前現狀。如果暹羅指望盟國支持它加入聯合國，僅僅放棄四府還不夠；還得將四府還給法屬印度支那才行。

在聽完國會議員一天的辯論與發言之後，總理探隆在第二天對暹羅情勢提出審慎分析。他提醒在場國會議員，戰後每一任總理，包括西尼，都了解暹羅幾乎不可能保住這四個府。以目前情況而論，暹羅原本仍有希望贏得若干妥協，可以保住一部分土地，或至少能將割地造成的衝擊減到最低。但由於法國最近提出的最後通牒，這些希望也已經化為泡影。探隆要求國會議員用一種實際可行的做法，幫國家走出這場困境。他解釋說：「這四府好比一名病入膏肓的病人。問題不再是這病人能不能存活，而是他還能在什麼情況下活多久。」探隆隨即舉出三個重要理由，說明暹羅何以除了接受法國提案以外別無其他選擇。首先，與美國的強有力關係是暹羅戰後外交政策的基石，而不放棄這些土地只會損及這種關係。美國官員已經表明，為了贖償戰時與日本結盟之罪，曼谷必須交還這些土地。

美國國務次卿艾奇遜也建議暹羅官員從安理會撤銷訴狀，直接與法國談判。其次，如果暹羅希望重建名聲，再次加入國際社會，加入聯合國是必要條件。拒絕法國的最後通牒將切斷兩國關係，使暹羅的聯合國入會案無限期延後。

最後，探隆向國會議員強調，如果暹羅不自願放棄，法國很有可能入侵四府。探隆說，他覺得有些代表不了解再打一場仗可能帶來的慘重後果。[56]軍方根本無力抵抗法國攻擊，如果暹羅再遭擊敗，投降條件會更加不利得多。無論是美國或英國都不會干預，已經因為通貨膨脹與運送米糧給聯合國的強制性措施而不堪負荷的暹羅經濟，將因武裝衝突而更加危殆。更糟的是，法軍還可能變本加厲，占領更多土地，迫使暹羅為贖回它們而做更多讓步。邊界緊張情勢已經導致法軍從永珍跨界進入廊開府。那空拍儂的代表范・因蘇旺（Phan Inthuwong）作證說，法軍不時砲轟那空拍儂府的邊界城市。他繼續說，為了支持政府與維護和平，那空拍儂居民忍受著這些攻擊，但他們也知道，若與法國開戰，那空拍儂會遭到重創。

在用相當悲觀的論點說明暹羅的困境之後，探隆提到擬議和約的條款二與條款四，企圖有所緩和。這兩個條款詳述和解委員會組成細節，和解委員會成立以後，將根據族裔、地緣與國際法原則，提出暹羅與法屬印度支那東部邊界的修訂建議。這個委員會將由法國與暹羅各派一名代表，與來自三個中立國的三名代表組成。探隆建議，如果政府把四府行政管理權移交給法國，展現合作誠意，美國會運用影響力照顧暹羅利益。和解委員會很有可能贊成由暹羅保有四府的部分土地，但目前必須先將所有土地全數歸還。探隆總理在結論中提醒在場國會議員，暹羅在接受法國建議之後，才能逐步贏回國際社會的敬意，擦亮它「和平製造者」的招牌。在探隆的演說結束後，大多數國會議員準備接受這必將到來的結果。國會最後以九十一票對二十七票通過，授權政府廢除一九四一年條約，將爭議土地交還法國。[57]西尼在辯論結束時的談話，反映當時瀰漫國會會場的濃郁宿命感：「如果我們交還這幾個府，但願那是暹羅為達成世界和平而做的犧牲。我們會放棄這些住有我們骨肉、兄弟、同胞的土地，因為如果不放棄，法國永不干休。法國的殖民地已經遍布世界各地；它應該留在歐洲，不應該覬覦亞洲。包括名譽，我們已經損失了許多，現在我們必須再吞下這苦果，因為法國永遠不會放棄這場戰鬥。」[58]

探隆在十月十八日向全國發表演說，宣布政府決定遵照法國的要求將四府歸還。他舉出的理由很明確。首先，暹羅必須聽從美國與英國的建議。其次，這麼做能證明暹羅對世界和平的承諾。最後，暹羅必須遵守聯合國的原則才有望成為會員國。探隆在演說中強調他本人的失望，說這個再次放棄失土的決定是「泰史又一悲哀的篇章」。[59]

民眾反應

泰國政府原也預期，一旦宣布將土地交給法國可能引發民眾暴力反應，於是印發數以千計傳單向民眾詳細說明政府這麼做的苦衷。但戰後的泰國百病叢生，通貨膨脹、犯罪、米糧短缺、貪腐猖狂等種種弊端早已搞得民不聊生，探隆總理這項宣布不啻火上澆油。在探隆演說過後第二天，《城市通訊報》（*Nakorn sarn*）發表對這個議題的感慨：「今天，我們的報紙與友報，為了暹羅將四個府讓給法國的事同聲哀悼。」[60]一家報紙在社論中說：「百萬暹羅兄弟就要離開我們的消息傳來，令我們悲痛萬分……我們同灑憂心之淚，在這心碎的別離一刻，我們祝福我們的兄弟。」[61]曼谷各報接獲數以百計讀者投書，要求暹羅與法國開戰，不能再次認輸。[62]一九四六年十二月，五千人在曼谷沙拉巴花園（Sarapram Gardens）集會，抗議將馬德望與披汶頌堪府交給法屬印度支那。[63]但儘管沉痛，泰國媒體在對政府的批判上卻顯得出奇溫和。各報社論沒有把這一切歸咎於現任或過去領導人，而以一種逆來順受的論調，接受這個全國都得承擔的事實。《每日新聞》（*Naewna*）在社論中寫道：「在政府慫恿下，泰國人一度做的那場大夢現已煙消雲散。我們面對一場可怕的事實。無論這事實有多苦，我們必須毫不畏縮地面對。到處抱怨、怪這個怪那個，就是自私。這個構想在披汶政府主政期間成形，這是事實，但當時也獲得全民人眾的同意與支持。我們曾用群眾示威等等行動表達我們的全心支持與喜悅。現在這件事以悲劇收場，我們不要相互怪罪吧。」[64]

大多數報紙不怪政府，而怪法國。政治漫畫「入場的代價」描繪暹羅又一次得忍辱含悲接受法國要脅交出土地。漫畫中的探隆總理比他的法國對手小得多（也矮了一截），顯現兩人的國際地位大相逕庭。在整個談判過程中，法國拒絕任何重大讓步，最後憑藉武力威脅遂其所願。事實上，法國在一九四六年抱持的態度與一八九三年完全一樣——以強大帝國自居，向不文明的民族開出條件。泰國報紙抨擊法國在印度支那的行動，與英國在印度，以及美國在菲律賓採取的懷柔政策相形之下，法國的政策只是一味強悍。《太陽報》（*Tawan*）專欄作家寫道：「像法國這樣一個崇尚自由、兄弟愛、平等，同時又是民主原則締造者的偉大國家，卻從不實踐自己的構想，讓我們大惑不解。」[65]還有些報紙則認為法國贏的只是一場空洞的勝利而已。在交還土地之前的幾個月間，成千上萬的四府居民跨界湧入暹羅，曼谷報紙於是又一次指出，四府人民無意接受歐洲殖民統治。[66]法國可以憑藉優勢軍力占領土地，但人心永遠屬於暹羅。[67]

除了憤怒以外，泰國人對自己國家在這動盪世界中的地位也不再抱有幻想。一九四六年八月，也就是該議題決定前兩個月，《尼空》發表評論說，失去的土地之命運就像個晴雨表，預測在即將到來的時代小國的權益能不能獲得尊重。[68]眼見盟國與聯合國對法國的霸凌置之不理，許多暹羅人認為，這證明新政治氣氛與過去並無不同。泰國人認為，他們對四府的領土主張有歷史、種族與地緣因素佐證，但到頭來所有這些因素都無關緊要。《京華日報》寫道：「歷史顯示，強權統治世界。由於法國的優勢軍力，一九四一年條約經宣布作廢。」[69]就像在一八九三年一樣，一九四六年的暹羅，也自視為一個遭外國侵略者欺壓的佛教王國。

媒體抬出王室－國族主義論點，因應這場失土之痛。評論員忙著在法國－暹羅危機中找出類同史料，以便把這次事件說成一場暹羅的小勝：「無論怎麼說，暹羅毅然決然將四府交還法國的決定，都是最即時、最明智的。在朱拉隆功王統治期間，暹羅也曾被迫這樣做了一次。英明的朱拉隆功王為了扭轉籠罩暹羅的政治氣氛，壯士斷腕，將這些土地割給法國。這項聰明的政策救了整個暹羅。現政府的政策也有異曲同工之妙。」[70]

泰國用頌讚拉瑪五世的辦法緩解它的哀痛。十月二十三日，在探隆發表電台演說僅僅幾天之後，暹羅紀念朱拉隆功王逝世。學者專家在評述拉瑪五世功業之餘，都認為暹羅可以引用他當年的做法解決當前困境。《民主報》（*Democracy*）在一篇名為〈一位眾民愛戴的王〉（A Beloved Monarch）的社論中，說朱拉隆功王是十九世紀末推動泰國現代化的主力：「朱拉隆功王將暹羅從躊躇滿志中喚醒，讓暹羅穩步邁向進步與發展。他很了解，暹羅如果想保有獨立與繁榮，就必須趕上時代腳步。如果想避免鄰國遭遇的命運，暹羅就必須強大，同時要有謀略。」[71]

這種說法是王室－國族主義史觀的縮影。暹羅所以沒有淪為殖民地而保有獨立，靠的就是朱拉隆功王的領導，以及王室融合傳統與現代的能力。在朱拉隆功王的引導下，暹羅在知識與地位上突飛猛進，而且很快就能與西方列強平起平坐。但一九四六年的事件讓暹羅脫離預定軌道。披汶採取的內政與外交政策不但沒有推動暹羅向前，還造成國運中衰。套用《民主報》社論的用詞說道：「不幸的是，由於大戰的關係，我們過去五年與世界其他國家斷了音訊。由於無法接觸最新發展，我們在各種人文科技領域都落在人後……今天，讓我們仔細思考我們鍾愛的偉大賢王的成就，這樣做不會錯。我們應該進一步思考，換成是他，今天會怎麼做。最後，我們應該永遠以他為師，作為我們效法的榜樣。」[72]

這篇社論的作者說暹羅沉睡了五年（自與印度支那爆發邊界戰爭起算），還說披汶時代是一段歷史插曲，與之前以及之後的時代不相干。《暹羅尼空》（*Siam nikorn*）也發表類似分析，說泰國的法西斯實驗重創了暹羅的聲望。在日本斡旋達成一九四一年的條約過後，整個世界都對暹羅起疑，美國不肯把戰機運交曼谷就是明證。[73]就是經由這種方式，暹羅在第二次世界大戰的戰敗重演了一種歷史模式。泰國在二戰之初擊敗法屬印度支那，曾是它與西方平起平坐的成就象徵；但現在它成了一場夢魘，不僅讓國家顏面盡失，還造成暹羅的經濟毀滅。為了彌補一九四一至一九四二年間造成的創傷，暹羅必須把四府交還法國。因為這麼做能讓國家重新步入正軌，能撇開戰敗論，說暹羅經歷大戰劫數而「存活」，讓國人好過得多。暹羅可以用交還四府的行動，證明它謹守聯合國原則。失去這些邊界府自然令人遺憾，但這麼做能為國家聲望加分，未嘗不是塞翁失馬，焉知非福。誠如《民主報》一名記者所說：「我們必須讓自己相信，我們在這件事上『沒有丟臉』。今天世上沒有所謂『有面子』或『沒面子』這種事。我們都是國家大家庭一分子。今天我們講求的是國際主義，而不是滴水不漏的民族主義。你若與家人爭執，為顧全而讓步，那是『沒面子』嗎？」[74]

正因為法國在戰後邊界談判中採取強硬立場，暹羅得以擺脫侵略國戰時形象，而以帝國主義攻擊的受害者自居。暹羅如果想加入聯合國，就得重塑「和平國」形象。暹羅已經向聯合國運交米糧，緩解戰後亞洲的饑荒，以行動展現它的悔意。法國在五月攻擊廊開、在八月攻擊暹粒，讓暹羅無法順利運送米糧的事件，讓泰國媒體以道德為主軸，大談土地議題。各報社論把暹羅描繪成一個人道主義國家，說暹羅一心一意只關心世界饑荒，但這種義行卻因為一個自私自利帝國主義國家的無端挑釁而受阻。[75]媒體讚揚政府對法國攻擊採取的非暴力反應，說這是一種「向丟石頭的人丟麵包」的政策。[76]暹羅由於採行和平共存的新策略，不能直接對抗法國，因此要求國際干預，幫助暹羅繼續向聯合國運交米糧。暹羅在一九四六年十二月加入聯合國，在洗刷過去軍事侵略惡名的道路上邁出重要一步。

《曼谷郵報》（*Bangkok Post*）寫道：「暹羅或許在世界事務上永遠不會扮演主控角色，但它可以成為……遠東其他國家的典範。」[77]

甚至在交還四府土地、暹羅加入聯合國之後，許多政界人士仍然認為這場邊界爭議還沒解決。暹羅仍然指望可以憑藉和解委員會的斡旋，收回四府部分土地。在一九四六年接近尾聲時，泰國媒體呼籲國際社會匡正法國加在暹羅身上的不公不義。《金地報》（*Suwannaphum*）刊出社論說：「現在要由和解委員會來決定誰拿誰給。」[78]《城市通訊報》也呼籲這個國際團體「展示它的慷慨與正義」。[79]一名泰國駐聯合國代表在接受報紙訪問時充滿信心地說，暹羅有可能拿回一府或兩府，甚至所有四府都拿回來也不無可能。[80]泰國政府內部許多官員也同樣樂觀。根據暹羅提出的正式提案，法國應將一八九三年以來占領的所有土地，包括馬德望、占巴塞、蘭長，以及湄公河左岸整片土地全部交還。私底下，泰國官員相信和解委員會會做出妥協，將占巴塞與蘭長判給泰國。[81]

暹羅的民族統一請求再一次遭到國際社會拒絕。一九四七年六月二十七日，和解委員會宣布判決，拒絕泰國對所有這些土地的主張。另一個為考慮賠償議題而設的委員會，還判定泰國應支付法國五十一萬八千美元，作為一九四一年邊界戰爭的損害賠償。[82]八月，國會開會，考慮對這些判決的對策。為擔心輿論，探隆下令將和解委員會的判決書印製五百份，廣為散發。[83]不過，這一次，國民對政府沒能拿回一些土地、尊嚴盡失的情況不再同情。反對黨指控政府的主張過於誇大。西尼說，政府不應該索取湄公河以東所有土地，因為這麼做讓盟國懷疑泰國意圖擴張。寬・阿派旺也說，暹羅能夠要回占巴塞與蘭長就應該滿足才是，卻開口索取湄公河以東的土地，實在愚蠢。[84]九月間，法政大學（Thammasat University）舉辦公共論壇，讓民眾就邊界府為暹羅國土不可分割部分的議題各抒己見。這項論壇人潮擁擠，正、反兩派都有國會議員與會。碧差汶府代表朱・沙那目說，民眾確實有權對和解委員會的判決不滿，但他也為政府辯護，說政府不可能對抗聯合國與盟國。其他與會人士的言論比他激進得多。國會議員普拉孟・坤瑪亞（Pramuan Kunmatya）呼籲年輕人奮起民族主義精神，以便日後對抗帝國主義。[85]

民眾對和解委員會裁決的敵意使探隆政府形同癱瘓，無法決定是否應該接受和解委員會的建議。幾個月以後，探隆卸了這份重擔，不必再做這艱難的決定。一九四七年十一月八日，軍方發動政變，探隆遭解職下台。和解委員會這份報告就此束之高閣，直到又一次軍事政變發生，將披汶拱回總理寶座為止。披汶上台後宣布放棄對邊界四府的一切主張，並同意按照委員會裁決向法國賠款。[86]披汶希望藉此穩下新政府腳步，讓他的民族主義過去就此走入歷史塵煙。

勝利紀念碑：緬懷損失

位於曼谷最繁忙交通中樞的勝利紀念碑（Victory Monument），讓人想到泰國與它本身過去的矛盾關係。今天，這座紀念碑是曼谷最顯著的地標，也是本地人與觀光客最喜歡的約會地點。但知道這座紀念碑的源起或它的滄桑史的泰國人卻寥寥無幾。這座著名紀念碑的原始用意大體上已經從公共記憶中消逝，因為它宣示的，是一個泰國人寧可遺忘的時代。泰國政府在建立這座紀念碑之初，原本意在慶祝一九四一年的勝利，但之後勝利紀念碑默然無語地成為一九四六年戰敗的象徵。它成為一種與國恥形象有關的文化標記，讓敗戰記憶長存世代子孫心中。

泰國政府於一九四一年夏開始建造勝利紀念碑，在國慶日一個特別慶典中奠下紀念碑第一個基石。[87]當時泰國還在為對法國的偉大勝利，以及國土新增了四個府而舉國歡騰，披汶的聲望也在當時達到最高點。泰國已經統一，而且對前景充滿樂觀。總理想造一個能代表時代精神的宏偉建築物。紀念碑基座中心矗立著一座五十英尺高的石柱。由藝術家巴坤（M. L. Phakun）設計的這個石柱，由五把刺刀刃組合而成，是一個方尖碑形結構。由著名藝術家西巴・畢拉斯利（Silpa Bhirasri）與他的助手合鑄，代表陸、海、空軍、警察與人民的五座銅像，站在基座上。每一座銅像高十二英尺，狀甚英武。銅像與中央的方尖石碑結合，展現一種團結意識：五大社會分支合為一體，保衛國家。[88]

紀念碑工程展開一年後的一九四二年六月二十四日，披汶發表建碑演說，討論它的象徵意義。他表示希望泰國能以此碑為榮，永遠記得它代表的那段歷史。勝利紀念碑成為為國捐軀英勇將士的長眠之所。在與法屬印度支那作戰中戰死的五十九人的姓名刻在紀念碑基座。名牌下方設有精美的鉤，供訪客獻花或送上花環向死者致敬。披汶在演說中指出，死難將士的遺體已朽，但他們英勇奮戰的精神永遠長存國人心中：「這個重要的紀念碑……將鼓舞、訓練泰國世代子孫，讓他們在為國效忠時能視死如歸。它會奮起他們的愛國精神。國人每在經過這座紀念碑時，都會想到這些為國捐軀的將士，更加堅定奮戰到最後一滴血也要保護我們國家自由與獨立的決心。勝利紀念碑代表我們全國人民能同心合力，讓泰國精神永遠光照泰國。」[89]

對披汶來說，勝利紀念碑的意義遠遠不止是向死難者致敬而已；它代表國家的救贖，向全世界宣告泰國已經洗刷羞辱與戰敗的過去。從一八九三年起，這些失土就是皇室精英一種丟人的象徵，讓泰國面對西方國家時自覺低人一等。儘管與割讓給歐洲帝國主義的土地相比，四府土地只是一小部分，四府的收復讓泰國有機會為痛苦的過去畫下句點。披汶在演說中指出：「勝利紀念碑讓每一個泰國人記住，在海、陸、空、警、民五大軍種為國犧牲的奮戰下，泰國已經搶回它的榮譽。」[90]勝利紀念碑也讓泰國軍方改寫了它羞於見人的紀錄。自泰軍在一八九三年法國–暹羅危機中徹底慘敗以來，一九四一年戰爭是泰國與外國的第一次交鋒。[91]東部省的征服讓泰軍湔雪了背負幾近半個世紀的汙名。儘管是一座紀念碑，勝利紀念碑的名稱與設計都意在表達一種軍事勝利的訊息。它昭告世人，在軍方指引下，泰國已經走出半殖民地狀態，躋身已開發國家之林。

誠如阿皮南・帕亞南達（Apinan Poshyananda）所說，想了解勝利紀念碑的建造意義，還得觀察泰國政府的民主紀念碑（Democracy Monument）、國慶大橋（Bridge Honoring the National Day），以及拉差達努路（Rachadamnoen Road）整建計畫。披汶計畫以現代化城市形象改造曼谷。[92]在大東亞戰爭初期，勝利紀念碑也成為亞洲團結、擊敗西方霸權、將西方勢力趕出亞洲的重要象徵。一九四三年七月，印度革命領導人蘇巴斯・錢卓・鮑斯（Subhas Chandra Bose）抵達曼谷會見軸心國領導人時，他的第一個行程就是到勝利紀念碑獻上花圈。[93]

泰國戰敗以及之後有關失土前途的辯論，讓勝利紀念碑代表的意義耐人尋味。有一幅政治漫畫，描繪泰國與法國官員為英國、美國和中國簡報，陳述對這些爭議省分的合法主張。法國官員企圖把泰國說成是個戰爭販子。他要與會人士將注意力集中在右手邊那張泰國戰車與飛機的圖片上，不要看他背後那張「稅單」以及被鎖在一起的殖民地子民。另一方面，普里迪與寬・阿派旺則用一張鴿子圖，要盟國相信泰國自古以來就是一個愛和平的國家。但兩人的論點終因一張四周堆了許多屍骨的勝利紀念碑圖片而大打折扣。這張政治漫畫說，勝利紀念碑是軍事擴張與種族沙文主義的象徵，這才是披汶的超級民族主義政策真正傳承所在。

經歷一九四六年交還四府等一連串重挫的泰國，又一次嘗到失敗與屈辱的苦果。如前文所述，主張抵抗法國的政界人士說，交還四府會讓當年為奪回四府而犧牲的將士含怨九泉。在一九四一年，泰國海軍在象島（Koh Chang）海戰慘敗，泰國政府並且賠款給法國，但拿回東部土地讓泰國領導人找到理由，自稱取勝。泰國付出如此慘重的代價取回四府，四府也因此成為泰國湔雪前恥的象徵。現在這些土地再次成為法屬印度支那的一部分，泰國人民也對邊界衝突究竟所為何來感到疑慮。在之後的希望幻滅過程中，勝利紀念碑代表的意義逐漸轉變。在和解委員會於一九四七年八月宣布，泰國從法國手中要不回任何土地時，前馬德望代表拍．披沙（Phra Phiset）建議將勝利紀念碑漆成黑色，以宣示全國的哀悼。[94]

之後十年，勝利紀念碑代表的意義不斷變化。披汶雖在一九四八年再次掌權，他身為總理的議程卻已經與過去大不相同。他很快採取行動，以事實證明他已經改變過去親軸心國的政策，成為堅決反共的信徒。勝利紀念碑的意義不再局限於法國—泰國邊界戰爭。它成了泰國在所有對外戰爭中死難者的紀念碑。大東亞戰爭的泰國陣亡將士名單刻在紀念碑基座上，之後韓戰與越戰的陣亡將士也在紀念碑基座上留名。接下來幾任政權讓勝利紀念碑的意義更加模糊。沙立在一九五七年奪權以後，一方面否定披汶的傳承，一方面重振王室的政治角色。二十世紀六〇年代，政府曾計畫拆毀勝利紀念碑，代以無名軍人墓（Tomb of the Unknown Soldier）。民眾儘管對這座紀念碑的感情相對矛盾，但最終以它是陣亡將士長眠之所為由反對拆毀計畫。巴用・尚雅旺（Prayoon Chanyawongse）畫了一幅政治漫畫，描述陣亡將士鬼魂向沙立求情，請沙立放過這座紀念碑。[95]

泰國政府拆毀勝利紀念碑的計畫雖告失敗，但貶低它的價值的行動大體上卻很成功。今天的勝利紀念碑唯一功能就是戰爭公墓。民眾只能在退伍軍人節當天、軍方舉行正式儀式時造訪勝利紀念碑，購買花圈放在紀念陣亡將士的名牌下方。除了這一天以外，勝利紀念碑整年不對外開放。當局用一個大型黑色鐵柵將它圍起來，而它的四周是曼谷最繁忙、最危險的交叉路口，想造訪紀念碑的人得穿過層層車流，才能進入周邊。今天的勝利紀念碑四周圍繞著高樓大廈、巨型告示牌，以及新造的高架電車軌道，這一切都讓它的丰采大不如前。就像泰國境內大多數公共空間一樣，勝利紀念碑園區內也有一幅巨型國王像。改變勝利紀念碑功能、讓它逐漸變質的做法，說明泰國當局處心積慮，想從公共記憶中抹殺它代表的原意。泰國政府希望表揚軍人的英勇犧牲，但不願讓這些犧牲與特定歷史事件扯上關係。披汶建造的這座紀念碑不僅是紀念陣亡將士而已；它還敲醒了泰國人戰勝西方帝國主義之夢，讓泰國人感到國土淪喪之痛。勝利紀念碑代表的意義幾十年來每下愈況，最主要的原因就在這裡。它現在讓人想到的，是泰國的戰敗。

小結

本章主旨說，第二次世界大戰的結果對泰國而言是一場非常痛苦的失敗，而不是一場外交的勝利。一九四六年，泰國遭到盟軍占領，割地賠款，民族統一主義者又一次歷經一八九三年的屈辱。為了用始終獨立的傳統緩解失土之痛，泰國政府再次搬出王室－國族主義史觀，擁抱和平國際主義理想。這種轉型使泰國得以重新加入國際社會，但五年前席捲全國的仇恨西方的怒火並未因此退燒。在可能得交還失土的前景推波助瀾下，國恥論繼續在泰國民族主義者內心延燒、發酵。自一九四六年起，泰國將失土的意義重新定位為四府。它逃過大戰的毀滅性劫難，又由於身為美國戰後東南亞戰略的重心，得以順利進入國際社會。但最後，暹羅還是不得不交還四府，裝出一副拋開過去、迎向光明未來的模樣，接受了一切條件。在評估與法國的協議以及四府的移交之後，《民主報》在社論中說：「我們現在將一個議題埋葬。但無論我們為自己找到什麼理由這樣做，這個議題始終是一個摩擦的根源。」[96]

這篇社論的用字頗能發人深省。暹羅確實只是「埋葬」了失土議題，而沒有面對這個議題。我在這本書要強調的是，造成國恥論的原因是，泰國政府不願意接受一八九三年戰敗的後果。泰國領導人採取的對策是，為這場歷史悲痛加油添醋，將暹羅描述成一個西方帝國主義的犧牲品。在國恥論持續發展的過程中，一九四六年的移交四府是一大關鍵。暹羅新政府雖然交出了四府，但並沒有否定披汶政權當年賴以取得四府時的意識形態。誠如《民主報》這篇社論所說，泰國民族統一分子仍然認定四府是又一次被法國帝國主義竊取的泰國土地。由於這種心態在與柬埔寨的柏威夏爭議中扮演重要角色，國恥論在之後十年再次浮上檯面。

第六章　柏威夏：泰國的國恥論象徵

二〇〇八年六月二十四日，泰國外長諾帕敦・巴塔馬（Noppadon Pattama）簽署聯合公報，與柬埔寨合力讓柏威夏成為一處世界遺產保護區。柏威夏是一座十一世紀的古廟，位於泰國－柬埔寨邊界。這份看似無害的文件卻引發軒然大波，造成曼谷示威抗議。半個世紀以來，柬埔寨與泰國都將柏威夏周遭地區視為本國土地。不滿這項聯合公報的人說，將這座寺廟列為世界遺產加以保護，意味著國際承認柬埔寨對這處古蹟的主權。曼谷報紙紛紛發表社論，指控執政的人民力量黨（People Power Party，Phak Phalang Prachachon）為換取柬埔寨戈公省（Koh Kong Province）的天然氣與賭場專利而出賣國土。

就在媒體搧風點火、挑動民怨的同時，政治反對派找到了機會。民主黨（Democrat Party, Phak Prachathipat）以柏威夏事件證明政府無能為由，要求對沙馬・順達維（Samak Sundaravej）總理與他的全體內閣進行不信任投票。同時，人民民主聯盟（People's Alliance for Democracy, PAD）也向泰國憲法法庭（Constitutional Court）提訟，說這項聯合公報威脅到泰國主權，因此違憲。穿黃衫的人民民主聯盟支持者隨即走上街頭，先在外交部門前示威，之後遊行到政府大廈（Government House）。諾帕敦由於是這項聯合公報的簽署人，面對國會彈劾聽證，並被迫辭職。[1] 泰國內閣最後改變立場，宣布它反對柬埔寨的申請，但已經無力扭轉最後結果。世界遺產理事會（World Heritage Council）在二〇〇八年七月九日將柏威夏列為世界遺產保護區，承認它是一處柬埔寨的地標。從這以後，駐紮邊界沿線的泰國與柬埔寨士兵爆發了幾場暴力衝突。

冷戰期間，泰國與柬埔寨邊界一再出現緊張情勢，柏威夏爭議不過是最新一起事件罷了。根據法屬印度支那與暹羅政府在一九〇七年簽定的一項條約，柏威夏屬於柬埔寨；在第二次世界大戰結束後，泰國軍隊非法占領了這處古蹟。施亞努親王（Prince Sihanouk）於是切斷兩國外交關係，發動排泰的新聞攻勢，並鼓勵金邊居民在泰國大使館外示威抗議。眼見柬埔寨反應如此激烈，泰國一些觀察家開始猶豫，認為僅為了區區幾平方公里土地就這樣癱瘓雙邊貿易，甚至造成兵戎相向未必明智。在一九五八年曼谷的一次記者會上，記者問內政部長普拉哈・差魯沙山（Praphas Charusathien），政府為什麼要做一場沒有必要的賭博？一名記者說：「只要放棄這座廟，爭議就解決了。商務與貿易難道不比這更重要嗎？柏威夏不過是一堆石子而已。」[2]

泰國政府只為了一處原本沒有重大意義的地標，寧可造成區域情勢進一步動盪，讓人大惑不解。這名記者的問題表達的正是這種困惑。在二十世紀五〇年代，知道這世上有柏威夏這個地方的泰國人寥寥無幾；到六〇年代，柏威夏在泰國卻已經家喻戶曉。或許答案就在普拉哈當時對這名記者的答覆：「我不會讓人從泰國土地上取走一塊石頭。」儘管泰國政府已經簽約承認柏威夏位於邊界之外，軍方仍將這處寺廟占地視為泰國不可分割的一部分。本章闡述柏威夏古蹟如何從一處考古區演變為國恥論矚目焦點，以解釋這項矛盾。

從泰國政府觀點而言，柏威夏所以重要，主要原因不在於它是考古或宗教要地，而在於它與失土以及泰國境內西方帝國主義傳承的關係。

柏威夏的歷史

如果果如普拉哈在一九五八年答覆記者時所說，柏威夏真的是泰國的一部分，曼谷第一次主張對當地的主權是在什麼時候？更進一步說，泰國政府第一次將柏威夏視為值得保存的重要遺產區，是在什麼時候？二十世紀以前，曼谷精英也曾對寺廟古蹟的歷史維護與文化價值展現興趣，不過他們的注意力完全聚焦於吳哥窟（Angkor Wat）。相形之下，沒有證據顯示他們也關心柏威夏。[3]鑒於柏威夏古寺位於遙遠的扁擔山脈（Dangrek Mountains）的事實，在暹羅高級專員一八九九年第一次「發現」它以前，曼谷王室很可能根本不知道柏威夏古寺的存在。[4]

柏威夏所以引起爭議，肇因於暹羅想修訂一八九三年與法國條約中的某些條款。暹羅當局最重要的目標是要法國從尖竹汶與桐艾兩府撤軍，以便對生活在當地的暹羅人民行使主權。到一九〇七年，暹羅已經與法國達成協議，同意將東部省分（詩梳風、暹粒與馬德望）割給法國，以換回這兩個「暹羅府」。重新取回對暹羅人民的主權，以及法國結束對「亞洲屬民」的保護權，讓泰國王室重建威信。這是暹羅限制外國干預、最後躋身文明國家之林的重要一步。對朱拉隆功王與他的顧問而言，為達到這些目標，放棄些許柬埔寨土地絕對值得。法國也因此解決了柬埔寨的「亞爾薩斯－洛林」（Alsace-Lorraine，編按：亞爾薩斯與洛林是法國與德國歷史上爭議之土，現隸屬於法國），履行了他們身為保護國的角色，同樣感到滿足。[5]暹羅仍然不願放棄對吳哥窟的主權，但無論是法國或暹羅，對柏威夏的歸屬都不很在意。[6]

這些新協議對暹羅與法屬印度支那邊界畫界很重要，雙方於是成立法國－暹羅聯合邊界委員會。不過，暹羅政府對邊界委員會的活動並無興趣，導致半個世紀以後邊界談判的爭議不斷。從暹羅的觀點而言，邊界位置問題已經透過一九〇七年條約明文解決。根據一九〇七年條約的規定，兩國以扁擔山脈分水嶺為界。[7]畫界作業成了法國獨家活動。在伯納（Bernard）中校領導下，法國官員測量邊界，繪製必要圖表。一九〇八年，暹羅政府接獲一套暹羅與法屬印度支那新邊界地圖（即所謂「附件I地圖」〔Annex I map〕）。[8]雖說王室與府官員都看了這些地圖，但沒有人熟悉如何詮釋西方製圖。歐洲的製圖模式當時仍代表一種「新空間科技」。[9]此外，暹羅領導人也認為繪製這樣的地圖沒有必要，因為在他們看來，天然地形已經明確反映了邊界。在一九六一至一九六二年國際法庭審理期間擔任泰國律師的西尼就說：「想找尋邊界的位置，不需要地圖……事實上，就算向生活在邊界的人出示地圖，我非常懷疑他們是否能看得懂，是否能因為看了地圖就更清楚邊界所在。」[10]

由於暹羅代表團沒有調查這套法國地圖的精確性，他們不知道伯納中校繪製的邊界線，與官方條約中有關邊界的規定稍有出入。根據邊界委員會的地圖，兩國邊界沿扁擔山脈分水嶺往東－西，直到柏威夏寺，在柏威夏轉北進入暹羅，呈弧形繞過柏威夏寺廢墟，然後折返分水嶺。經過這樣一種幾乎難以察覺的微調，柏威夏寺古蹟儘管位於分水嶺靠暹羅這一邊，卻完全納入法屬印度支那界內。法屬印度支那當時未將這修訂告知暹羅，這件事也就此為人遺忘。而且就算暹羅當時發現法國動了這小小手腳，他們很可能也不會抗議，因為當時幾乎沒有人知道這世上有什麼柏威夏寺。[11] 朱拉隆功王既然願意讓法國控制吳哥窟，又怎會為了柏威夏寺這類比較不重要的地方提出抗議？

就這樣過了二十年，直到歷史學家、朱拉隆功王的弟弟丹龍親王造訪柏威夏寺之後，柏威夏寺廢墟與它讓人迷惑的地緣位置才引起暹羅精英注意。一九三〇年，丹龍領了一支考古探險隊編錄整個東北地區的柬埔寨寺廟與紀念碑柱。在抵達柏威夏寺時，他訝然發現旗桿上揚著法國三色旗，附近小屋裡還住著一名法國考古學者。[12] 根據丹龍對邊界的了解，柏威夏寺位於扁擔山脈分水嶺以北，應該在暹羅境內。但他在一名法國居民陪伴下參觀了這座古寺遺蹟，絕口不提主權議題，說他此來只為參觀，沒有任何官式意義。[13]

三十年後，國際法庭認為，丹龍當時既然沒有抗議法國考古學者進駐柏威夏寺，就表示暹羅承認法國對這座古寺的主權。但泰國律師對丹龍當年的作為有不同解讀。首先，在帝國主義氣焰高張的那個時代，歐洲人在暹羅境內高懸本國國旗是司空見慣的事。根據報導，一些皈依天主教、接受法國神父管理的泰國村落，也在村子懸掛法國國旗，表示他們篤信天主教。[14]這類行動自然不表示法國享有對這些村落的主權。其次，丹龍親王有足夠的外交關係經驗，知道抗議除了不必要地激怒法國以外，不會有任何成果。丹龍的女兒（當時陪同丹龍前往柏威夏）日後說，她的父親當年所以保持沉默，是因為暹羅過去的創傷：「當時大家都知道，抗議只會給法國人強占更多土地的藉口。自從法國砲艇來到湄南河，強占尖竹汶以來，事情一直就是這樣。」[15]

丹龍擔心因此惹起又一次國際事件，於是隱忍不發，與英國駐曼谷領事館磋商。英國人建議他不要向法國提這件事。一名英國官員在針對這件事提出的報告中說，依我看，一名法國考古學者在一間小屋裡住了幾天，雖說他升起國旗的舉動未免有些猖狂，但這未必表示這塊地是法國的。就目前而言，我們還是走著瞧比較妥當。[16]

此外，在丹龍造訪柏威夏期間，在場的法國居民沒有一個人告訴他，法國已經將當地納入印度支那版圖。雙方為了保持氣氛和諧，都對政治議題避而不談。因此，丹龍親王縱想抗議，也沒有具體可以抗議的對象。儘管丹龍仍然相信這座古寺位於暹羅境內，但他沒有可以佐證的地圖證據。暹羅仍然依賴法國提供的地圖。直到一九三四年暹羅自行勘查邊界地區，才發現地圖上邊界標示與扁擔山脈分水嶺之間的差異。[17]在那一刻，泰國政府關心的不是失去柏威夏，而是法國不遵守一九〇七年條約的畫界承諾，造了一個他們認為破壞國際規則的邊界。

將柏威夏從一個名不見經傳的考古地點捧成舉國皆知的泰國領導人是披汶。一九三九年，在仔細研究附件I的地圖後，威集呼籲披汶將柏威夏納入民族統一運動，以及與印度支那的邊界談判。[18]同一年，柏威夏出現在教育部印發的泰國歷史古蹟地圖上。[19]但柏威夏寺仍然只是東北地區幾處類似二級古蹟中的一處，重要性比不上吳哥窟。一九四一年，在一連幾個月公開要求法國交還失土以後，泰國軍隊侵入法屬印度支那。之後雙方簽署《東京和平協定》，結束這場邊界衝突，泰國重新掌握大多數東部省分（包括柏威夏）。泰國政府在協定談判過程中曾極力爭取，想將吳哥窟納入交還的版圖，但調停這項談判的日本代表不肯讓步。為掩飾要不回吳哥窟的尷尬，披汶政府發起媒體運動，宣揚它要回來的這座柏威夏古寺之美與歷史重要性。一九四一年三月，泰國報紙發表政府聲明，說明泰國軍方在這場戰事中贏得的戰利品：「根據宣布，在不久前回歸泰國疆土的史東區（Amphoe Stung），有一座非常著名、對所有泰國人而言都非常神聖的古寺。這個神聖的地方就是柏威夏。它以美麗出名，而且重要性不輸吳哥窟。」[20]

泰國有關柏威夏的神話就這樣揭開序幕。從此以後，這座古寺成了失落國土的同義詞，與國恥論史觀再也脫不了干係。媒體報導中的柏威夏代表重建進程。它的重歸泰國證明披汶能重建國家，掙回（一九三二年結束的）絕對王權時代丟失的一切土地與聲望。報紙在介紹柏威夏的報導中，對暹羅在十九世紀的征服避而不談，只是集中火力，指控法國從合法繼承人手中偷走這座聖廟。媒體刊出一篇篇報導，不厭其煩地詳述古寺布局、石浮雕與周遭山川風情之美。[21]在這樣的神話中，柏威夏成為泰國本身的化身。在帝國主義猖狂的時代，落在西方控制中的柏威夏因年久失修而殘破衰敗。現在披汶政府奪回柏威夏控制權，必將確保它的完好。披汶自掏腰包出資兩千銖，展開古寺修繕工作。[22]佩立吉曾說，披汶所以這麼關心保存古寺，目的是「把通常屬於帝王的特權攬在自己身上」。[23]這麼做不僅能助長他身為大家長的公共形象，還能將這座廢墟改頭換面，成為他的失土論的關注焦點。披汶政府透過有關柏威夏的詞藻，一方面強調法國統治下的頹廢，一方面吹捧泰國的復甦，表示泰國已經洗雪過去的恥辱。正因為這種與歷史創傷的結合，特別也因為法國「偷竊」這座古寺的理論使然，柏威夏後來成為國恥論的關注焦點。

日本在一九四五年投降，意謂泰國必須回復戰前現狀，所有四年前在與法屬印度支那衝突中取得的土地必須交還。身為聯合國安全理事會一員的法國規定，泰國必須先將蘭長、占巴塞、馬德望與披汶頌堪（暹粒）等四府交還法屬印度支那，才能加入聯合國。不久以前才為戰勝法國而大事慶祝，認為終於報了一八九三年一箭之仇的泰國，現在只能眼睜睜看著它對西方帝國主義的大勝化為泡影。新一代泰國人經歷了只有從教科書或報紙社論上才能讀到的「國土分裂」。反對黨領導人在國會指控政府，說政府容許法國霸凌，出賣了國家。許多國民寫信給報紙，表示寧可與法國一戰，也不願重嘗分裂國土的苦果。經過冗長辯論後，泰國政府票決通過，接受命運，簽下條約。但國殤記憶揮之不去。十年後，泰國在柏威夏古寺議題上找到民怨宣洩點。

一九四六年的《華盛頓協定》（Washington Accord）恢復一九〇七年條約訂定的邊界，讓法國又一次取得柏威夏的控制權。一九五三年，二度由軍事強人披汶領導的泰國政府在素可泰展開一項龐大整修工程，又開始投入國家古蹟重建。[24]柬埔寨在同一年獨立，泰國政府認為法國撤離柬埔寨是重開柏威夏問題談判的好機會。當施亞努宣布保持中立，繼而拒絕加入東南亞公約組織（Southeast Asia Treaty Organization），讓西方世界震驚之際，泰國在柏威夏以北悄悄建了一個警所，還在古寺遺蹟上升起國旗。[25]儘管此舉是一種不起眼的土地擴張，但在即將來臨的與柬埔寨的爭議中能讓泰國更加站得住腳。在有軍警常駐古寺遺蹟的情況下，泰國律師與評論員更能理直氣壯地說，附件I地圖有錯，柏威夏古寺一直就是泰國一部分。

泰國是狼，柬埔寨是羊

柬埔寨政府認為泰國在柏威夏古寺駐軍，是對柬埔寨國家主權的侵犯。經過多年爭執不下，泰國政府邀請柬埔寨舉行正式談判，討論更精確的邊界畫線問題。談判從一九五七至一九五八年談了幾個月，議題包括商務與跨邊界交通等等。[26]隨著談判持續進行，柏威夏逐漸成為主要議題。雙方都利用這個議題表達對歷史不公的憤怒，一方面藉此推動國內政治操作。有關談判的新聞報導也讓民眾更加關心這處位於遙遠山區的古寺廢墟。施亞努親王以這件邊界爭議為由，強調柬埔寨遭到泰國（與越南）威脅，讓柬埔寨政府相信維持中立外交政策的明智。儘管柬埔寨不久以前還在法國統治之下，但柬埔寨政府對它的人民說，柬埔寨面對的真正危險一直就是泰國帝國主義。對金邊而言，許多世紀以來，泰國一再企圖征服柬埔寨土地、奴役柬埔寨人民，兼併柏威夏不過是泰國今天又一次嘗試罷了。

從一九五八至一九六〇年，柬埔寨採取主動，將柏威夏之戰轉型為一場爭取國內與國際輿論之戰。在不滿現況、談判遲遲無法進展也讓他感到沮喪的情況下，施亞努首先開砲，展開一場曠日持久的衝突。一九五八年三月，數以千計學生、警員與公務員遊行通過金邊泰國大使館，抗議泰國不尊重柬埔寨。示威群眾高舉例如「泰國侵略鄰國」、「泰國是美國奴隸」，以及「施亞努親王是獨立之父，國家萬歲」等等高棉民族主義與反泰標語。他們隨後集結在王宮前，聽施亞努發表演說。施亞努對他們說：「泰國人從我們手中騙走柏威夏，高棉人必須把它要回來。」[27]從此以後，收復柏威夏成了施亞努的民族主義重要政綱。

這次示威過後，柬埔寨報界展開猛烈新聞攻勢，把柬埔寨說成泰國帝國主義復甦的箭靶。這些報導的執筆人，往往是有意炒作柏威夏議題、將柏威夏當成民族主義象徵的柬埔寨政府官員。在施亞努發表演說之後一個月，柬埔寨宣傳部刊出駐英大使桑・沙立（Sam Sari）寫的一篇有關柏威夏的文章。桑・沙立在文章一開始就說，這座位於扁擔山脈的美麗古寺，是古高棉人建的，是屬於所有高棉人的遺產。後來泰國騙了高棉王，取得古寺廢墟周圍的土地，但之後泰國簽下一九〇四年條約，將這些土地物歸原主。但泰國人仍然繼續垂涎柬埔寨土地與遺產古蹟。他們先後在一九四一與一九五三年強占古寺周遭山地。桑・沙立說，曼谷也提出一些擁有古寺的歷史主張，但這些主張無效，因為如果真要追究歷史，整個暹羅帝國一度都是柬埔寨的領土。桑・沙立在結論中說，施亞努會努力不懈，直到收回柏威夏、確保柬埔寨不再受泰國入侵威脅為止。[28]

泰國強占柏威夏也為金邊的新民族主義精英帶來口實，讓他們重新詮釋，把七百年來的柬埔寨史說成一部泰國帝國主義侵略史。金邊一家報紙就在社論中這樣寫道：「七個世紀以來，甚至直到今天，這個如狼似虎、窮凶極惡之國的領導人與政府就一直騙著我們，讓我們付出慘重代價。這個國家應該以禿鷲、而不是大鵬金翅鳥為它的國鳥。」[29]

柬埔寨領導人以強占柏威夏為證據，說泰國即將對柬埔寨發動內、外夾攻。當時柬埔寨異議分子山玉成（Song Ngoc Thanh）成立「自由高棉」（Khmer Serei）民兵，意圖推翻施亞努政府。柬埔寨報界指控泰國警察總長鮑將軍（General Phao）支持山玉成。施亞努說，泰國軍隊曾短暫侵入暹粒省。[30]桑・沙立寫了一篇文章，將曼谷在柏威夏用兵比為「希特勒戰術」，說柬埔寨面對的泰國入侵，與納粹德國當年侵吞捷克斯洛伐克一般無二。[31]總理辛瓦（Sim Var）在一九五八年接受一家日本報紙訪問時，用了一個伊索寓言的故事說明柏威夏爭議。他說，這場爭議不過是個藉口，目的是讓泰國狼完全吞噬高棉羊。[32]

泰國方面雖希望兩國政府能靜悄悄地解決這場爭議，施亞努基於幾個理由卻希望大吹大擂，把這場爭議升高為國際事件。由於及早把自己塑造成柏威夏爭議的犧牲品，柬埔寨能搶得主動，按照自己的條件進行辯論。柏威夏事件因為涉及國家古遺產的損失，能夠引起百姓共鳴。施亞努強調收復這座古寺，可以讓自己從政爭對手中脫穎而出。以泰國取代法國帝國主義，作為柬埔寨民族主義的新敵人，對施亞努而言真是妙不可言，因為施亞努曾是法國殖民階級的重要成員，攻擊泰國可轉移民眾對這段過往事實的注意力。泰國的侵略形象，對柬埔寨不結盟外交政策的維持也極為重要。就像他利用越共的威脅，向美國爭取軍事與經濟援助一樣，施亞努也以遭到美國盟友泰國的威脅為由，向中國索取援助。[33]

柬埔寨利用媒體把柏威夏爭議炒作成國際事件，因為它了解，只有外國壓力才能迫使泰國讓步。眼見公關炒作沒能在雙邊談判過程中造成泰國讓步，柬埔寨政府於是找上聯合國。一九五八年九月四日，金邊代表團團長宋雙（Son San）在曼谷柬埔寨大使館舉行記者會，宣布柬埔寨政府決定退出與泰國的雙邊談判，把案子訴諸國際法庭。[34]

法國是狼，暹羅是羊

柬埔寨這項宣布讓泰國猝不及防，不得不重新評估對這場爭議的做法。在柬埔寨找上國際法庭以前，泰國政府不願將柏威夏爭議定位為民族統一之爭。憑藉它的區域性經濟、政治與軍事實力，泰國在雙邊會談上占有極大優勢。沙立‧他那叻（Sarit Thanarat）總理的政府（一九五八－一九六三年）似乎非常自信，認定必將在這場爭議中勝出，對施亞努在柬埔寨報界發動的攻勢也因此不予理會。在與柬埔寨談判期間，內政部向幾家曼谷報紙發出指令，警告編輯們不要用煽動性文字報導這場邊界談判，以免激怒柬埔寨。[35]泰國領導人知道運用國恥論是一種充滿風險的策略。把柏威夏與失土混為一談，必能使這座古寺成為全民議題，進而動員民眾為政府政策撐腰。但此舉也能鼓舞民族統一氣焰，要求把所有東部省分完全歸還泰國，從而造成政策不穩，使衝突更加激化。

雙邊會談的結束，讓泰國的優勢，以及它對爭議最後結果的信心戛然而止。在柏威夏局勢越來越動盪的情況下，運用國恥論的誘惑也越來越強。由於曼谷當局不再約束報紙，泰國報紙版面立即擠滿咄咄逼人的民族主義言論，指控柬埔寨再次企圖分裂泰國。在宋雙舉行記者會三天之後，一萬多名群眾湧進曼谷皇家田廣場，舉行「海德公園」（Hyde Park）式的集會，譴責柬埔寨退出談判。一九五八年九月七日，抗議群眾再次走上拉差當能大道（Ratchadamnoen Avenue），重演一九四〇年抗議將五塊土地割讓法屬印度支那的大遊行。他們高舉繪有失土地圖的海報，以及譴責柬埔寨欺騙、主張柏威夏屬於泰國的標語。儘管內政部長普拉哈下令解散，示威群眾仍然調轉方向遊行到柬埔寨大使館，終於演成暴亂。警方與試圖衝進大使館的群眾衝突，兩邊都有多人因此受傷，是一九七三年以前泰國史上最暴力的群眾示威事件。

這些示威說明泰國政府的柏威夏政策出現大轉彎。國際法庭的介入為這項主權之爭帶來變數，泰國也因此第一次面對失去柏威夏的可能性。在這種可能性震撼下，泰國政府更加願意把這座古寺與一九四六年失去的四府，以及一八九三年對法屬印度支那的戰敗割地事件混為一談。從一九五八年的這些示威起，直到國際法庭於一九六二年做成決定止，在國恥論助長下，柏威夏逐漸從「一堆石子」轉型為新一代泰國人保衛國家領土與榮譽、為前幾代人洗雪前恥的機會。泰國民族統一論者將失土概念擴大，把柏威夏也算了進去。施亞努發動文宣攻勢，說柬埔寨是泰國侵略的犧牲品。泰國政府為有所因應而提出另一套史觀，強調泰國是西方帝國主義的受害者。曼谷當局的算盤是，若能將柏威夏爭議擺在法－泰邊界雙邊緊張關係格局內，就能讓柬埔寨在這項爭議中失去發言權，從而避開泰國本身也搞帝國主義的歷史。從這個觀點而言，泰國近年的擴張其實是反帝國主義，而不是新帝國主義。

接受國恥論的人，還得接受一個浪漫的信念：泰人曾經是（而且可能再一次成為）歐洲人抵達以前即已存在的黃金半島的主人。英帝國與法帝國的擴張削弱了暹羅影響力，最後在原本屬於曼谷藩屬的土地上建立寮國、柬埔寨這類獨立國。從第二次世界大戰以後，泰國民族統一論者運用這套信念駁斥土地現狀論，說土地現狀論偏袒了歐洲。歐洲稱霸東南亞、殖民主義全盛時期訂定的邊界，分別在一九四五與一九六二年獲得盟國與國際法庭的確認。在有關柏威夏爭議的辯論中，曼谷報紙社論問道，如果歷史可以作為領土主權的根據，我們為什麼只談一九〇七年條約？這樣做等於接受歐洲式國界概念、縱容那些歐洲人妄自尊大。如果要談歷史，為什麼我們不能回溯五百年，談談整個柬埔寨都是泰王國一部分的那個時代？[36]

就這樣打開了潘朵拉盒子，讓泰國在國際社會面前傾訴百年來遭到的不公不義。對泰國民族統一論者而言，泰國現在擁有柏威夏，但這片古寺廢墟的主權卻有待討論，而泰國「被竊占的土地」卻不在討論之列，這太離譜、太不公平。「如果這項爭議由國際法庭審理，而國際法庭在裁決時只根據歷史、不考慮現行管轄問題，那為什麼不同時也討論康島、暹粒、馬德望的狀況，以及這些土地是怎麼被人奪走的？為什麼不把這些土地也納入審理，讓我們的柏威夏不是檯面上唯一的注？」[37]

失土的概念可以回溯到朱拉隆功王統治期間，不過所謂失土的確實畫界隨時代記憶變化而不斷改變。在柏威夏爭議期間，曼谷報紙發表了好幾十篇有關失土議題的文章，而且往往隨文附帶蘭納、占巴塞、馬德望與披汶頌堪府的地圖。[38]二十世紀四〇年代發生的事，顯然重建了民眾有關失土與法國－暹羅危機的記憶。報紙社論說，四府早在一九四六年遭法國竊占以前許多世紀就一直是暹羅的土地，泰國應該把握國際法庭審理柏威夏爭議的機會，重申對四府的歷史主張。[39]

媒體在告訴新一代泰國人，他們的國家百年來備遭欺凌的同時，也提出一個問題：泰國國土沉淪的悲劇史會不會重演？對二十世紀五〇年代末期的報紙專欄作家而言，一八九三年的創傷必須靠想像，但一九四六年的割地卻是親身經歷之痛。報紙有關報導沒有故作客觀，而是對國土沉淪表示哀痛。許多專欄作家談到責任感，說他們這一代人必須對沒有經歷這些事件的新一代人有所行動：「我們在這裡不想說（這四府）是怎麼被人從我國懷抱中搶走的。我們只想說這一點：我們永遠也不會心甘情願將這些土地讓給任何人，但迫於特殊情況，我們不得不淚流滿面地交出這些土地。」[40]

一九五八年的示威讓許多泰國評論員感到鼓舞，因為這些示威證明國人反對在柏威夏爭議上做任何讓步，顯示新一代泰國人已經對過去的失土有感。泰國又一次為它的失土舉哀，這一次對象是一九四六年割讓的四個府。沙立在接受記者訪問時表達自己的憤恨說，有為青年為了奪回這四個府而戰死，泰國卻在之後因為被騙又將它們拱手讓人。[41]一名評論員說：「雖說事情已經過去多年，我們沒有忘記。一切就像昨天剛發生一樣，讓我們仍然備覺痛苦。」[42]民族統一論者說，泰國是法國帝國主義加害下最大苦主。在一八〇〇年，黃金半島分裂為越南、暹羅與緬甸三個勢力範圍。雖然越南與緬甸已經拿回帝國主義奪走的一切失土，寮國與柬埔寨地區卻從未回歸泰國。[43]對泰國來說，柏威夏代表的不僅僅是它的歷史、文化或美學價值而已。失去柏威夏等於要泰國再一次承受割地之痛。

泰國民族主義者主張把柏威夏之爭，轉型為一場整個西北柬埔寨（用他們慣用的詞，就是「東部省」）之爭。根據曼谷報界的看法，柬埔寨是個人造結構，是法國人利用事實上屬於泰國的土地犯下的一場地理騙局。在這種經過浪漫化的史觀裡，黃金半島之戰是法國與暹羅兩國之爭。當時暹羅國王因為國力軟弱而被迫割讓國土，但在進入二十世紀以後，他們的力量超越了法國。也因此，法國應該將這些土地物歸原主才合理。在決定這個地區政治地位的條約中不是簽字國的柬埔寨，現在無權置喙。[44]專欄作家在一篇名為〈泰人要把我們的土地要回來〉（The Thai Want Our Land Back）的文章中表明這種觀點。文中列舉七個理由說明東部省分應該歸還泰國：「大家都知道泰國被迫簽約將東部省割讓給法國，由於它是一個不平等條約，因此沒有約束力。但當法國放棄對這些土地的權益時，法國也放棄根據這個條約而享有的、已經無法執行的權利。因此，根據條約條款，這些土地應該自動恢復原來的地位，成為泰國一部分。」[45]

根據這篇文章的說法，東部省應該屬於泰國，因為法國迫使暹羅在一九〇四年與一九〇七年簽訂條約。[46]這種說法說明一件事：國恥論把泰國精英描述成天真的犧牲者，認為這些精英當年並沒有真正參與與法國的貿易協定談判。朱拉隆功王當年決定簽約，是因為在他看來，尖竹汶與桐艾比「一小撮柬埔寨土地」更有價值。但泰國民族統一論者譴責這項條約，說它是法國在一八九三年使用伎倆造成的產物。在柏威夏爭議持續期間，這種法國非法將爭議土地移入柬埔寨的說法似乎甚囂塵上（不過並非每個人都接受這種觀點）。一九五九年十二月，東北省分孔敬（Khon Kaen）的一名前國會議員，在皇家海軍俱樂部發表一篇題為「泰國對東部省的權益」（Thailand's Right to Monthon Burapha）的演說。他在這篇演說中宣布，法國有義務在撤離東南亞時把這些土地交還泰國。[47]許多學者專家撰文警告施亞努，相對於他對柏威夏的主權主張，泰國對失土的主張更加合法得多。[48]施亞努如果明智，最好不要在柏威夏議題上繼續堅持，以免惹惱泰國乾脆採取行動，再次征服它過去的領土。有人如此寫道：「我們早已是文明國家，比柬埔寨占有的優勢龐大得多，不過我們不想占柬埔寨便宜。但如果我們講和平，那不是因為我們害怕。我們警告柬埔寨，『不要只因為老虎睡了，就說牠怕了你』。」[49]

泰國學者專家毫不猶豫地指出泰國與柬埔寨兩國軍力的懸殊，暗示只要願意，泰國可以輕鬆擊敗柬埔寨，以武力奪回東部省。他們得意地說，泰國軍隊一度擊敗強大的法軍，奪回失土。提到一九四一年邊界戰爭的結果時，一名專欄作家冷嘲熱諷地說：「算柬埔寨走運，日本人進行干預、接手談判，若非如此，我們可能再也聽不到『柬埔寨』這三個字。」[50]

如上所述，要求收回柏威夏與失土的民族統一運動有一項重要策略，就是否認柬埔寨認同。威集在《拉查馬奴》一劇中說高棉人是泰人兄弟，兩國之間不應再有戰爭。[51] 泰國沙文主義者認為，在柏威夏爭議中，威集的這個種族理論有助於泰國。西尼曾多次接受訪問，談到柏威夏爭議的進展。他在其中一次訪問中說，高棉人其實分為「高高棉」與「低高棉」兩族，但各自都是泰家族的一支。雙方在舞蹈、音樂、藝術與文化方面的類同，證明高棉人其實就是泰人。[52] 泰國所以針對高棉人提出這種族譜論，用意在切斷現代柬埔寨與它所謂遺產古蹟之間的歷史關係。當施亞努說，柏威夏是高棉人祖先建造的，因此高棉人才是這座古寺的合法主人時，內政部長普拉哈糾正他說，所有的古寺廟都是「孔」（Khom）族建造的，孔族與高棉不同族，是一支已經絕種的民族。泰國民族主義者打的算盤是，能將柬埔寨認同納入大泰族疆域內，就能鞏固他們對柏威夏的主張，或許還能從柬埔寨要回更多土地。

在這一切擴張主義的喧囂聲中，偶爾也有人質疑把柏威夏鬧成一場國際爭議是否值得。在西尼準備往訪海牙（Hague）國際法庭時，一名國會議員就公開建議，與其讓爭議不斷鬧下去，影響外交關係與國際貿易，不如把柏威夏讓給柬埔寨，更有利於泰國。[53]對「一堆石子」行使政治控制權，不能改善兩國任何一方的生活條件。[54]這些言論隨即招來幾家報紙撻伐，說這名國會議員不愛國，想出賣國家。當這麼多人為了維護國土而捐出金錢與時間時，竟有民選官員建議讓出國土，實在可惡之至。柏威夏案是泰國向世界展現全國團結的機會。一名專欄作家寫道，令人感到反諷的是，泰國尋常百姓竟比他們的一些領導人更了解這個事實。這不僅是一場土地之爭而已；它是一場泰國神聖榮譽之爭。[55]

國恥論的重現，為泰國政府帶來外交困境，也讓它的訴訟策略更加步履維艱。內政部長普拉哈在爭議一開始就明白表示，泰國政府不會對一九四六年割讓的四府提出任何索還要求。[56]由於寮國已經動盪，北越與南越間的局勢日趨緊張，而柬埔寨也開始向北京靠攏，沙立政權不想讓這場邊界爭議升高為一場軍事衝突。此外，政府律師認為，純就法律觀點而言，失去的四府與柏威夏應該是完全無關的兩件事。根據首席法律顧問西尼的解釋，柏威夏一直就是泰國一部分，這是泰國的官方立場。這座古寺的地位不受一九〇四或一九〇七年畫界的影響。在這個案例中，法國在一九〇八年完成的邊界地圖無效，因為聯合委員會的泰國成員沒有接受。對西尼不幸的是，泰國政府已經發表刊物，提出與此矛盾的立場。宣傳部在一九四一年發表一本名叫《建國時代的泰國》（*Thai samai sarng chart*）的書，將柏威夏的歸還說成是《東京和平協定》的一部分。[57]

動員貢獻

在舉行記者會，宣布柬埔寨將尋求聯合國就柏威夏問題進行干預一年之後，施亞努果然付諸行動。一九五九年十月，他正式提案，要求國際法庭對泰國與柬埔寨兩國的邊界進行裁決。新聞界預測一場曠日持久的訟戰在所難免，民眾於是開始想辦法籌集訴訟基金。在捐款議題上，報界又一次採取主動。根據曼谷日報《平泰》（*Phim Thai*）的報導，一九五九年十月，一則有關國際法庭訴訟費的讀者投書啟動了這項捐款運動。讀者陳維能（Chan Witchanon）投書《平泰》，建議《平泰》開始接受百姓捐款，籌募資金，協助泰國打這場要回柏威夏的國際官司。陳維能說，每個泰國人就算只捐一銖，也可得款兩千一百萬銖，一定可以幫國家打贏這場非常重要的官司。他隨信附上五銖泰幣，代表他一家五口人捐了款。[58]

《平泰》在這封信激勵下發起「一人一銖」運動，並宣布開始在報社總社接受柏威夏訴訟費基金捐款。《平泰》隨後發表一篇文章，讚揚陳維能為協助泰國在國際法庭取勝而展現的愛國與無私奉獻。《平泰》提醒讀者國家目前面對的險境，鼓勵讀者捐助。過去某些貪婪的國家曾利用泰國愛好和平的天性，侵略泰國，竊取泰國土地。今天的施亞努也想學樣，騙走泰國土地。捐款建立泰國訴訟基金能形成強有力的象徵，說明泰國在這個問題上的決心，向全世界表明泰國這一次不會屈服。[59]

陳維能的榜樣讓泰國各地成千上萬群眾紛紛響應。信件如雪片般湧入《平泰》報社，帶來成立政府訴訟基金的捐款。其他報社如《暹羅尼空》、《自由通訊報》（*Sarn seri*）與《泰報》（*Thai*）也開始接受捐助。這些報紙之所以如此熱中，不僅因為響應捐款可以為國效力，還能從而發掘各式各樣犧牲奉獻的故事，吸引讀者興趣。之後一連幾週，報刊不斷報導平民百姓如何捐助柏威夏訴訟基金。許多計程車司機捐出一日的工資。有一名中學生把他被汽車撞傷獲得的賠償金全數捐出。[60]曼凱（Bang Kae）安養院的老人辦了自己的籌款。[61]

捐助熱潮席捲全國，許多人不僅捐錢，還捐出各種可供報社或其他組織拍賣的物品。有人賣血，把得款交給政府。法政大學主辦了一場以柏威夏為主題的舞會與時裝表演。晚會結束時，拍賣了一個大型氣球，得款一萬銖。[62]在「是樂園」（Lumpini Park）舉行的另一場拍賣會中，泰血黨捐了一些東西，也籌得幾千泰銖。[63]曼谷斯里差旺劇院

（Sriratchawong Theater）與《暹羅尼空》報社合作，舉行新電影首映，並保證將所有票房收入直接送進政府帳戶。[64]這種愛國熱潮擴散到各府，府民也熱烈響應，組織類似活動，克盡他們一分心力。有些軍人因為已經將軍餉花光，只好捐出他們買來的酒，還有人將一台電晶體收音機捐出拍賣。宋卡府（Songkhla Province）官員辦了一場拍賣，讓捐錢的人可以親吻宋卡選美小姐。[65]到十一月底，愛國民眾捐款已經突破百萬泰銖大關。[66]

「一人一銖」運動的成功，讓泰國政府也加入籌款行列。一九五九年十月底，沙立宣布成立特別「柏威夏法律辯護基金」，接受私人捐助。曼谷報界已經收到的一切捐款都將轉入這個基金，由內政部統籌運用。根據新指管系統，捐款先由區首長點收，交給各府府尹，再由府尹轉交曼谷當局。沙立在宣布的結尾讚揚所有慷慨捐輸的國人，說他們的支持行動比捐贈的金額更加重要。他並且提醒國人，國土是祖先留下的遺產，每個人都有保衛國土之責。[67]

這波全國性籌款浪潮的相關言論，以及捐款人的態度都顯示，越來越多泰國人把目前這場柏威夏危機與泰國過去的失土悲劇混為一談。更特定地說，在許多捐款人心目中，法國侵占泰國土地的歷史未曾打住，而柏威夏古寺爭議就是這種侵占過程的一部分。有一名老婦就說，她相信柬埔寨打算竊取柏威夏這件事背後一定有法國人撐腰。她說，這座古寺「幾百年以來一直就是我們的。他們怎能就這樣從我們手中拿走？」[68]還有一名男子，在捐出一張一八九五年郵票在平泰拍賣會拍賣時，也附和這名老婦的說法。這張朱拉隆功王時代的郵票上繪了一張地圖，地圖上的馬德望是暹羅領土。這名男子說：「整個馬德望都是我們的，柏威夏怎可能是柬埔寨的？」[69]這場泰國－柬埔寨危機帶來的焦慮與激情，逐漸透過各種方式，與幾代泰人經歷的挫敗與屈辱感錯綜糾結。一名法政大學女學生蒐集同學捐款，捐了一百一十二銖，以示不忘一八九三年的法國－暹羅危機。[70]在一九四一年印度支那戰爭中戰死的飛行員桑尼・暖馬尼（Sanit Nuanmani）遺下的一組網球拍，也出現在拍賣會場，成為新聞報導焦點。負責拍賣這組網球拍的《自由通訊報》編輯告訴他們的讀者，在那關鍵時代，桑尼是泰國最勇敢的戰士。[71]這波捐款運動的性質證明，柏威夏爭議所以引起泰國民眾這麼強烈的反應，對失土的恐懼是主要原因。

不知感恩的施亞努

泰國報紙有關柬埔寨出現反泰言論與示威的報導，讓曼谷觀察家跌破眼鏡。像這樣一個無論就宗教、文化與語言而言都與泰人如此近似的民族，為什麼會這樣仇恨他們的鄰居？政府領導人認為，所以造成這種矛盾，一切罪責都在施亞努身上。根據西尼等領導人在幾次電台與報紙訪問中的解釋，柏威夏爭議不是泰國人民與柬埔寨人民間的爭議；而是泰國與金邊那些腐敗領導人之間的衝突。西尼等人向泰國民眾保證，高棉人一直將泰國人視為長兄般敬愛，雙方出現這種緊張情勢，完全是桑・沙立、施亞努等政客為了本身利益，挑撥民族仇恨造成的結果。泰國報紙常將施亞努描繪成一個不知感恩的前盟友，說他為了充當法國或中國主子邪惡計畫的馬前卒而出賣友人。用這種民眾可以輕鬆理解的反帝國主義論調解釋柏威夏爭議，可以讓泰國對柏威夏的主張更加言之成理。這整個事件不過是大國竊取泰國土地的又一次嘗試而已。

泰國領導人一開始認為，柬埔寨訴諸國際法庭不過是施亞努利用柏威夏奪取政治利益的一種手法罷了。在一九五九年一次記者會中，沙立談到施亞努所以在國際法庭卯上泰國的幾個可能的理由。他說，柬埔寨即將選舉，施亞努亟需爭取選民。如果選戰失利，施亞努在柬埔寨的政敵甚至可能迫使他流亡。[72]施亞努因施政成績不佳，想利用這座古寺製造爭議，以分散選民注意力。[73]此外，為了不讓泰國一再嘗試在兩國邊界畫界，以免一旦邊界畫定後必須將土地歸還泰國，可能也是施亞努訴諸國際法庭的原因。[74]同時，柬埔寨仍是一個非常落後的國度，對泰國近年來經濟發展的嫉妒也是一項可能原因。沙立繼續說，如果果真如此，施亞努應該向泰國學習，而不是仇恨泰國。泰國新聞界也有效運用經濟議題抨擊施亞努，說兩國若關閉邊界、切斷外交關係，受創最重的是柬埔寨，因為柬埔寨依賴泰國市場與運輸。一篇報紙社論認為，施亞努會在選舉過後放棄柏威夏議題，但在這段時間要他本國的人民為他的行為買單。[75]這類言論顯示，曼谷比較關心的，是柬埔寨百姓的福祉而不是柬埔寨政府。

泰國歷史上往往將高棉王描繪成低人一等、不值得信任的角色，施亞努的情況也不例外。[76]根據泰國王室史的記述，柬埔寨像是仰仗暹羅老大哥的小弟。仁慈的暹羅王室對柬埔寨呵護備至，但柬埔寨不僅不知感恩，最後還反叛了暹羅。一八六一年，施亞努的先祖諾羅敦王（King Norodom）為逃避柬埔寨內亂而躲進曼谷。之後，在一支暹羅武裝衛隊保護下，諾羅敦重返柬埔寨復辟，卻在復辟後立即在交趾支那與法國展開談判，建立一個保護國，為暹羅在柬埔寨的影響力畫下句點。[77]十六世紀的柬埔寨統治者薩達（King Satha）的例子更誇張。薩達是大城王國的藩屬，向大城進貢。根據王室紀錄，當大城忙著抵抗來自西方的緬甸軍進犯時，薩達率軍從東方攻擊暹羅。這種變節行動讓大城王納黎萱怒不可遏。納黎萱之後將薩達俘獲處死，還用這叛徒的血洗自己的腳。[78]

泰國人就根據這些歷史框架，詮釋施亞努在柏威夏爭議期間的行動。當施亞努號召柬埔寨團結、爭取獨立時，許多泰國人對柬埔寨民族主義運動表示同情，或至少樂見法國人撤出東南亞。當施亞努在一九五三年六月短暫訪問曼谷時，《標準》（*Standard*）雜誌對他讚譽有加，說他「冷靜、明智、責任感十足地領導人民，邁向全面獨立」。[79]五年以後，施亞努譴責泰國，向國際法庭提出告訴，要求泰國從古寺遺蹟撤軍，泰國民眾對他的好感也完全幻滅。克立・巴莫（Kukrit Pramoj）在一次曼谷電台的訪談節目中，嘗試從歷史角度解釋這項爭議的源起：「我相信所有這一切行動的背後就是施亞努。事實上，我們如果回顧泰國史就能發現，所有在陷身險境時得過泰國幫助的柬埔寨王室成員，不但從不曾對泰國心存感激，還想傷害泰國。準此而言，施亞努就像他們一樣，也就不足為奇了。」[80]

新聞報導也循著同一模式，將施亞努說成是個翻臉成仇的前盟友。泰國與柬埔寨在邊界議題上已經談了幾個月，許多人將施亞努突然把這事告上國際法庭的決定視為背叛。有記者寫道，施亞努在與泰國談判時說一套，做一套，是個「兩面人」。施亞努在訪問其他國家時發表的有關柏威夏爭議的談話，尤其令泰人憤怒。報紙社論譴責施亞努，說他以不實而且有煽動性的言詞指控泰國。這種背信棄義的行徑，更讓泰國人相信施亞努從一開始就無意和平解決這項爭議。[81]一篇社論將施亞努比喻為背叛大城的那個高棉王：「諾羅敦・施亞努這個名字，將像薩達那個邪惡敵人一樣，永遠活在泰國人民記憶中。」[82]

在泰國有關柏威夏的論述中，施亞努成為一個重要關鍵，將現行邊界爭議與過去與法國的對抗結合在一起。這種說法強調，泰國人爭執的對象不是柬埔寨人民，而是柬埔寨政治領導人，因為柬埔寨政治領導人仍在向他們過去的主子法國人獻媚。施亞努對曼谷發動的每一波演說攻勢，一開始都在法文報刊上發表的事實，也沒有逃過泰國記者的注意。評論員說，施亞努一直就更像法國人，而不像高棉人；事實上，法國所以推他出來擔任柬埔寨國王，只因為他是法蘭西的傀儡，是支持殖民政府的死忠派。曼尼・朱塞（Manich Jumsai）在柬埔寨與泰國史的著述中寫道，施亞努早從幼年時代就將法國視為柬埔寨的救主，將泰國視為柬埔寨的敵人。由於誤以為法國殖民保全了柬埔寨與高棉文化，使柬埔寨倖免於泰國兼併，施亞努一直對法國感恩戴德，對泰國卻「始終心懷恐懼」。[83]這種歷史誤解是曼谷與金邊之間一切政治緊張的源頭。曼尼有關施亞努是法國人、不是高棉人的說法，更讓泰國人認定法國是這場邊界爭議背後的主謀。這種說法也讓泰國人更能自圓其說，只談本身在近代史上的犧牲，不談暹羅帝國主義侵入柬埔寨、毀滅吳哥窟那段歷史。

審理與判決

從一九六一至一九六二年，泰國與柬埔寨律師團為了柏威夏而在國際法庭唇槍舌劍，海牙也因此成為這場邊界爭議的新戰場。這場官司的決定性關鍵，就在那張著名的「附件I地圖」的合法性。柬埔寨代表團提出這張地圖，證明柏威夏古寺自一九〇七年起就位於法屬印度支那——即日後的柬埔寨——邊界內。柬埔寨律師要求國際法庭下令泰國從古寺遺蹟撤軍，承認柬埔寨對這處遺蹟的主權。泰國律師則反擊說，這張地圖是純屬法國想像的產物，並沒有精確描述邊界地區，泰國也從未接受這張地圖。根據一九〇四年法國－暹羅條約的明文規定，扁擔山脈分水嶺一直就是國際邊界。根據這種畫界，柏威夏古寺遺蹟位於泰國境內。在審慎考慮有關法律與歷史證據之後，國際法庭認定邊界線的最後決定權威是附件I地圖，不是一九〇四年條約條款。國際法庭主席包丹・渥馬西（Bohdan Womarksi）表示，泰國確實曾經接受這份地圖，將它視為官方認可的邊界，甚至還曾加印拷貝，供泰國境內使用。[84]此外，泰國如果認為這份地圖有錯，它有多次機會可以在一九三七與一九四六年的法國－泰國談判中提出抗議，但泰國沒有這麼做。[85]國際法庭因此判決，柏威夏古寺遺蹟為柬埔寨所有，泰國應該從當地撤軍。

國際法庭這項判決在泰國引起的立即反應是不敢相信，也不能接受。面對又一次必須割讓領土的羞辱——而且這一次擊敗它的，還是它過去的藩屬——泰國領導人表示不接受這項判決。《自由通訊報》在柏威夏事件號外上，以粗體字「泰國決心奮戰到死」為題，刊出陸軍將領普拉哈的訪問談話。普拉哈在訪問中指出，泰國軍隊會奮戰至死，不讓任何國家又一次竊取它的領土。他之後揚言，泰軍會射殺任何膽敢進入這座古寺的高棉人。[86]副總理他農・吉迪卡宗（Thanom Kittikachorn）在仔細檢視國際法庭判決書之後說，泰國沒有得到公平審判，因為參與本案的一些法官來自共產黨國家。[87]學生社群的反應也與這些強烈的情緒相互呼應。許多學生寫信到報社，要求政府拒絕國際法庭判決，並誓言為保衛柏威夏不惜一戰。朱拉隆功大學學生豎了一面旗，旗上大書「柏威夏是我們的，我們必須保住它」。[88]國際法庭宣判一週後，大學生發動泰國史上最大規模的一次示威。來自五所大學的五萬名學生持標語、喊口號，在國會前發動遊行，要政府保住柏威夏。根據新聞報導，春武里府、桐艾府、阿蘭亞帕貼縣（Aranyaprathet，位於沙繳府）、彭世洛府、大城府、那空那育府（Nakhon Nayok），與北欖府（Samut Prakan，又名沙沒巴干府）等地也出現類似集會，而且每個府的集會群眾都不下一萬人。[89]在國際法庭宣判後，施亞努被冠上「黑親王」（The Black Prince）封號，成為許多泰國人的頭號公敵。[90]

還有人認為，國際法庭這項判決是一個難得的救贖機會。民族統一分子認為，對歷年來不斷被騙、遭欺壓的泰國而言，這是一個領導人重振國威的大好時機。柬埔寨現在有國際法撐腰，但如果泰國拒絕從柏威夏撤軍，柬埔寨也莫可奈何。這種千載難逢的抗拒良機，可以讓泰國一舉掃除過去的挫敗與屈辱傳承。曼谷示威者舉的標語牌上寫道「戰死沙場比忍辱偷生強」，頗能反映當時泰國民眾的心緒。[91]死灰復燃的泰血黨開始散發傳單，鼓勵政府抗拒國際法庭的判決。「這難道不是我們起身奮戰、拔出長久以來插在泰民族胸口上那根刺的大好時機？只有在紓解這些歷史瘡疤以後，我們才能終於痊癒。」[92]

報紙讀者投書說，泰國所以陷於今天的困境，都是它息事寧人的政策自找的。一名讀者預測泰國前景可悲：「如果我們泰人遵守國際法庭這些腐敗的裁決，我們今後一定還會失去更多土地。今天是柏威夏，明天會是華富里。」[93]民族統一論者大談「泰國土地從過去代代相傳，直到今天」的論調。如果因為疏失而將土地拱手讓人，後代子孫會指責前輩，說前輩無能或缺乏意志力，保護不了國土。另有一名讀者投書說：「歷史不斷寫著。如果我們放棄這樣有價值的土地，我們的子孫會作何感想？他們會達成結論說我們這一代人沒有絲毫愛國心。」[94]抗拒國際法庭這項判決，等於昭告世人，泰國不能再向帝國主義磕頭，讓泰國掙回一些尊嚴與自尊。

這類走極端信件的發表，又一次讓我們對泰國媒體與民意間的關係提出重要質疑。這些報紙儘管宣稱是在反映民意，但在國際法庭做成判決前後那幾年間，它們顯然在塑造民意過程中扮演重要角色。在報導讀者對判決的反應時，某些報紙發揮了「迴聲室效應」（編按：一種不論事實，選擇自己愛聽的聲音進行對話）。有關柏威夏的煽情報導，使讀者在獲知柬埔寨勝訴時出現情緒性反應。憤怒的讀者投書，要求與柬埔寨兵戎相見，同樣報紙於是發表這些投書，作為民眾心聲。發表這些投書的做法，讓對抗成了全民大眾、而非極端激進分子的心聲。

但就在這些怒吼聲催促泰國政府反抗判決的同時，也有人提出比較溫和的看法，呼籲政府保持謹慎，接受判決。商界尤其認為，如果政府抗拒國際法庭判決，繼續威脅柬埔寨，將對貿易以及泰國國際形象造成重創，相形之下，失去柏威夏其實沒多大關係。美國也很重視這次事件，認為泰國－柬埔寨緊張情勢一旦升高，可能損及美國與兩國的關係，造成東南亞地區進一步動盪。在危機期間駐曼谷的美國國務院官員佛洛伊．威廷頓（Floyd

Whittington），當時與新任泰國產業金融公司（Industrial Finance Corporation of Thailand）經理坤育・丹西提（Khun Yom Tansetthi）談到有關柏威夏這項裁決。威廷頓的這段回憶錄，頗能反映當年商界精英對這件事的關切：

> 我問他，對有關柏威夏這項有利於柬埔寨的裁決有何反應。他答道，他相信，他的反應與所有受過教育、有智慧、通情達理、不流於情緒的泰國人的反應都一樣。坤育說，他認為泰國已經正正當當地將這個案子提交國際法庭。既然如此，泰國就應該坦然接受國際法庭的決定。在法庭已經裁決之後，無論做出任何不遜之舉，或發表任何洩忿的聲明，都只會對泰國的成熟度帶來減分效果。坤育說，如果能夠妥善處理這個問題，泰國可以成為一個擁有明智的政治家、成熟的東南亞國家。如果搞砸了，在報上挑戰這項判決，揚言阻止判決生效，泰國會失去朋友、尊嚴與國際敬意。
>
> 我問他，他在與友人以及同事討論這件事時，是否也是這個論調。他答道：「當然，而且這也是他們與我談話時的論調。」我問他，依他看，一般市井百姓對這件事有何看法。他說，大多數百姓什麼也不想，極少數會思考的人除非遭到煽動，對柏威夏以及國際法庭這項裁決也一無所知。[95]

坤育對泰國處理柏威夏爭議做法的反應，說明分析輿情的難處。他說，泰國把這件爭議提交國際法庭是對的。這是否表示他支持泰國對這座古寺的領土主張？或許並非如此，因為他又說，一般百姓對柏威夏一無所知，暗示他承認柬埔寨的主權。其次，他顯然蔑視煽情的報紙與無知的讀者，暗示國恥論所以能吸引百姓，靠的是百姓對古寺真實歷史的不了解。最後，他並且指出，與其使用暴力據有柏威夏，不理會國際規則，不如和平放棄柏威夏更能提升泰國國際形象。

這些話顯示，泰國民眾對柏威夏爭議的反應並不一致。並非每個人都支持泰國對柏威夏的主張，而且就算是支持這些主張的人，也有許多不贊成泰國抗拒國際法庭，與柬埔寨對抗。就像在一九四〇年準備與法屬印度支那開戰期間，有人對泰國的做法表示異議一樣，這場古寺之爭也在泰國引起異議。不過，那些不同意政府官方立場的人，只能私下表達意見，不能寫社論或在報上發表讀者投書，也不會舉著標語牌上街示威。國恥論就有這樣的效應：它並不強迫每個人都接受民族統一論調，但它能造就一種環境，讓有意表示反對意見的人膽戰心驚，不敢說話。任何人膽敢暗示泰國放棄柏威夏主權，都會被解讀為支持柬埔寨主權，而遭到不忠誠的罵名。

有鑒於媒體呼籲不理會國際法庭判決，政府領導人一開始也採取決不退讓的強硬立場，沙立總理在一九六二年七月宣布泰國將遵守國際法庭判決一事，讓每個人都感到意外。儘管民族統一情緒充斥，沙立政權也有許多不得不這麼做的原因。首先，他們必須考慮國王的意見。許多人都知道蒲美蓬（Bhumibol）國王非常關心這項爭議，曾勸告政府謹慎行事。[96]而且，由於柬埔寨與中華人民共和國關係越走越近，泰國雖有軍事優勢也不敢貿然挑起衝突。最後，對泰國而言，身為聯合國一員是國際聲望的重要來源。[97]譴責國際法庭是新帝國主義機構是一回事，但不遵從國際法庭裁決可能損及泰國身為國際社會重要一員的地位。沙立在他的柏威夏爭議特別演說中，提醒國人注意這個事實：「我們現在生活在一個全球性社會中。同胞們一定很清楚泰民族在這個國際社會中享有的認可與尊重。如果為了柏威夏廢墟而犧牲我們的尊嚴與聲望，我們還得花多少年、多少世紀工夫才能重建這些聲望？」[98]

就像先在一八九三年、之後又在一九四六年做的一樣，泰國精英除了扮演烈士以外，別無其他選擇。泰國領導人說，為謀國際和平，他們願意犧牲泰國本國利益，不過他們是在抗議下這麼做的。一九六二年七月十五日，軍事領導人集會舉行儀式，將柏威夏主權割讓柬埔寨。護旗隊沒有降下柏威夏古蹟上的泰國國旗，而是將整個旗桿拔起，運到泰國境內一處博物館預定地。主持這項儀式的內政部長普拉哈告訴與會者：「有一天，我們會帶著這面旗回來，讓它再次在柏威夏飄揚。」[99]四色菊（Sisaket）府計畫放假一天紀念這件事，並在古寺邊界建碑，碑上銘文寫道「我們被人搶走柏威夏」。[100]

泰國為什麼輸？

失去柏威夏讓泰國舉國哀傷，民族統一分子也開始找人怪罪。他們自言自語說，泰國是正義的一方，但最後落敗。原因何在？政府回答這個問題也備感壓力，惟恐被控賣國。在二〇〇八年，沙馬（Samak）政府就碰上這樣的問題。政府對這個問題的反應，再次證明它企圖將柏威夏爭議包裝成一種選定創痛的還魂。

下頁那幅巴用・尚雅旺的政治漫畫〈魔毯〉（The Magic Carpet），頗能反映這段期間的說法。畫〈魔毯〉這幅漫畫，意在解釋柏威夏邊界爭議的結果，但它也反映了泰國人對國際法庭判決長遠後果的焦慮。在這幅漫畫中，真正的惡棍是附件I地圖。這張作為擴張工具的地圖，有帝國主義的偽善魔力，它在真正邊界的兩邊亂滾，讓泰國農民看得一頭霧水。在讀者眼中，邊界就是那道柵欄，似乎不言可喻，但那裝模作樣的法官卻執意解讀地圖，沒注意到自己已經跨界從柬埔寨進入泰國。地圖與法官就這樣聯手打垮了泰國，讓共產黨——那個小人物施亞努，以及他背後的中國主子毛澤東——將勢力伸進東南亞。這幅漫畫表達一個訊息：就像在朱拉隆功王時代一樣，今天的泰國仍然遭到帝國主義威脅。老帝國主義（法國的附件I地圖）對泰國造成的不公，讓新帝國主義（國際法庭與共產黨）趁虛而入。

〈魔毯〉

一名國際法庭法官侵犯泰國邊界，施亞努與毛澤東跟在他後面。
（《曼谷郵報》，1962年7月17日）

在民族統一論者眼中，失去柏威夏是一八九三年種下的因造成的最新苦果，他們因此認為這次在海牙的挫敗，部分得歸咎於法國。法國在一九〇七年說一套做一套，最後釀成柏威夏爭議，而且事實證明，法國檔案庫提供的資料是柬埔寨贏得國際法庭判決的重要關鍵。在泰國政府決定服從這項判決之後，《自由通訊報》請讀者表示意見。結果所有刊出來的讀者投書，都千篇一律強烈反法。有些讀者呼籲泰國人抵制包括醫藥、化妝品等法國產品，說唯有這麼做，才能讓法國人民反省法國政府在過去與今天加在泰國身上的苦難。[101]一名專欄作家說，法國目前在阿爾及利亞碰上的難題，證明它對泰國犯下的許多罪行現在已經開始反噬。[102]還有讀者相信，就算泰國或許永遠無法報復法國，但這些痛苦的事件仍是有價值的教訓。有些報紙還鼓勵教育部加強歷史教學，讓學生永遠不忘過去這些苦難。一名專家寫道：「如果不這麼做，我們一定還會一次又一次重演這樣的歷史經驗。」[103]

現在，老帝國主義時代已經過去，國際法庭這類新帝國主義機構開始對泰國主權形成威脅。

對國際法庭在這次審判的作為——特別是它將附件I地圖視為法國擁有柏威夏的證據——泰國報界極力批判。審判過程中使用的附件I地圖並非原件，而是柬埔寨從法國檔案庫取得的一份拷貝，有人因此認為這張新地圖可能遭人動了手腳。這種製圖陰謀論與「法國是狼，暹羅是羊」的說法配合得天衣無縫，也證明從第一次法國—暹羅衝突以來，一切情況依舊。國際法庭是大國用來欺壓小國的工具。此外，國際法庭既能插手這項爭議，做出有利柬埔寨的判決，證明它能像任何殖民帝國一樣，將外國勢力施加在泰國境內。[104]泰國領導人甚至指控國際法庭同情共產主義，協助散播共產主義。副總理他儂在接受《暹羅尼空》報訪問時說，他相信柏威夏是被人從泰國手中騙走的，因為審理此案的法官來自共產國家。[105]曼谷暗中認定，國際法庭主席、來自波蘭的渥馬西，意圖利用這項判決讓共產主義從東部與柬埔寨的邊界滲透泰國。為示抗議，泰國政府停止發放波蘭人入境泰國的簽證，下令波蘭貿易組織成員離境，還暫時禁止波蘭進口。[106]

泰國民族統一論者並且把矛頭指向美國，說他們遭美國出賣。自二次大戰結束以來，由於英國在美國勸阻下沒有在戰敗的泰國建立保護國，曼谷與華府發展出一種特別的關係。披汶與沙立都曾保證奉行民主，保證支持杜魯門主義（Truman Doctrine），以換取美國協助，對抗共產主義。由於柏威夏爭議出現在冷戰高峰期間，泰國政府自然認為美國會支持泰國、對付中立的柬埔寨，但結果讓他們大失所望。儘管施亞努與北京眉來眼去、抨擊曼谷，美國仍然繼續不斷為金邊提供越來越多的軍、經援助。看在泰國眼中，美國這種做法有些像是幫著共產黨磨利侵略矛頭。美國沒有運用對聯合國的影響力，在柏威夏案件上助泰國一臂之力，也讓泰國失望。沙立政府原本指派美國律師菲利浦・耶素（Phillip Jessup）為駐海牙法律代表團一員。耶素在一九六〇年離開泰國代表團，出任國際法庭法官，但因為過去與泰國的關係，他自我迴避，沒有參與柏威夏案審理。就這樣，泰國不僅喪失一名重要的法律顧問，還可能因此在國際法庭判決中失去一票。但最讓曼谷惱火的是，前美國國務卿艾奇遜竟然同意出任柬埔寨的首席法律顧問。這時的艾奇遜雖在一家民營公司擔任律師，但媒體仍然視他為美國政府官方代表。在泰國觀察家眼中，艾奇遜的加入原告陣營遂成為美國支持柬埔寨索取柏威夏的證據。[107]十幾年來，泰國一直是美國外交政策的忠實客戶，但臨到緊要關頭，美國卻沒有回報。報紙發表社論怒斥美國，將美國在柏威夏一案拋棄泰國的做法，與英國在一八九三年背叛朱拉隆功王的事相提並論。有記者寫道：「泰國總是遭人在背後捅刀子，這類型行為就是明顯的例子。」[108]

最後，泰國向國際壓力低頭，從古寺撤軍，承認柏威夏是柬埔寨領土。但沙立政權在向泰國人民表達的信息中，卻給人一種這項判決只是一時性挫敗、不是永久性解決辦法的印象。在宣布泰國撤出古寺的全國性演說中，沙立向人民保證，他的政府不會放棄收回領土的努力：

> 我完全知道失去柏威夏是整個泰國人民之痛。因此，高棉人就算或許有了柏威夏，他們拿到的不過是那片廢墟，還有古寺所在的那塊土地罷了。柏威夏古寺之魂永遠與泰國一起。泰國人民會永遠記住，卑鄙無恥之徒玩弄詭計，從我們手中盜走柏威夏古寺。只要泰國秉持最高榮譽與道德意識，克盡國際社會一員職責，柏威夏古寺遲早將重歸泰國懷抱……柏威夏事件將長存今後幾代泰人記憶中，像烙在全國每個人民心靈上的瘡疤一樣，在泰國史上留下一道難以抹滅的痕跡。[109]

泰國政府沒有設法療傷，而是堅持爭議還未完全解決，讓傷口繼續開著。由於國際法庭判決上的一個漏洞，想做到這一點不難。國際法庭把古寺遺蹟的主權給了柬埔寨，但沒有做成有關古寺周遭邊界確切位置的任何裁決。泰國民族統一論者抓住這個細枝末節說，古寺結構體可能屬於柬埔寨，但古寺周遭的土地（包括引起爭議的四．六公里土地）仍為泰國一部分。從這個角度來說，除非通過當地的永久邊界確立，柏威夏的地位問題始終是懸案。沙立在這篇全國性演說明確指出國恥論原則。他不但沒有想辦法癒合這道創傷，反而讓有關柏威夏的記憶成為烙在泰國身上的痛苦瘡疤。他的說詞與泰國媒體表現的沙文主義最濃厚的情緒相互呼應——友人出賣了泰國，敵人從泰國手中奪了柏威夏。由披汶政權在一九四一年邊界衝突過後首次提出有關古寺的這種論述，就這樣一直影響泰國對柏威夏問題的態度。這種說法由於巧妙隱藏了泰國的擴張野心，突顯泰國對國際法庭新殖民主義勢力的英勇抗拒，深獲泰國境內民族統一團體青睞。沙立政府在佯裝遵守國際法庭判決的同時，對柏威夏卻採取了一種必將造成日後衝突的政策。

小結

由於不肯將國際法庭裁決視為柏威夏爭議的最後裁決，泰國政府造出一套史觀，將柏威夏與失土概念綁在一起，讓這個議題在適當環境下得以再次浮出檯面。沙立的演說暗示泰國有一天可能還會收復柏威夏，這讓泰國人不肯就此放棄，柏威夏古寺也因此成為機會主義分子手中強有力的國恥象徵。巴文・查查瓦龐潘（Pavin Chachavalpongpun）說，泰國在二〇〇八年就柏威夏世界遺產地位提出的抗議，代表的正是這類型政治姿態。他指控人民民主聯盟為謀派系利益而炒作柏威夏議題，並且指出，泰國與柬埔寨緊張情勢就在人民民主聯盟竭力保持示威聲勢時爆發，並非事出偶然。[110]人民民主聯盟與民主黨，都想將柏威夏世界遺產地位與泰國的失土，以及泰國政府的失敗綁在一起。這種史觀將政治世界劃分為兩類型。一類是人民民主聯盟，代表國家與王室的保護者，而它的敵人——前總理他信・欽那瓦（Thaksin Shinawatra）與他的接班人沙馬——代表唯利是圖，不愛國的奸商。[111]根據這種分類，好的泰國人與他的敵人之間有一道「正義之牆」，不同意領土完整政策的人就是賣國。巴文說，這是泰國民族主義的新面孔：泰國之所以為泰國，就在於它的領土完整神聖性，但這種領土完整不斷遭到內憂外患威脅。[112]

我要在這裡說，泰國民族統一論者的失土史觀可以回溯到二十世紀三〇年代，而二〇〇八年展開的泰國–柬埔寨邊界緊張情勢就是植根於這種史觀。人民民主聯盟的民族統一運動，是之前二十世紀六〇年代古寺爭議期間失土史觀的重演，而古寺爭議又是二十世紀四〇年代法國–泰國邊界衝突的翻版；不過這三個事件都扎根在國恥論沃土之中。如本書前文所述，泰國民族統一論者編了一套歷史，強調泰國的犧牲，製造一種集體屈辱意識，並不時藉機煽動擴張。由於容忍領土牢騷，泰國政府創下條件，讓邊界合法性成為世世代代泰國人必須辯論的議題。二〇〇八年，泰國極度分裂的政界再創理想條件，讓失土議題又一次成為朝野爭論的焦點。

結語

在柏威夏事件引發的怒火逐漸平息以後，泰國政府不再運用國恥論，因為這時的國恥論已經又一次成為負債。沙立那句「柏威夏古寺遲早將重歸泰國懷抱」的保證，暗示挫敗只是暫時，因為古寺之爭還沒結束。儘管國際法庭有關柏威夏邊界的裁決模糊不清，泰國政府並未要求澄清，因為害怕這麼做會造成畫界、讓泰國損失更多土地。前後四十多年，柏威夏古寺遺蹟就像紀念物一樣，紀念著一個黑暗的日子。二〇〇五年，柬埔寨提出將柏威夏古寺列為世界遺產的申請，這場爭議於是再次爆發。曼谷一開始以古寺遺蹟土地主權仍有爭議為由，反對柬埔寨這項提案。兩年過後，泰國代表團訪問金邊，建議由兩國聯名提出這項申請。洪森（Hun Sen）的柬埔寨政府拒絕，說柏威夏純為柬埔寨的地標，與泰國無關。二〇〇八年六月二十四日，泰國外長諾帕敦簽署聯合公報，支持柬埔寨向世界遺產委員會（World Heritage Committee）提出申請。

簽署這項聯合公報的事在曼谷引發軒然大波。許多泰國人認為，讓柬埔寨將柏威夏列為本國遺蹟會讓泰國丟臉。曼谷報紙社論指控執政的人民力量黨，說它為換取柬埔寨戈公（暹羅灣內的一個島）的天然氣與賭場專利而出賣國土。《民族報》（*The Nation*）更發表讀者投書，指控政府放棄對這座古寺的所有權：「在既沒有聯名向聯合國教科文組織提出申請，又沒有就這項領土爭議達成友好協議的情況下，我們不解泰國政府為什麼這麼急著為柬埔寨這項柏威夏行動背書。最重要的是，簽署這項聯合公報等於釋出訊號，說泰國永遠不再索還柏威夏。沙馬政府犯了一項不可原諒的外交大錯。」[1]

反對黨民主黨要求對沙馬總理與他的全體內閣進行不信任投票，人民民主聯盟也向泰國憲法法庭提訟，說這項聯合公報的簽署威脅到泰國主權，因此違憲。支持人民民主聯盟的黃衫軍隨即走上街頭，先在外交部門前示威，之後遊行到政府大廈。諾帕敦由於是這項聯合公報的簽署人，面對國會彈劾聽證，並被迫辭職。[2]泰國內閣最後改變立場，宣布反對柬埔寨的申請，但已經無力扭轉最後結果。世界遺產理事會終於將柏威夏列為世界遺產保護區，承認它是柬埔寨的地標。世界遺產理事會這項裁決讓沙馬政府顯得越發無能，也讓人民民主聯盟更加振振有辭，指控執政黨賣國。

為什麼過了四十年後，柏威夏主權突然間又一次成為爭議？為什麼人民民主聯盟能夠這麼有效地利用這件事把沙馬政府打得搖搖欲墜？為解答這些問題，我們必須分析人民民主聯盟的雙箭頭推論策略：重建泰國認同，強調泰國置身充滿敵意的世界，然後創造機制保衛這種認同。人民民主聯盟所以能夠掌權，靠的就是這種策略——先將「泰」的定位窄化，再讓威脅到這種定位的個人或團體曝光，加以打擊。根據人民民主聯盟的說法，泰國社會最神聖，但也最容易遭到傷害的建制就是王權。二十年來，我們見到《褻瀆王室法》適用範圍的不斷擴大，執行力度也越來越嚴厲。二十年來，當局就用這些以保衛王權為名的法律嚇唬學者，讓政治異議分子不敢發聲，將人民民主聯盟的觀點建成一種泰國式民族主義。根據人民民主聯盟的這些觀點，任何被控冒犯國王的人就政治意義而言都不是泰國人。泰國由於文化與制度不斷遭到外來利益威脅，必須以嚴厲手段對付可能破壞泰國團結的人。誠如大衛・史崔福（David Streckfuss）所說：「在以反誹謗原則寫成的法律眼中，這個世界是兩種勢力的競爭，其中一種志在團結國家，另一種要分裂國家。邪惡分子誹謗王室，在外國人耳邊散播中傷言論，做可怕的預言，嘲笑泰國文化，向非泰人洩漏機密，出賣泰國。」[3]

人民民主聯盟運用同樣手法，將一些捏造的歷史苦難搭配國恥論，造成一種國防利器。就像王權一樣，泰國邊界也是一種陷於險境、需要保護的認同。人民民主聯盟就用這套理論要全國人民謹防分裂——也就是領土淪喪——然後把罪責推給一些個人或團體，說這些個人或團體為謀取私利，意圖出賣國家，破壞國家團結，是人民公敵。將國恥論當成國防利器使用的是哪些人？他們攻擊的對象又是哪些人？在二〇〇八年，推動國恥論的人包括軍方的一些派系、強大的商業利益、民主黨、人民民主聯盟，以及一些王室主義論者。他們發動攻勢，說他信、沙馬政府、洪森或柬埔寨是威脅泰國福祉的敵人。巴文說，這是泰國民族主義的新面孔：泰國之所以為泰國，就在於它的領土完整神聖性，但這種領土完整不斷遭到內憂外患威脅。4

他們透過柏威夏與失土地圖這類形象，強調自十九世紀以來泰國的國際地位每下愈況，向泰國人灌輸國家處境危險的意識。巴吞他尼府的泰國國家紀念館（Thai National Memorial）仍有一項一九四一年印度支那戰爭的展示，展品包括一張泰國先後五次將國土割給法國的地圖。今天在YouTube上也流傳幾個版本的PowerPoint幻燈片，說是要闡述失土的有關歷史。這些幻燈片以拉瑪一世統治期間（一七八二－一八〇九）將檳城割讓給英國為開端，將「國殤」內容從威集列舉的五次事件擴大到十一次事件。幻燈片用這些煽情的形象暴露泰國的脆弱，讓讀者團結一致，支持將邊界保護列為最高優先的領導人或團體。任何不同意這些領導人的人，立即被冠上在境內製造分裂、導致外國干預、讓國家喪失更多土地的罪名。

這世上最能有效運用歷史記憶作為政治法統根源的，莫過於中華人民共和國政府。汪錚（編按：美國新澤西州薛頓賀爾大學和平與衝突研究中心主任）就對中國共產黨在天安門大屠殺事件過後利用國恥論提振聲望的做法做了一番研究。這場對示威學生的暴力鎮壓，加上持續進行的自由市場改革，使毛派理論作為政權主軸的法統受到重創。為拉攏新一代中國人，中國共產黨展開一項愛國教育運動，向中國青年灌輸中國過去的選定創痛。在二十世紀九〇年代，政府發行新版中學教科書，淡化處理共產黨的英勇事蹟，強調鴉片戰爭或二次大戰期間日本侵華等等外國侵略與壓迫。[5]汪錚認為，這項愛國教育運動的目的在於轉移焦點，將民怨從黨與國內議題轉往外交政策與中國的區域性競爭對手身上。不斷強調「勿忘國恥」這句話，讓新一代中國人更愛國，對中國過去的挫敗似乎也更有切膚之痛。[6]

像中國一樣，泰國政府也一陣子強調國家的頂尖成就，一陣子又大談它的重大挫敗。這些強有力的記憶像黏膠一樣，把國家與政府綁在一起。所有一切史觀，都由人選出要記憶與要遺忘的事件，然後將事件組合而成。根據泰國的「選定神話」說，泰國從未遭到殖民。這種對歷史的解讀，強調王權在泰國的統緒，拋開卻克里王朝一方面接受殖民干預、一方面因殖民干預而獲利的事實。[7]另一種「選定創痛」說則強調泰國如何不斷割地賠款、國土分裂的屈辱。對於泰國正因為這些土地割讓才成為現代民族國家的過程卻避而不提。這兩種史觀都是有效的大群體印記，由對立的象徵代表。在今天的泰國文化，朱拉隆功王象徵未遭殖民的「選定神話」說，而柏威夏古寺則是「選定創痛」說的象徵。但根據佛坎的理論，選定創痛對群體行為的影響力更大。「選定神話」雖能提升對一個國家的集體仰慕，「選定創痛」卻能啟發一種更加深奧得多的心理效應，導致哀悼或復仇雪恨。這類行動能將群體更緊密地綁在一起。[8]

國恥論所以能成為這麼有效、持久的國家認同構築工具，原因就在這裡。第一次披汶政權執政期間（一九三八－一九四四）的情況尤其如此。阿南・沙木達哇尼（Chai-anan Samudavanija）認為，世人常將這段歷史誤解為一段建國期，但精確地說，披汶政權投入的是國家認同的構築。一九三二年軍事政變過後，新政府用憲法主義意識形態與傳統王權區分，但在一九三八年過後，由於無法施展，憲法主義遭到軍國主義與個人崇拜取代。[9]我認為，在這段從憲法主義轉型為軍國主義的變化過程中，有關失土的歷史記憶至關重要。想團結幾個氣急敗壞的群體，在土地問題上做文章，一直就是一種利器，特別是當群體認為自己遭到攻擊或受傷時，這種辦法尤其有效。披汶在一九四〇年發起民族統一運動，讓百姓展現對國家的忠誠，導致泰國民眾前所未有的全民大團結，就是例證。

失土象徵讓泰國政府可以將某些少數族裔團體重新定位為「泰」，而將另一些不喜歡的少數族裔團體排斥在外。一九四一年邊界衝突過後，披汶政權運用一八九三年的痛苦記憶，製造一種黃金半島假象，說黃金半島上的高棉人、寮人與撣人都生活在泰人保護傘下。這種說法將柬埔寨與寮地納入大泰國占領區，否定了高棉人與寮人身為個別族裔團體、各有本身文化的事實。民族統一論者之後將泛亞主義解讀為國恥論的日本版本。對曼谷來說，讓亞洲人團結在一起的最主要原因，不是宗教或膚色，而是曾遭西方欺壓、屈辱的共同經驗。不過，新泰國不歡迎那些將個人、商務或宗教淵源置於對國家忠誠之先的群體。信奉天主教的泰國人就被控同情曾經侵害泰國的帝國主義列強。今天，泰國政界人士會因為「不能全力保護國界」而被控賣國。

我進行這項研究的目的，在於追蹤國恥論的源起，探討它的後果，但國恥論在塑造民意上的效果究竟如何，是始終纏繞我心的一個問題。面對政府的宣傳，民眾不會照單全收，不會自動喪失解讀能力。當然，大量證據說明，泰國政府提出的這種國恥論新史觀獲得大批民眾欣然接受。一九四〇年最後幾個月，在法國–泰國邊界爭議鬧得沸沸揚揚之際，幾個例子可以證明泰國人對過去遭受的屈辱敵愾同仇，都支持政府與法屬印度支那武裝衝突的政策。泰國報紙刊登主張開戰的讀者投書，收集捐款支持民族統一運動，還不斷報導學生與公務員遊行示威、要求奪回失土的新聞——這一切似乎都說明民眾擁戴國恥論論述。在一九五八年柏威夏爭議爆發時，在二〇〇八年柬埔寨提出將古寺列為世界遺產的申請之後，都出現過類似民眾對政府將四府交還法國一事的公憤怒潮。

評估泰國的民意，特別是第一次披汶政權執政期間的民意，非常困難。在沒有民調數據的情況下，歷史學者在為泰國把脈的過程中必須有創意。以媒體作為民意向背標準有很大的問題。泰國在一九四一年只有一家電台，而這家電台是政府控制下的機構。此外，政府還可以透過營業執照限制與其他手段，對曼谷報紙施加影響力。[10]當時確實也有人反對政府的民族統一政策，只不過反對之聲無法見諸報端罷了。披汶的泛泰運動與強迫皈依佛教的政策，當然引起某些宗教與族裔少數群體的無聲抗拒。自由泰運動以地下工作方式破壞民眾對政府的信心，打擊泰國－日本聯盟。泰國政府在二十世紀四〇年代對法屬印度支那，以及之後在五〇年代對柬埔寨採取的激進姿態，都曾遭到政界與商界精英反對，不過精英們只是私下反對而已。

政府意識形態引起的民眾反應所以難以分析，還有一個原因：泰國缺少民意表達空間。泰國政府可以製造形象以鞏固它的權力法統，可以開創渠道以傳遞它要傳遞的形象；但與許多西方社會不同的是，泰國沒有評估這些形象民意支持度的機制。這類機制（例如民意調查、電台call-in節目）所以不存在，是因為除了精英階層以外，政府對民意一點興趣也沒有。也因此，可以對政府形象進行挑戰或評估的意識形態空間並不存在。[11]我要進一步指出，在二十世紀四〇年代，泰國政府造了一些旨在刺激民眾支持的形象，但事實上，那些形象是論述的一部分，而不是對論述的反應。特別值得一提的是，一九四〇年十月那幾場遊行示威其實是政府導演的鬧劇，首先由政府發動教師、學生與公務員參加示威，再由報紙報導，作為民眾支持的證據。泰國政府發動這些遊行，意在顯示泰國民眾團結一致面對西方侵略。讀者投書也造成一種公共論壇外表，強化政府的民主形象。

近年來，討論泰國對西方帝國主義矛盾態度的著述甚多，但泰國對它本國歷史的態度也同樣充滿矛盾。在大多數情況下，泰國歷史總是歌頌「選定神話」，說泰國在西方殖民主義環伺下始終能保持獨立。但重彈「選定創痛」的老調，有時也是一種政治便宜之計。在國恥論當道時，政府散播許多歷史論述，讓泰國人知道他們的國家曾如何遭外國擊敗、羞辱。政治團體運用國恥論傳遞一種國家處境險惡、危機四伏的意識。它表達一種團結訊息：國人應該捐棄成見，團結一致支持政府。國恥論提出警告說，國人如果不能團結一致，當代泰國人可能像他們的祖先一樣，經歷國土分裂的苦難。國恥論的論述一般以割讓國土事件為宣揚主軸，但《鮑林條約》、治外法權、柏威夏，甚至一九九八年的亞洲金融危機等等，也都曾成為國恥論者引用的例證。所有這些例證，都可以解讀為泰國遭到外國不當攻擊的一次事件。最近與柬埔寨的古寺爭議顯示，國恥論在泰國政壇依然有呼風喚雨之威。

謝啟

藉由許多彌足珍貴的合作，這本書終於能夠寫成。這些合作有私人性質，也有專業性質，都讓我感激。我在二〇〇一年開始思考這個主題，當時我還在研讀歐洲史，東南亞對我仍是籠罩在東方神祕中的一團迷霧。羅尼・巴哈（Rodney Bohac）首先協助我訂定歐洲與亞洲之間的理論關係。若不是得到艾立克・杜斯特勒（Eric Dursteler）與麥克・摩道克（Michael Murdock）的指導，我永遠也不會投入這件工作，或選擇以史學為志業。在撰寫這本書的初階段，我從安妮・拉芬（Anne Raffin）、夏恩・米勒（Shawn Miller）、瑪麗・理查茲（Mary Richards）、麥克・法默（Michael Farmer）、希瑟爾・阿尼塔（Heather Arnita）、茱莉・拉道（Julie Radle）、伊格納西歐・賈西亞（Ignacio Garcia）、大衛・萊特（David C. Wright）、伊莉莎白・沙吉（Elizabeth Sage），以及其他許多人那裡學得許多教益。

我從進入威斯康辛大學麥迪遜分校（University of Wisconsin- Madison）那天起，開始投入東南亞歷史。在我短暫的職涯中，能與通猜・威尼差恭（Thongchai Winichakul）共事仍是一項極大的榮耀。他的學養，與他為泰國民主的無私奉獻至今令我感念。我要向奧・麥考（Al McCoy）特別申致謝忱，他的博學使我改頭換面，成為東南亞史學者。在研究與寫作的多個階段，凱瑟琳・鮑威（Katherine Bowie）、萊利・艾西蒙（Larry Ashmun）與路易斯・楊（Louise Young）為我提供許多寶貴意見，在此也一併申謝。

由於獲得幾位熱心人士與機構的資金與僱用，我得以在攻讀學位的同時，還能養活一個小小的家。首先，同時也是最重要的，我必須由衷感謝給我傅爾布萊特－海斯（Fulbright- Hays）研究獎助金的美國教育部。由於他們的慷慨資助，我得以在曼谷進行研究，而不必與妻小分開。我也要深深感謝威斯康辛大學麥迪遜分校歷史系與東南亞研究中心（Center for Southeast Asian Studies）給我的財務支持。此外，麥克・庫里南（Michael Cullinane）、艾琳・克勞里（Erin Crawley）、吉姆・史蘭德（Jim Schlender）、瑪麗・喬・威爾森（Mary Jo Wilson）、南西・透納（Nancy Turner）與羅伯・派特森（Robert Patterson）協助我取得各式各樣財務支援，也讓我感念不已。

伊安・文特（Ian Wendt）為我指點迷津，讓我順利完成研究所學業。與法蘭西斯・布萊德雷（Francis Bradley）、索拉沙・賈卡庫基（Sorasak Ngamcachonkulkid）、海地・

費希利（Heidi Fischle），以及他那波・利馬皮差（Thanapol Limapichart）那些發人深省的對話，還有在從紀念圖書館（Memorial Library）搭乘夜班巴士返家途中，與瑪麗・蘇芬（Mary Sutphin）的那些互吐牢騷，都為我帶來甜蜜的回憶。在麥迪遜分校期間，我們離開大學校園的生活因為有戴維斯（Davis）、米勒（Miller）、夏佛（Schaefer）與林奎斯特（Lindquist）家人為伴，而豐富多彩。在泰國期間，承蒙普爾森（Poulsen）、塞爾維（Selway）、尼爾森（Nielson）與吉彭斯（Gibbons）家族款待，讓我們在尼加達塔尼（Nichada Thani）的生活有賓至如歸之感。

為搜尋寫這本書的資料，我造訪了幾處圖書館與檔案館。我要藉此向泰國國家圖書館（National Library of Thailand）與泰國國會圖書館（Library of the National Assembly of Thailand）工作人員的耐心與協助表示感激。曼谷聖母升天主教座堂（Assumption Cathedral）讓我取用他們私人收藏的備忘錄與文獻，在此也要特別致謝。我在這本書裡引用的大部分文件來自曼谷的泰國國家檔案館（National Archives of Thailand），國家檔案館還允許我發表其中若干圖片。在法國期間，法國國家海外檔案館（Archives nationales d'outre mer）的文件管理員幫了許多忙。馬里蘭州大學公園（College Park）國家檔案館二館（National Archives II）工作人員協助我尋找國務院資料，也讓我十分感念。

幾位學者透過直接、間接方式，為這本書的理念架構做出貢獻。在旅泰期間，我有幸結識查隆・松拉凡尼（Chalong Soontravanich），他讓我向他的一班學生發表我的研究心得。我要感謝朱拉隆功大學（Chulalongkorn University）的學生，我所以調查二十世紀四〇年代的仇視天主教事件，就是他們建議的。塔奈・阿法蘇萬（Thanet Aphornsuvan）與蘇沙・吉提拉沙庫（Somsak Jeamteerasakul）為我提供指導原則，幫我完成理論架構構築的艱辛過程。艾隆・史卡貝隆（Aaron Skabelund）與提姆・戴維斯（Tim Davis）也為我帶來意義重大的建議。當我為了如何明確表達概念的難題而陷於掙扎時，威廉・卡拉漢（William Callahan）、汪錚等人想出許多好句子，幫我脫困。布魯斯・雷諾（E. Bruce Reynolds）與大衛・錢德勒（David Chandler）幫我審稿，糾錯。我還要感謝艾利克・海爾（Eric Hyer）給了我機會，讓我提出寫這本書初步方案的機會。

我何其有幸，能在幾個機構從這麼多出類拔萃的同事處學到這麼多東西。特別要感謝楊百翰大學夏威夷分校（BYU-Hawaii）的吉姆・圖勒（Jim Tueller）、麥克・摩道克與特洛・史密斯（Troy Smith）；以及韋恩州立學院（Wayne State College）的喬・布蘭基諾（Joe Blankenau）、帕米菈・艾佛雷（Pamela Everett）、卡倫・米希吉（Karen Mecseji），以及唐・希凱（Don Hickey）。肯特州立大學（Kent State University）的新同事歡迎我來到系上，我也非常感激。當然，克里・克勞福（Cory Crawford）與麥克・馬凱（Michael Mackay）的真摯友情令我永誌難忘。在那備極煎熬、卻又光輝燦爛的兩年間，我們一起努力，也一起放下手邊未竟的書稿與教職，忙裡偷閒。

夏威夷大學出版社（University of Hawaii Press）願意出版這本書讓我很感激，我願藉此向叢書編輯大衛・錢德勒與麗塔・史密斯・基普（Rita Smith Kipp）申致謝忱。能與帕米菈・凱利（Pamela Kelley）以及她傑出的編輯團隊共事是我的榮幸。他們的努力以及一位匿名審稿人的重要貢獻，為這本書的手稿帶來多得不勝枚舉的改善。書中若還有任何錯誤，由我一肩承擔。

最後，我的家人為我投注了太多心血，這本書儘管杯水車薪，代表我的一份報答。在我人生的每一階段，我的父母摩根（Morgan）與丹妮絲・史崔特（Denise Strate）都是我厚實可靠的奧援。我的岳父岳母也在心理、財務上給予我不斷的支持。孩子也因為跟著我在全球各地奔波，不得不一再換學校、向玩伴道別。最重要的是我享有妻子卡蒂（Kaddi）無怨無悔的愛。她在幾年前還不知情的情況下答應嫁給我，真算我走運。

結語

1. *Nation*, June 25, 2008.
2. Ibid., July 10, 2008.
3. David Streckfuss, *Truth on Trial in Thailand: Defamation, Treason, and Lése Majesté* (New York: Routledge, 2011), p. 305.
4. Pavin Chachavalpongpun, "Temple of Doom: Hysteria about the Preah Vihear Temple in the Thai Nationalist Discourse," in Marc Askew (ed.), *Legitimacy Crisis in Thailand* (Chiang Mai: Silkworm Books, 2010), p. 84.
5. Zheng Wang, *Never Forget National Humiliation: Historical Memory in Chinese Politics and Foreign Relations* (New York: Columbia University Press, 2012), p. 101.
6. Ibid., p. 3.
7. Peter A. Jackson, "The Performative State: Semi- Coloniality and the Tyranny of Images in Modern Thailand," *Sojourn* 19:2 (2004), p. 233.
8. See Vamik Volkan, *Bloodlines: From Ethnic Pride to Ethnic Terrorism* (New York: Farrar, Straus and Giroux, 1997), and Zheng Wang, *Never Forget National Humiliation*, p. 68.
9. Chai-anan Samudavanija, "State Identity Creation, State- Building and Civil Society, 1939–1989," in Craig J. Reynolds (ed.), *National Identity and Its Defenders: Thailand Today* (Bangkok: Silkworm Books, 2002), p. 298.
10. 在1932年主政以後，人民黨時不時就以政治評論不當、議論外交政策，甚至以批評王室為由，實施報禁。披汶利用二戰為藉口，對報紙實施更嚴厲的控制。從1942到1944年，一切新聞都必須經過政府批准才能發表。See Phanphirom Lamtham, *Bodbat thang kanmeuang khong nangseu phim Thai tangtae kan blian blaeng kan bok khrong PS 2475 theung sinsud songkhram lok khrang thi song* [The Political Role of Thai Newspapers from the 1932 Coup until the End of World War II] (Bangkok: Samakhom Sangkhomsat haeng Prathet Thai [Social Science Association of Thailand Press], 2002), pp. 40–63.
11. Annette Hamilton, "Rumours, Foul Calumnies and the Safety of the Thai State," in Reynolds, *National Identity and Its Defenders*, p. 298.

到他剛從柬埔寨回來。那計程車司機用破英語回應說：「那黑王子——我要殺了他！」Personal e-mail correspondence with David P. Chandler, December 17, 2009.

91. *Thai*, June 20, 1962. Another poster contained the question, "Will we let them come up?" above a cartoon of a Cambodian man trying to climb the cliff to Preah Vihear and an armed Thai soldier kicking the man in the face, causing him to fall back down again.
92. *Sarn seri*, July 19, 1962.
93. Ibid.
94. Ibid., June 19, 1962.
95. NACP RG 59, Southeast Asia Lot Files; Bureau of Far Eastern Affairs, Office of Southeast Asian Affairs, Thailand Files, 1960–1963; Thai-Cambodian Relations; Memorandum of conversation between Floyd Whittington and Khun Yom Tantsetthi, June 19, 1962.
96. *Sarn seri*, July 19, 1962.
97. 令人感到諷刺的是，泰國在將四府交還法屬印度支那以交換法國保證不投否決票之後，才獲准加入聯合國。
98. Department of Publicity, "The Prime Minister's Address on the Temple of Prah Viharn Case" (Bangkok: Department of Publicity), July 1962.
99. *Thai*, July 17, 1962.
100. Ibid., July 15, 1962.
101. *Sarn seri*, July 22, 1962.
102. Ibid., June 20, 1962.
103. *Phim Thai*, July 14, 1962.
104. *Siam nikorn*, June 19, 1962.
105. Ibid., June 17, 1962.
106. *Bangkok Post*, June 21, 1962.
107. Ibid., June 18, 1961.
108. *Phim Thai*, July 14, 1962.
109. Department of Publicity, "Prime Minister's Address," July 1962.
110. Pavin Chachavalpongpun, "Temple of Doom: Hysteria about the Preah Vihear Temple in the Thai Nationalist Discourse," in Marc Askew (ed.), *Legitimacy Crisis in Thailand* (Chiang Mai: Silkworm Books, 2010), p. 92.
111. The PAD contrasts Thaksin with the revered Chulalongkorn. They claim that while both Thai leaders surrendered territory, Chulalongkorn did it to save the nation, while Thaksin was motivated strictly by personal financial incentives— that is, the sale of Shincorp or gas concessions in Koh Kong Province.
112. Pavin, "Temple of Doom" p.84.

Southeast Asian Studies 42:1 (2011), pp. 59–87.

64. *Siam nikorn*, November 5, 1959.
65. *Sarn seri*, November 18, 1959.
66. Ibid., November 20, 1959.
67. Ibid., October 26, 1959.
68. Ibid., November 5, 1959.
69. *Phim Thai*, October 31, 1959.
70. *Phim Thai*, October 30, 1959. The students collected 112 baht because the Franco-Siamese crisis occurred in the 112th year of the Chakri dynasty, or RS 112.
71. *Sarn seri*, November 11, 1959.
72. *Phim Thai*, October 11, 1959.
73. *Siam rat*, October 9, 1959.
74. *Sarn seri*, October 9, 1959.
75. *Siam rat*, October 11, 1959.
76. Thongchai Winichakul, "Trying to Locate Southeast Asia from Its Navel," in Paul Kratoska, Remco Raben, and Henk Schulte Nordholt (eds.), *Locating Southeast Asia: Geographies of Knowledge and Politics of Space* (Singapore: Singapore University Press, 2005), p. 120.
77. Tully, *France on the Mekong*, p. 17. According to Tully, Thai historians neglect to mention that Norodom had been held as a prisoner in Bangkok until 1858 to help ensure that his father, Ang Duong, complied with the wishes of the Siamese monarchy.
78. Charnvit Kasetsiri, "Thailand-Cambodia: A Love- Hate Relationship." notes to pages 177–185 : 223
79. John P. Armstrong, *Sihanouk Speaks* (New York: Walker and Company, 1964), p. 70.
80. Kukrit Pramoj, radio address from March 10, 1962. Transcript in Chamrat, *Khwammueang rueang Khaw Phrawihan*, p. 625.
81. *Sarn seri*, December 1, 1959.
82. Ibid., October 20, 1959.
83. Manich, *History of Thailand and Cambodia*, p. 202.
84. Singh, "The Thai- Cambodian Temple Dispute," p. 24.
85. *Sarn seri*, June 17, 1962.
86. *Phim Thai*, July 19, 1962.
87. Ibid.
88. *Thai*, June 20, 1962.
89. *Bangkok Post*, June 22, 1962.
90. 大衛・錢德勒回憶說，在柏威夏問題宣判之後幾個月，他在曼谷搭計程車，提

35. Ibid., p. 141.
36. *Sarn seri*, June 20, 1962. See also *Siam nikorn*, October 16, 1959.
37. Ibid.
38. *Sarn seri*, October 19, 1959.
39. Ibid., October 11, 1959.
40. Ibid.
41. *Chaw Thai*, October 23, 1959.
42. *Siam nikorn*, October 26, 1959.
43. *Chaw Thai*, October 25, 1959.
44. *Siam nikorn*, October 16, 1959.
45. *Chaw Thai*, October 27, 1959.
46. We should note that France had already used this argument to nullify the 1941 Tokyo Peace Accord.
47. *Sarn seri*, October 25, 1959.
48. Ibid., October 11, 1959.
49. Ibid., November 12, 1959.
50. Ibid.
51. Scott Barmé, *Luang Wichit Wathakan and the Creation of a Thai Identity* (Singapore: Institute of Southeast Asian Studies, 1993), pp. 125–126.
52. *Siam nikorn*, October 29, 1959.
53. 《自由通訊報》（在1961年4月5日的報導中）沒有透露這名國會議員是誰，但之後《泰國民族報》（*Siam rat*）（在1970年5月26日）的一篇專欄說他是素林省前國會議員蘇西・普瓦番（Suthi Puwaphan）。
54. *Sarn seri*, May 5, 1961.
55. Ibid.
56. *Siam rat*, October 17, 1959.
57. Krom Khosanakan, *Thai samai sang chat* [Thailand in a Time of Nation-Building] (Bangkok, 1941). The Cambodian legal team used this publication as evidence that the 1946 treaty restored Preah Vihear to the control of French Indochina.
58. *Phim Thai*, October 25, 1959.
59. Ibid.
60. *Sarn seri*, October 31, 1959.
61. Ibid., November 5, 1959.
62. *Thai*, November 3, 1959.
63. *Sarn seri*, November 21, 1959. For more information on the Thai Blood Party and its activities during the 1940 irredentist campaign, see Shane Strate, "An Uncivil State of Affairs: Fascism and Anti- Catholicism in Thailand, 1940–1944," *Journal of*

(Cambodia v. Thailand)," in *Pleadings, Oral Arguments, Documents*, vols. 1–2 (The Hague, Netherlands, 1964), p. 215.

11. Manich Jumsai, *History of Thailand and Cambodia: From the Days of Angkor to the Present* (Bangkok: Chaloemnit Press, 1987), p. 214.
12. NAT PO/8. British Legation, Bangkok, "Siam Frontier Incident," March 3, 1930.
13. ICJ, "Case Concerning the Temple of Preah Vihear," pp. 89–91.
14. Pussadee Chandavimol, *Wiatnam nai Mueang Thai* [The Vietnamese in Thailand] (Bangkok: Thailand Research Fund, 1998), p. 262.
15. Cuasay, "Borders on the Fantastic," p. 852.
16. NAT PO/8. British Legation, Bangkok, "Siam- Indochina Frontier Incident," March 3, 1930.
17. ICJ, "Case Concerning the Temple of Preah Vihear— Merits," Judgment of June 15, 1962.
18. Cuasay, "Borders on the Fantastic," p. 869.
19. Manich, *History of Thailand and Cambodia*, p. 214.
20. *Nikorn*, March 28, 1941.
21. Ibid., May 28, 1941.
22. Ibid.
23. Maurizio Peleggi, *The Politics of Ruins and the Business of Nostalgia* (Bangkok: White Lotus Press, 2002), p. 39.
24. Ibid.
25. L. P. Singh, "The Thai- Cambodian Temple Dispute," *Asian Survey* 2:8 (October 1962), pp. 23–26. Volker Grabowsky argued that the Thai never withdrew their troops in the aftermath of the 1946 treaty with France. See Grabowsky, "The Preah Vihear Conflict," p. 7.
26. Chamrat Duangthisan, *Khwammueang rueang Khaw*, pp. 129–131.
27. Ibid., pp. 96–98.
28. Sam Sari, *La Cambodge aujourd'hui* (Phnom Penh: Department of Publicity, 1958).
29. *La Dépêche du Cambodge*, June 19, 1958.
30. Chamrat, *Khwammueang rueang Khaw Phrawihan*, p. 115.
31. Sam Sari, *La Cambodge aujourd'hui*.
32. Chamrat, *Khwammueang rueang Khaw Phrawihan*, p. 187.
33. 泰史學者往往強調泰國能夠讓大國彼此相爭，從中保護自己的利益，外交功力超人一等。但在冷戰期間，泰國軍事統治者帶領泰國投入美國外交政策懷抱，顯然沒有運用這項戰略。在冷戰期間，柬埔寨運用這項戰略從兩大陣營取得最大好處。
34. Chamrat, *Khwammueang rueang Khaw Phrawihan*, p. 157.

93. E. Bruce Reynolds, "The Indian Community and the Indian Independence Movement in Thailand During World War II," in Paul H. Kratoska (ed.), *Southeast Asian Minorities in the Wartime Japanese Empire* (London: RoutledgeCurzon, 2002).
94. *Bangkok Post*, August 14, 1947.
95. This information comes from a biographical sketch of Prayoon Chanyawongse by the Ramon Magsaysay foundation when Prayoon won the award for journalism in 1971.
96. *Democracy*, October 16, 1946.

第六章　柏威夏：泰國的國恥論象徵

1. *Nation*, July 10, 2008.
2. Chamrat Duangthisan, *Khwammueang rueang Khaw Phrawihan* [The Politics of Preah Vihear] (Bangkok: Sadsawan Press, 1962), p. 151. Thai journalists were asking the same question in 2011. One columnist recently wrote, "I'm not a pacifist. There are reasons to fight. But 4.6 square kilometres of dirt is not one of them." See Voranai Vanijaka, "The Plague of Fanaticism," *Bangkok Post*, February 6, 2011.
3. Charnvit Kasetsiri, "Thailand- Cambodia: A Love- Hate Relationship," *Kyoto Review of Southeast Asia* 3 (March 2003).
4. Volker Grabowsky (ed.), "The Preah Vihear Conflict and the Current Political Debate in Thailand," *Informal Northern Thai Group Bulletin* 2, September 2011, p. 4.
5. John Tully, *France on the Mekong: A History of the Protectorate in Cambodia, 1863–1953* (Lanham, MD: University Press of America, 2002), p. 428.
6. 夏維・卡西利（Charnvit Kasetsiri）認為，根據泰國王室的觀點，法國兼併東部省分是泰國為了維護獨立而可以付出的代價。See Charnvit Kasetsiri, *Prasart Khaw Phra Viharn: Lum dam latthi chartniyom prawattisart phlae kao prawattisart tat ton kap ban- mueang khong raw* [Preah Vihear: A Black Hole- Nationalism Wounded History and Our Country: Siam- Thailand] (Bangkok: Foundation for the Promotion of Social Sciences and Humanities Textbooks Project, 2008).
7. Luang Wichit Wathakan, *Thailand's Case* (Bangkok: Department of Publicity, 1941), pp. 35–37. If the boundary had followed the watershed without deviation, Preah Vihear would have been located on the Thai side.
8. P. Cuasay, "Borders on the Fantastic: Mimesis, Violence, and Landscape at the Temple of Preah Vihear," *Modern Asian Studies* 32:4 (1998), p. 855. Among them was a map known as Annex I, later used by Cambodia to claim sovereignty over Preah Vihear.
9. Thongchai Winichakul, *Siam Mapped: A History of the Geo-Body of a Nation* (Honolulu: University of Hawai'i Press, 1994), p. 113.
10. International Court of Justice (ICJ), "Case Concerning the Temple of Preah Vihear

71. *Democracy*, October 23, 1946.
72. Ibid.
73. *Siam nikorn*, October 22, 1946.
74. *Democracy*, October 16, 1946.
75. *Nakorn sarn*, September 2, 1946. See also Bangkok Post, October 16, 1946.
76. *Prachakorn*, September 23, 1946.
77. *Bangkok Post*, September 6, 1946.
78. *Suwannaphum*, November 19, 1946.
79. *Nakorn sarn*, November 22, 1946.
80. *Democracy*, October 18, 1946.
81. Suphaphorn Bumrungwong, "Kanriakrong lae kanbokrong dindaen thi khuen cak Farangsed 2483–2491" [Requesting and Governing the Territories Returned from France, 1940–1948] (Ph.D. diss., Chulalongkorn University, 2003), p. 204.
82. Ibid., p. 206.
83. The government printed 500 copies in Thai and 100 copies in both English and French.
84. *Bangkok Post*, August 12, 1947.
85. Ibid., September 1, 1947.
86. Suphaphorn, "Kanriakrong lae kanbokrong dindaen thi khuen cak Farangsed," p. 206.
87. Krom Khosanakan, *Raingan kansangsueng prathan kamakan kan chad sang anusawari Chai Samoraphum an sanoe phana than Nayok Rathamontri nueang nai rathaphiti boed anusawari nai wanchad* [A report from the president of the Victory Monument construction task force presented to the prime minister at the Victory Monument dedication ceremony on National Day] (Bangkok: Krom Khosanakan, June 24, 1942).
88. Ka Fai Wong, "Visions of a Nation: Public Monuments in Twentieth Century Thailand" (MA thesis, Chulalongkorn University, 2000), p. 83.
89. Krom Khosanakan, *Sunsap khong phana than Nayok Rathamontri nai kanboed anusawari Chai Samoraphum* [The prime minister's speech at the Victory Monument dedication ceremony] (Bangkok: Krom Khosanakan, June 25, 1942).
90. Ibid.
91. 一支暹羅遠征軍確曾參與第一次世界大戰，不過它擔負的只是一些次要任務。See Walter F. Vella, *Chaiyo! King Vijiravudh and the Development of Thai Nationalism* (Honolulu: University of Hawai'i Press, 1978).
92. Apinan Poshyananda, *Modern Art in Thailand: Nineteenth and Twentieth Centuries*. (Singapore: Oxford University Press, 1992), p. 46.

45. NAT ส.ป. 9.2.1/2. *Thamthada*, June 1, 1946.
46. Sodsai, "Prathedthai kab panha Indochin khong Farangsed," p. 329.
47. Goscha, *Thailand and the Southeast Asian Networks*, p. 165.
48. *New York Times*, August 27, 1946.
49. NAT (1) มท. 3.1.2.10/190. "Kho boed phromdaen kancharachan thang nam Maenam Khong" [Request to Reopen Commerce across the Mekong River]. See also *Bangkok Times*, August 14, 1946.
50. *Tawan*, October 17, 1946.
51. Direk Jayanama, *Thailand and World War II* (Chiang Mai: Silkworm Books, 2008), pp. 283–284.
52. NAT สบ. 9.2.1/2. "Tadsin anakhod si changwad nai wanni" [Future of the Four Provinces to Be Decided Today], *Phim Thai*, October 15, 1946.
53. NAP (National Assembly of Thailand Library, National Assembly Proceedings), *Raingan kanprachum Ratsapha*, October 14, 1946, p. 201.
54. 外長迪雷在一次向國會發表的演說中透露，泰國曾建議，聯合國可以在泰國與盟國簽署和平協定的同時，下令泰國交還四府。See NAP, *Raingan kanprachum Ratsapha*, p. 241.
55. Ibid., p. 232. Also see the comments of Thon Buri representative Saw Sethabut on the principles of self- determination in the Atlantic Charter, p. 309.
56. 舉例說，杜西・邦沙（Dusit Buntham）主張暹羅應該按兵不動，等法國的反應。他能・先金也說，等法國入侵暹羅至少可以讓聯合國捲入這場爭議。NAP, *Raingan kanprachum Ratsapha*, pp. 276–281.
57. Niksch, "United States Foreign Policy," p. 225.
58. NAP, *Raingan kanprachum Ratsapha*, October 15, 1946, p. 278.
59. *Democracy*, October 19, 1946.
60. *Nakorn sarn*, October 19, 1946.
61. *Thai rashdra*, October 19, 1946.
62. *Democracy*, October 20, 1946.
63. *Democracy*, December 11, 1946.
64. *Naew na*, October 19, 1946.
65. *Tawan*, October 21, 1946.
66. *Phim Thai*, October 26, 1946. See also *Nakorn sarn*, October 31, 1946.
67. *Bangkok rai wan*, October 21, 1946. This sentiment would be repeated, almost verbatim, after the loss of Preah Vihear in 1962.
68. *Siam nikorn*, August 14, 1946.
69. *Sri krung*, October 22, 1946.
70. *Siam nikorn*, October 21, 1946.

[Thailand and the Problem of French Indochina] (MA thesis, Chulalongkorn University, 1977), p. 301.

21. Ibid., p. 297.
22. 包括肯尼斯・蘭登（Kenneth Landon）在內的許多美國官員，對邊界府居民是泰族人的說法表示同情。See Niksch, "United States Foreign Policy," p. 161.
23. Songsri, "Thai-British Relations during World War II," p. 239.
24. *Bangkok Post*, October 16, 1946.
25. *Nakorn sarn*, October 14, 1946.
26. Ibid., p. 143.
27. Niksch, "United States Foreign Policy," p. 153.
28. Sodsai, "Prathedthai kab panha Indochin khong Farangsed," p. 333.
29. Niksch, "United States Foreign Policy," pp. 238–239.
30. *New York Times*, June 2, 1946.
31. Niksch, "United States Foreign Policy," p. 209.
32. Christopher E. Goscha, *Thailand and the Southeast Asian Networks of the Vietnam ese Revolution: 1885–1954* (Richmond, Surrey: RoutledgeCurzon, 1999), p. 124.
33. Ibid., pp. 122–123.
34. Ibid., p. 194.
35. Niksch, "United States Foreign Policy," p. 179.
36. NAT (2) ก.ต. 1.1.8/157. "Khaw kiawkab Lao Issara" [Report on the Lao Issara], August 6, 1946. This same group held political meetings in a local movie theater in order to recruit young men to join the Lao Issara. Ministry of Interior memos condoned these activities but stressed that they should be done in a more secretive manner to avoid problems with France.
37. Ibid., p. 189.
38. Ibid., p. 166.
39. NAT (2) ก.ต. 7.1.8/124. "Hedkan thi koed khuen chaidaen Indochin" [Thai-French Indochina Border Events], March 18, 1946.
40. NAT (2) ก.ต. 7.1.8/127. "Kanluang khaw khong nangsuephim Thai kiawkab kankratham khong rathaban Wiatmin" [Thai Newspaper Coverage of the Government of Vietnam], December 20, 1945.
41. Goscha, *Thailand and the Southeast Asian Networks*, p. 122.
42. NAT (2) ก.ต. 7.1.8/132. "Siam- French Indochina Border Incidents," p. 17.
43. The bombardment of Nakorn Phanom was especially galling, since Thais viewed France's bombing of this city in late November 1940 as the beginning of border hostilities between Thailand and French Indochina.
44. NAT ส.ป. 9.2.1/2. *Seri*, May 21, 1946.

99. E. Bruce Reynolds, "Phibun Songkhram and Thai Nationalism in the Fascist Era," *European Journal of East Asian Studies* 3:1 (2004), p. 133.
100. *Pramuan hedkan nai yuk mai khong Thai*, February 6, 1942.
101. 當泰國境內仍然駐有數以千計日軍的情況下，卻說泰國即將全面獨立，顯然很矛盾，但披汶與威集沒有對這個問題有所解釋。

第五章　一九四六年：戰後和解與對國殤的重新思考

1. Thamsook Numnonda, *Thailand and the Japanese Presence, 1941–1945* (Singapore: Institute of Southeast Asian Studies, 1977), p. vi.
2. E. Bruce Reynolds, "Phibun Songkhram and Thai Nationalism in the Fascist Era," *European Journal of Asian Studies* 3:1 (2004).
3. *Nakorn sarn*, November 21, 1946.
4. 泰國從1946到1948年國名是「暹羅」，披汶於1948年將它改回泰國。因此，本章在討論戰後最初幾年的事情時使用「暹羅」。
5. Songsri Foran, "Thai-British Relations during World War II and the Immediate Postwar Period, 1940–1946" (Paper No. 10, Thai Khadi Research Institute, Thammasat University, 1981), p. 154.
6. NAT US/1. "General Report on Conditions in Thailand," American Legation, Bangkok, Thailand, August 18, 1942.
7. Ibid.
8. Larry A. Niksch, "United States Foreign Policy in Thailand's World War II Peace Settlement with Britain and France" (Ph.D. diss., Georgetown University, 1976), p. 53.
9. NAT (2) สร. 0201.18.2/4. *Samnakngan Khosanakan khad lae tad khaw* [Ministry of Public Relations and Information].
10. *New York Times*, August 21, 1945.
11. NAT (2) สร. 0201.18.2/4. This quote is from the article, "Siam Was U.S. Friend Not Foe," featured in the *New Yorker* magazine.
12. *New York Times*, August 21, 1945.
13. Ibid., August 29, 1945.
14. NAT US/4. "Phibun Songkhram Circular Letter Addressed to Editors of Various Newspapers" (Translation), 1945.
15. Songsri, "Thai- British Relations during World War II," p. 171.
16. Ibid., pp. 213–214.
17. Ibid., p. 277.
18. *Sri krung*, September 3, 1946.
19. Songsri, "Thai- British Relations during World War II," p. 281.
20. Sodsai Khantiwiraphongse, "Prathedthai kab panha Indochin khong Farangsed"

76. Ibid., p. 29.
77. Ibid., p. 34.
78. Ibid., p. 15.
79. *Pramuan hedkan nai yuk mai khong Thai*, January 12, 1942.
80. Reynolds, "The Indian Community and Indian Independence Movement," p. 174.
81. Kesar Singh Giani, *Indian Independence Movement in East Asia: The Most Authentic Account of the I.N.A. and the Azad Hind Government* (Lahore: Singh Bros., 1947), pp. 61–62.
82. Eiji Murashima, "The Thai- Japanese Alliance and the Chinese of Thailand," p. 202.
83. Ibid.
84. NAT PO/38. J. Crosby to Lord Halifax, "French Report on Japanese- Siamese Plan for Joint Attack on British Burma and French Indochina," October 17, 1939.
85. Mary P. Callahan, *Making Enemies: War and State Building in Burma* (Ithaca, NY: Cornell University Press, 2003), pp. 52–53.
86. *Pramuan hedkan nai yuk mai khong Thai*, February 2, 1942.
87. Ibid.
88. NAT สบ. 9.2.3/5. "Nayok Rathamontri wa cha mai thing prachachon nai yam thi kamlang dai thuk," December 10, 1941.
89. Ibid., January 21, 1942.
90. NAT มท 2.2.10/5. "Sunsap khong Nayok Rathamontri klaw kae prachachon chaw Thai thang withayu kracai siang muea wan thi 27 November 1941" [Prime Minister Gives Radio Address to Thai People, November 27, 1941].
91. *Pramuan hedkan nai yuk mai khong Thai*, January 22, 1942.
92. 泰國軍方非常想占有撣邦，根據雷諾的說法，為了占有撣邦，它接受日軍向它提出的屈辱條件。See Reynolds, *Thailand and Japan's Southern Advance*, p. 116. See also Murashima, "The Commemorative Character of Thai Historiography: The 1942–43 Thai Military Campaign in the Shan States Depicted as a Story of National Salvation and the Restoration of Thai Independence," *Modern Asian Studies* 40:4 (2006), p. 1067. Tenasserim Province had once belonged to Ayutthaya before becoming a possession of the British East India trading company.
93. Murashima, "The Commemorative Character of Thai Historiography," p. 1085.
94. Ibid., p. 1074.
95. *Nikorn*, June 17, 1942.
96. Ibid. The article also contains descriptions of the natural resources surrounding Keng Tung and how they would benefit Thailand.
97. *Nikorn*, June 24, 1942.
98. Kukrit Pramoj, *Four Reigns* (Chiang Mai: Silkworm Books, 2005), p. 583.

53. *Sunsap khong phon than Chomphon Phibun Songkhram Nayok Rathamontri haeng Prathedthai tob sunsap khong phon than Nai Phonek Tojo Nayok Rathamonti haeng prathed Yipun thang withayu kracai siang* [A Radio Address from Prime Minister Phibun Songkhram of Thailand and Prime Minister Tojo of Japan] (Bangkok: Krom Khosanakan, December 23, 1941).
54. *Pramuan hedkan nai yuk mai khong Thai*, February 14, 1942.
55. Ibid., February 11, 1942.
56. Ibid., December 16, 1941.
57. Ibid., December 20, 1941.
58. Ibid., January 17, 1941.
59. *Japan Times and Advertiser*, March 14, 1941.
60. Ibid., March 12, 1941.
61. *Pramuan hedkan nai yuk mai khong Thai*, February 14, 1942.
62. Ibid., December 18, 1941.
63. NAT มท. 2.2.6/3. "Kanprachum hai samphad rawang than akharathud Yipun pracam Prathedthai kab phuthaen nangsuephim Thai" [Press Conference of Thai Reporters with the Japanese Ambassador to Thailand], April 3, 1942.
64. Eiji Murashima, "The Thai-Japanese Alliance and the Chinese of Thailand," in Kratoska, *Southeast Asian Minorities*, p. 197.
65. *Pramuan hedkan nai yuk mai khong Thai*, January 7, 1942.
66. NAT สบ. 9.2.3/4. "Kamakan Samakhom Chin khawphob than Nayok" [Chinese Commerce Group Meets with Prime Minister], *Prachamit*, December 28, 1941. Also see Eiji Murashima, "Opposing French Colonialism: Thailand and the Independence Movements in Indochina in the Early 1940s," *Southeast Asia Research* 13:3 (2005), and Reynolds, "The Indian Community and the Indian Independence Movement."
67. NAT FO/12/4059.
68. Support for Lao Issara and the Viet Minh will be discussed in the next chapter. See also Christopher E. Goscha, *Thailand and the Southeast Asian Networks of the Vietnamese Revolution: 1885–1954* (Richmond, Surrey: RoutledgeCurzon, 1999).
69. Reynolds, "The Indian Community and the Indian Independence Movement," p. 183.
70. NAT สร. 0201.33/58. "Sonthana phak India," p. 5.
71. Reynolds, "The Indian Community and the Indian Independence Movement," p. 176.
72. NAT สร. 0201.33/58. "Khamplae sonthana khong Khana Ku Issaraphab India" [Translation of the Free India Broadcast], p. 3.
73. Ibid., p. 6.
74. Ibid., p. 12.
75. Ibid., p. 13.

1924), p. 5.

34. Patrick Tuck, *The French Wolf and the Siamese Lamb: The French Threat to Siamese Independence, 1858–1907* (Bangkok: White Lotus Press, 1995), p. 121.
35. *Yomiuri Shimbun*, quoted in the *Bangkok Times*, May 31, 1941.
36. *Pramuan hedkan nai yuk mai khong Thai*, January 13, 1942.
37. *Nikorn*, July 11, 1942.
38. Ibid. The article neglects to mention how Japan also demanded extraterritorial privileges for its own citizens in Thailand.
39. *Japan Times and Advertiser*, March 12, 1941.
40. 在泰國侵入印度支那後，美國拒絕將泰國軍方已經付款的戰機交給泰國軍方，以示對泰國的不滿。
41. 泰國民眾對日本斡旋的結果感到失望，因為他們遭到宣傳誤導，以為如果戰爭可以再持續幾週，泰國軍方可以奪回更加多得多的土地（包括吳哥窟與暹粒）。See E. Bruce Reynolds, *Thailand and Japan's Southern Advance, 1940–1945* (New York: Palgrave MacMillan, 1994), pp. 49–51.
42. NAT ศร. 0701.28.27. "Thai Regards Nippon as True Friend: States Bangkok Minister in Interview."
43. Ibid.
44. Ibid.
45. *Pramuan hedkan nai yuk mai khong Thai*, December 14, 1941.
46. Reynolds, *Thailand and Japan's Southern Advance*, p. 154.
47. NAT มท. 2.2.6/10. "Chomphon Phibun Songkhram Nayok Rathamontri Prathedthai klaw kae thahan Yipun nai okad wan khuen pi mai" [Prime Minister Phibun Songkhram Gives New Year's Address to Japanese Troops], January 1, 1942.
48. NAT มท. 2.2.6/3. "Kanprachum hai samphad rawang than akharathud Yipun pracam Prathedthai kab phuthaen nangsuephim Thai" [Japanese Ambassador to Thailand Gives Interview to Thai Media), April 3, 1942.
49. Robert S. Ward, *Asia for the Asiatics: The Techniques of Japanese Occupation* (Chicago: University of Chicago Press, 1945), p. 189.
50. Okawa Shumei, "The Establishment of the Greater East Asian Order," in Joyce C. Lebra (ed.), *Japan's Greater East Asia Co-Prosperity Sphere in World War II* (Kuala Lumpur: Oxford University Press, 1975), pp. 39–40.
51. Martin W. Lewis and Kären E. Wigen, *The Myth of Continents: A Critique of Metageography* (Berkeley: University of California Press, 1997).
52. E. Bruce Reynolds, "The Indian Community and the Indian Independence Movement in Thailand during World War II," in Paul H. Kratoska (ed.), *Southeast Asian Minorities in the Wartime Japanese Empire* (London: RoutledgeCurzon, 2002), p. 172.

Pain Helps Us Remember].

17. NAT ส.บ. 9.2.1/5. *Khaw reo*, January 1, 1942.
18. NAT ส.ร. 0201.33/58. "Kham Nakhon sonthana khong Khana Ku Isaraphab India" [Broadcast of the Free India Party], August 17, 1942.
19. *Pramuan hedkan nai yuk mai khong Thai bodsonthana rawang Nai Man Chuchat kab Nai Khong Rak Thai tae 8 Thanwakhom 2484 thueng 28 Kumphaphan 2485* [Proceedings of the New Thai Era: The Conversations between Mr. Man Chuchat and Mr. Khong Rak Thai, December 8, 1941 to February 28, 1942], Samud thiraluek Nai Kanchapanakid sop nai hoksui sabsun nai Wat Traimit Withayaram [cremation volume of Mr. Kanchapanakid], June 29, 1942. See transcripts from December 24, 1941, and January 23, 1942.
20. Ibid., December 31, 1941.
21. Ibid., January 7, 1942.
22. Ibid., December 22, 1942.
23. Ibid. For a more detailed account of these events, known as the Mergui Massacre, see Dirk Van Der Cruysse, *Siam and the West: 1500–1700* (Bangkok: Silkworm Books, 1999), pp. 412–414.
24. *Pramuan hedkan nai yuk mai khong Thai*, December 13, 1941.
25. Ibid., January 2, 1942. For a more complete assessment of the tributary relationship between Bangkok, Kedah, Penang, and the British, see Thongchai Winichakul, *Siam Mapped: A History of the Geo-Body of a Nation* (Honolulu: University of Hawai'i Press, 1994), pp. 86–94.
26. *Pramuan hedkan nai yuk mai khong Thai*. See broadcast transcripts from January 3, 1942, January 7, 1942, and January 8, 1942.
27. Ibid., January 7, 1942.
28. NAT มท. 0201.2.1.14/1. "Kanphim phaenthi sadaeng railaiad kansia dindaen" [Printing of Maps to Explain Our Loss of Territory], 5291/2483. Prime Minister to Department of Interior, December 30, 1940.
29. 我在曼谷的國家紀念館向館長提問，為什麼失土地圖上沒有顯示割讓英國的土地，這是館長當時給我的解釋。
30. Suphaphorn Bumrungwong, "Kanriakrong lae kanbokrong dindaen thi khuen cak Farangsed 2483–2491" [Requesting and Governing the Territories Returned from France, 1940–1948] (Ph.D. diss., Chulalongkorn University, 2003), p. 66.
31. Kullada Kesboonchoo Mead, *The Rise and Decline of Thai Absolutism* (London: Routledge, 2009), p. 31.
32. *Pramuan hedkan nai yuk mai khong Thai*, January 4, 1942.
33. Luang Nathabanja, *Extra-territoriality in Siam* (Bangkok: Bangkok Daily Mail,

本，而是親泰國。但依我看，披汶總理的意識形態最主要是「親披汶」。到1942年1月，他為了生存，而不得不為泰國與日本暫時結盟找個理由。

2. E. Thadeus Flood, "Japan's Relations with Thailand: 1928–1941" (Ph.D. diss., University of Washington, 1967).
3. Thamsook Numnonda, *Thailand and the Japanese Presence, 1941–1945* (Singapore: Institute of Southeast Asian Studies, 1977), p. 30.
4. NAT มท. 2.2.6/3. "Kanprachum hai samphad rawang than akharathud Yipun pracam Prathedthai kab phuthaen nangsuephim Thai" [Meeting between the Japanese Ambassador to Thailand and Thai Newspaper Reporters], April 3, 1942. The ambassador warned reporters of writing stories about four sensitive issues: (1) the question of Thai Independence under Japanese occupation; (2) Japanese citizens abusing their influence for personal gain; (3) abuses of power by Japanese soldiers; and (4) concerns about the state of the Thai economy.
5. Foreign Minister Direk Jayanama observed that Phibun's popularity from 1940 to 1942 made it almost impossible to oppose him. See Thamsook, *Thailand and the Japanese Presence*, p. 17.
6. Ibid., p. 44.
7. NAT สบ. 9.2.3/5. "Nayok Rathamontri wa cha mai thing prachachon nai yam thi kamlang dai thuk" [Prime Minister States He Will Not Abandon Nation in Its Hour of Need], December 11, 1941.
8. *Nikorn*, May 23, 1941.
9. Ibid., May 24, 1941.
10. NAT สบ. 9.2.7. "Khwampenma haeng songkhram Pacific" [The Origins of the Pacific War], *Santi rasadorn*, January 6, 1942.
11. *Sri krung*, December 16, 1941.
12. For examples of pre-1932 perceptions of Japan, see Mathew Copeland, "Contested Nationalism and the 1932 Overthrow of the Absolute Monarchy in Siam" (Ph.D. diss., Australian National University, 1993), p. 64.
13. NAT ศธ. 0701.28/27. "Thai Peace Brings New Foreign Issue," *Japan Times and Advertiser*, March 14, 1941.
14. Benjamin A. Batson and Shimizu Hajime, *The Tragedy of Wanit: A Japanese Account of Wartime Thai Politics* (Singapore: Institute of Southeast Asian Studies, 1977), p. 31.
15. NAT มท. 2.2.10/6. "The Kingdom of Thailand's Declaration of War on Great Britain and the United States," January 25, 1942. It is curious that, in this official document, the accusation is leveled at the United States and not Britain, as the former had no involvement in the region at the time. The same could be said of Japan.
16. *Nikorn*, February 21, 1942. The title of the article was "Cheb laew tong cham" [The

83. "Khamboklaw khong Nai Thongma Phonprasoedmak."
84. "Khian thi ban Tha Kwian amphoe Phanom Sarakham" [An Account Written at Tha Kwian Village in Phanoam Sarakham District], *En Thailande de 1940–1945*.
85. "Raingan hedkan thi thuk thamrai" [A Report of the Assault], *En Thailande de 1940–1945*.
86. Ibid.
87. "Khamboklaw khong Nai Thongma Phonprasoedmak."
88. Ibid.
89. NAT (1) มท. 3.1.4.5/19. Letter from Governor of Chachoengsao to Ministry of Interior, December 14, 1944.
90. 披汶垮台後，普里迪成為泰國政壇最有權勢的人物。普里迪雖說非常親西方，也努力在泰國建立民主，但絕非法國帝國主義之友，他祕密支持越盟就是證明。See Christopher E. Goscha, *Thailand and the Southeast Asian Networks of the Vietnamese Revolution: 1885–1954* (Richmond, Surrey: RoutledgeCurzon, 1999).
91. NAT (1) มท. 3.1.4.9/7. Secretary of Interior Ministry to Bishop Pasotti, August 22, 1944, p. 20.
92. NAT (1) มท. 3.1.4.9/17. Pasotti to Governor of Loei Province, January 2, 1945.
93. NAT (1) มท. 3.1.4.9/7. Governor of Nakhon Phanom to district Officials and police, November 14, 1944, p. 19.
94. NAT (1) มท. 3.1.4.9/9. Nai Roen Trisathan to Governor of Phitsanulok, September 16, 1944.
95. NAT (1) มท. 3.1.4.9/18. Pasotti to Ministry of Interior, December 10, 1944.
96. 1944年，泰國政府用泰國民法取代伊斯蘭教家庭法庭與法官系統。他奈（Thanet Aphornsuwan）說，這是泰國設法讓穆斯林皈依佛教的一個辦法。See Thanet Aphornsuwan, "Malay Muslim 'Separatism' in Southern Thailand," in Michael Montesano and Patrick Jory (eds.), *Thai North and Malay South: Ethnic Interactions on a Plural Peninsula* (Singapore: NUS Press, 2008), p. 107.
97. 政府通訊中將天主教與基督教明確劃分。稱天主教徒為「羅馬天主教徒」或「崇拜天主教的人」。在再教育會議中，地方官員往往貶低天主教為「歐洲人的宗教」或「外國人的宗教」。泰血黨的宣傳更極端，稱天主教為「我們敵人（即法國人）的宗教」。值得注意的是，泰國人對基督教各宗派的理解不盡相同。
98. NAT (1) มท. 3.1.2.10/6. Ministry of Foreign Affairs to Ministry of Interior, September 30, 1942, p. 20.

第四章　泰國與泛亞主義

1. 騰蘇・努農說，在大戰開始時，泰國政府的意識形態既不親西方，也不親日

60. NAT (1) มท. 3.1.2.10/6. Pasotti to Ministry of Interior, July 20, 1942.
61. NAT (1) มท. 3.1.4.9/6. Pasotti to Charoenporn, October 26, 1942.
62. NAT (1) มท. 3.1.2.10/6. Nai Blang Thatsanapradit to Ministry of Interior, June 12, 1942, p. 118.
63. Ibid.
64. NAT (1) มท. 3.1.2.10/6. Nai Suphakidwilaekan to Ministry of Interior, August 2, 1943, p. 206.
65. NAT (1) มท. 3.1.2.10/6. R. P. Stocker to Monseigneur Drapier, pp. 229–230.
66. NAT (1) มท. 3.1.2.10/6. Guido Crolla to Nai Wichit, June 29, 1942, p. 200.
67. NAT (1) มท. 3.1.2.10/6. Correspondence from Ministry of Foreign Affairs to Ministry of Interior, June 20, 1942, p. 198.
68. NAT (1) มท. 3.1.2.10/6. Governor of Sakon Nakhon to Ministry of Interior, October 23, 1943, p. 223.
69. NAT (1) มท. 3.1.2.10/6. "Bai banthuk" [A Record of Events], July 21, 1942, p. 124.
70. NAT (1) มท. 3.1.2.10/6. Guido Crolla to Wichit, June 20, 1942, p. 123.
71. NAT (1) มท. 3.1.2.10/6. Thai Ambassador to Italy writing to Thailand's Foreign Affairs Office, September 10, 1942, p. 22. This memo reflects Thai concerns as to the level of Independence Japan would grant Thailand once the Axis powers were victorious.
72. NAT (1) มท. 3.1.2.10/6. Bishop Pasotti to Ministry of Interior—"Bai samkhan thi hok" [Memo No. 6], July 20, 1942.
73. NAT (1) มท. 3.1.4.9/6. Bishop Pasotti to Charoenphorn Phana, October 26, 1942, p. 3.
74. Ibid.
75. *Bangkok Times*, October 20, 1940.
76. "Khamboklaw khong Nai Sanan Diawsiri" [The Testimony of Nai Sanan Diawsiri], *En Thailande de 1940–1945*.
77. "Khamboklaw khong Nai Thongma Phonprasoedmak" [The Testimony of Nai Thongma Phonprasoedmak], *En Thailande de 1940–1945*.
78. "Khamboklaw khong Nai Sanan Diawsiri" [The Testimony of Nai Sanan Diawsiri], *En Thailande de 1940–1945*.
79. Ibid. *Ka fak* is a fungus that destroys mango trees.
80. "Khamboklaw khong Nai Sanan Diawsiri" [The Testimony of Nai Sanan Diawsiri], *En Thailande de 1940–1945*.
81. "Khamboklaw khong Nang Sawnklin Phonprasoedmak" [The Testimony of Mrs. Sawnklin Phonprasoedmak], *En Thailand de 1940–1945. Documents*.
82. Ibid.

Provinces], October 5, 1943, cited in *En Thailande de 1940–1945*.

40. NAT (1) มท. 3.1.4.9/13. Governor of Nong Khai to Ministry of Interior, February 23, 1944.
41. NAT (1) มท. 3.1.2.10/6. "Nang Aw Yim" [Mrs. Aw Yim], January 2, 1941, p. 163.
42. NAT (1) มท. 3.1.2.10/6. Pasotti to Ministry of Interior, July 20, 1942.
43. NAT มท. 3.1.2.10/6. Ministry of Interior to Isan and other governors, February 13, 1941, p. 207.
44. The Vichy government signed the Tokyo Peace Accord in 1941, granting Thailand four border territories. At the conclusion of World War II, the new French government disregarded the treaty and informed Thailand that a state of war would exist between the two governments until the four provinces transferred to Thailand in 1941 were returned to French Indochina.
45. NAT (1) มท. 3.1.2.10/6. Bishop Pasotti to Ministry of Interior, July 20, 1942.
46. NAT (1) มท. 3.1.4.9/7. Governor of Nakhon Phanom to Ministry of Interior, September 4, 1944, p. 12.
47. NAT (1) มท. 3.1.4.9/6. Bishop Pasotti to Ministry of Interior, "Bai samkhan thi baed" [Memo No. 8], October 26, 1942.
48. NAT (1) มท. 3.1.2.10/6. Governor of Nakhon Phanom to Ministry of Interior, July 31, 1942, p. 75.
49. NAT (1) มท. 3.1.4.9/3. Petition from citizens of Tha Rae to Ministry of Interior, August 25, 1942.
50. Robert Gostae, *Prawad kanphoeiphrae Khritasasana nai Siam lae Lao* [A History of Christian Missionary Work in Siam and Laos] (Bangkok: Suemuanchon Catholic Prathedthai, 2006), p. 659.
51. "Temoignage de Monsieur klang kham, catechiste du Diocese d'Ubon (Thailand)" [Testimony of Mr. Klang Kham, Catechist of the Ubon Diocese (Thailand)], *En Thailande de 1940–1945*.
52. Ibid.
53. "Vexations contre la mission Catholique," *En Thailande de 1940–1945*, p. 145.
54. Ibid. Following the arrest of two priests, soldiers ransacked the church in nearby Lamkhot.
55. Gostae, *Prawad kanphoeiphrae*, p. 659
56. Ibid., pp. 663–667.
57. Ibid., p. 660.
58. Ibid., p. 663.
59. Archbishop Lawrence Khai to Father Laraque, May 1, 1984, *En Thailande de 1940 —1945*.

Governor of Indochina (Bangkok, March 4, 1882). Cited in Tuck, *French Catholic Missionaries*, p. 232.

21. Monseigneur Vey, Bishop of Geraza, Vicar Apostolic of Siam, to the directors of the Societés des missions étrangeres (Bangkok, September 27, 1881). Cited in Tuck, *French Catholic Missionaries*, p. 231.
22. The 250,000 francs was a portion of the indemnity received from Siam following the Franco-Siamese crisis of 1893. Tuck, *French Catholic Missionaries*, p. 239.
23. NAT มท. 3.1.2.10/6. Memo 1331/2485, September 17, 1942.
24. NAT มท. 3.1.2.10/6. Letter from Joseph Forlazzini to Bishop Pasotti, July 8, 1942.
25. "Khana Luead Thai Phanat Nikhom" [Thai Blood Party of Phanat Nikhom], January 24, 1941, *En Thailande de 1940–1945. Documents* (Bangkok: Assumption Cathedral Printing Press, unpublished manuscript).
26. Ibid.
27. "Khana Luead Thai Phrapradaeng" [Thai Blood Party of Phrapradaeng], *En Thailande de 1940–1945*.
28. Ibid.
29. Ibid.
30. Ibid.
31. NAT (1) มท. 3.1.2.10/6. Suk Anchanand to Ministry of Interior, July 19, 1942.
32. The official used the phrase, "Khonthai doei thaeching" [A true Thai]. NAT (1) มท. 3.1.2.10/6. Ministry of Interior to the Governor of Nakhon Phanom Province, August 26, 1942.
33. NAT (1) มท. 3.1.2.10/6. Governor of Nakhon Phanom to Ministry of Interior, July 31, 1942, p. 82.
34. NAT (1) มท. 3.1.2.10/6, Ministry of Interior to Isan and other governors, February 13, 1941, p. 207.
35. NAT (1) มท. 3.1.2.10/6, "Sanoe bladkrasuang" [An Offer from the Permanent Secretary], p. 18.
36. NAT (1) มท. 3.1.2.10/6. Letter from Nakhon Phanom provincial office to Ministry of Interior, March 14, 1943, p. 55.
37. NAT (1) มท. 3.1.4.19/10. Bishop Pasotti to Ministry of Interior, September 10, 1944, p. 7.
38. NAT (1) มท. 3.1.2.10/6. Letter from Nakhon Phanom provincial office to Ministry of Interior, March 14, 1943, p. 55.
39. Memo 1517/2486. "Athibidi Krom Tamruad to phukamkabkan lae phubangkhabkong nai Kanchanaburi, Ratchaburi, lae Samut Songkhram" [Message from Police Commissioner to Officials in Kanchanaburi and Samut Songkhram

位。也因此，本書有關這段期間的討論儘管似乎比較偏重天主教人士，我確實盡了一切努力向雙方求證，以盡可能平衡的方式對事件經過做出說明。

3. E. Thadeus Flood, "The 1940 Franco-Thai Border Dispute and Phibun Songkhram's Commitment to Japan," *Journal of Southeast Asian History* 10:2 (September 1969), p. 304.
4. Thamsook Numnonda, *Thailand and the Japanese Presence, 1941–1945* (Singapore: Institute of Southeast Asian Studies, 1977).
5. 前國王巴差提普在接受訪問時證實了這件事。他在訪問中說，泰國所以這麼熱中於「失落土地」，不是因為受日本人影響，而是因為這是卻克里王朝一直念念不忘的議題。NAT ก.ต. 1.2/8. *Singapore Free Press* interview, February 26, 1941.
6. Eiji Murashima, "The Commemorative Character of Thai Historiography: The 1942–43 Thai Military Campaign in the Shan States Depicted as a Story of National Salvation and the Restoration of Thai Independence," *Modern Asian Studies*, 40:4 (2006), p. 1093.
7. E. Bruce Reynolds, "Phibun Songkhram and Thai Nationalism in the Fascist Era," *European Journal of East Asian Studies*, 3:1 (2004).
8. Michael Murdock, *Disarming the Allies of Imperialism: The State, Agitation, and Manipulation during China's Nationalist Revolution, 1922–1929* (Ithaca, NY: Cornell East Asia Series, 2006), p. 111.
9. Patrick Tuck, *French Catholic Missionaries and the Politics of Imperialism in Vietnam, 1857–1914: A Documentary Survey* (Liverpool: Liverpool University Press, 1987), p. 228.
10. Pussadee Chandavimol, *Wiatnam nai Mueang Thai* [The Vietnamese in Thailand] (Bangkok: Thailand Research Fund, 1998), p. 254.
11. James Patrick Daughton, *An Empire Divided: Religion, Republicanism, and the Making of French Colonialism, 1880–1914* (Oxford: Oxford University Press, 2006), p. 83.
12. Ibid., p. 256.
13. Ibid., p. 262.
14. Ibid.
15. Ibid., p. 256.
16. Ibid., p. 257.
17. Ibid., p. 263.
18. Ibid., p. 264.
19. Ibid., p. 265.
20. Jules Harmand, French Consul General in Siam, to Charles Le Myre de Villers,

105. *Nikorn*, January 31, 1941.
106. 讓泰國外交官大失所望的是，這項協議不包括詩梳風與吳哥窟，它們仍是法屬印度支那一部分。The Thai tried again, however, to acquire Preah Vihear (see chapter 6).
107. Kobkua, *Thailand's Durable Premier*, p. 261.
108. *Bangkok Times*, June 10, 1941.
109. NAT ศร. 0701.48/12. See also *Khaw phab*, October 19, 1940.
110. *Bangkok Chronicle*, June 5, 1941.
111. *Nikorn*, April 2, 1941.
112. *Bangkok Chronicle*, June 23, 1941.
113. 達信是尖竹汶的貴族，曾在大城王軍中帶兵打仗。在大城遭緬甸軍摧毀之後，他組織暹羅軍殘部，在吞武里建立新都。他在1768年加冕為新暹羅王。
114. NAP (National Assembly of Thailand Library, National Assembly Proceedings), *Raingan kanprachum Ratsapha*, May 9, 1941, pp. 118–119.

第三章　國恥論與反天主教

1. NAT มท. 3.1.2.10/6. Bishop Pasotti to Ministry of Interior, August 24, 1942.
2. 在這裡有必要對資料來源議題做進一步說明。沒錯，這一章的資料來源比較偏重天主教的觀點，對泰國政府的觀點較少著墨。所以這麼做，有幾個理由。其中最明顯的理由是，泰國政府知道大戰結束後會遭到追究，因此採取許多管制文件紀錄的措施。天主教的消息來源比較豐富，對事件過程的描述也詳盡得多。我在文中採用了幾個受害天主教徒的目擊報告，他們的說法擲地有聲，非任何政府備忘錄可堪比擬。主教帕索提的訴請信也是重要引用來源。這些信件內容雖說代表天主教觀點，但它們是存在內政部檔案室裡政府紀錄的一部分。有關泰國政府觀點的部分，我引用的資料幾乎完全來自內政部檔案室。

   有關泰國政府觀點的部分，我找到三大類文件來源。由於宗教事務屬於內政部該管，這些資料幾乎完全來自內政部檔案室。第一類文件來源涉及內政部對帕索提主教的回覆。這些信件一般都對帕索提的要求表示拒絕；舉例說，拒絕歸還天主教教產，或是拒絕解除政府對天主教聚會的禁令等。儘管這些備忘錄沒有詳細解釋政府政策，它們間接證實了帕索提的指控：政府確實沒收了天主教教產，並禁止天主教聚會。

   第二類內政部文件包括來自各府的通訊。內政部有關天主教會的原始指令已經找不到了，但檔案中還留存負責執行內政部反天主教政策的府尹寫的幾封信。這些信提供了有關這項政策的重要細節，並且顯示地方官僚對這項政策的執行有很大影響力。

   政府備忘錄還有最後一個難纏的問題，就是反天主教政策的大反轉。從1944年7月起，內政部下了許多指令，要地方當局竭盡全力重建天主教在戰前的地

Oubone" [A Notice from the Governor of Ubon Province], November 28, 1940.

74. *Bangkok Times*, December 14, 1940.
75. *Pramuan Wan*, October 23, 1940; *Varasab*, October 29, 1940; *Suphab burut*, October 30, 1940.
76. NAT มท. 2.2.9/9.
77. *Bangkok Times*, October 18, 1940.
78. Barmé, *Luang Wichit Wathakan*, p. 168.
79. 普里迪甚至寫了一齣名為《白象國王》的歷史劇，希望說服國人，和平解決是最佳之道。See Suphaphorn, "Kanriakrong lae kanbokrong dindaen," pp. 53–54.
80. *Thai rashdra*, November 11, 1940.
81. *Bangkok Chronicle*, November 21, 1940.
82. *Nikorn*, January 13, 1941.
83. NAT PO/108.
84. *Nikorn*, April 11, 1941.
85. *Siam rashdra*, October 14, 1940.
86. *Bangkok Times*, October 21, 1940.
87. *Nikorn*, January 9, 1941.
88. *Khaw phab*, October 18, 1940.
89. AOM Indochine/GG/CM 604, no. 1090/2 SRM, November 12, 1940.
90. *Nikorn*, January 4, 1941.
91. *Bangkok Times*, October 5, 1940.
92. *Suphab burut*, October 7, 1940.
93. Suphaphorn, "Kanriakrong lae kanbokrong dindaen," p. 72.
94. *Bangkok Times*, October 9, 1941.
95. Ibid., October 16, 1940.
96. AOM Indochine/GG/CM 1159, note no. 1168289, "Letter from Inspector Georges Nadaud to Chef de Cabinet Militaire de Gouvernor General," November 7, 1940.
97. Direk, *Thailand and World War II*, p. 34.
98. NAT มท. 0201.2.14/4.
99. NAT มท. 2.2.9/14.
100. NAT มท. 2.2.9/17.
101. *Suphab burut*, October 3, 1940.
102. For examples of Catholic priests marching in the Yanawa district procession, see *Bangkok Times*, October 23, 1941. For a record of donations by Chinese merchants, see NAT มท. 2.2.9/12.
103. NAT มท. 2.2.9/6.
104. Barmé, *Luang Wichit Wathakan*, p. 167.

45. *Yudhakos* 47:11, August 10, 1939.
46. Sodsai Khantiwiraphongse, *Khwamsamphan khong Thai kab prathed tawantok* [Thailand's Relations with Western Countries] (Bangkok: Khled Thai Publishing, 1974), p. 79.
47. Ivarsson, "Making Laos 'Our' Space," p. 251.
48. *Bangkok Chronicle*, October 21, 1940.
49. Krom Khosanakan, *Khamprasai khong phon than Nayok Rathamontri*.
50. *Khaw phab*, October 19, 1940.
51. *Thai rashdra*, October 16, 1940.
52. *Sri krung*, October 29, 1940. See also *Khaw phab*, October 21, 1940.
53. *Bangkok Times*, November 22, 1940.
54. Barmé, *Luang Wichit Wathakan*, p. 168.
55. *Khaw phab*, November 5, 1940.
56. NAT สบ. 9.2.3/4.
57. Barmé, *Luang Wichit Wathakan*, p. 168.
58. *Khaw phab*, November 5, 1940.
59. *Nikorn*, March 14, 1941.
60. AOM Indochine/GG/CM 569, "Lettre de l'Okhna Kateanuraka, Chaukaykhet de Battambang–Minist. de l'Interieure et des Cultes" [A Letter from Okhna Kateanuraka of Chaukaykhet in Battambang Province to the Minister of the Religion and the Interior], January 17, 1941.
61. *Khaw phab*, October 19, 1940.
62. *Thai samit*, October 11, 1940.
63. *Bangkok Chronicle*, January 9, 1941.
64. Alexandre Varenne, "Indochina in the Path of Japanese Expansion," *Foreign Affairs* 27 (October 1938).
65. NAT FO/12/4059.
66. *Thai rashdra*, October 21, 1940.
67. AOM Indochine/GG/CM 563, note no. 9727.
68. AOM Indochine/GG/CM 604, no. 1090/2.SRM.
69. Ivarsson, "Making Laos 'Our' Space," p. 258.
70. Bangkok Times, October 21, 1940.
71. NAT ส.บ. 9.2.3/4.
72. AOM Indochine/GG/CM 563, "Lettre de M. Beaulieu–M. Le Resident Superieur au Laos" [A Letter from M. Beaulieu to the Resident Superior in Laos], December 19, 1940.
73. AOM Indochine/GG/CM 1159, "Traduction: Avis du Gouvernor de la province de

Farangsed, 2483–2491" [Requesting and Governing the Territories Returned from France, 1940–1948] (Ph.D. diss., Chulalongkorn University, 2003), p. 38.

22. Ivarsson, "Making Laos 'Our' Space," p. 243.
23. NAT ศธ. 0701.48/12.
24. *Thai rashdra*, October 18, 1940.
25. *Nikorn*, April 18, 1941.
26. *Bangkok Chronicle*, January 10, 1941.
27. *Thai rashdra*, October 4, 1940.
28. For a more complete discussion on the evolution of the lost territories, see Thongchai Winichakul, *Siam Mapped: A History of the Geo-Body of a Nation* (Honolulu: University of Hawai'i Press, 1994).
29. Ivarsson, "Making Laos 'Our' Space," p. 243.
30. Virginia Thompson, "Thailand Irredenta— Internal and External," *Far East Survey* 9:21 (October 23, 1940), p. 248.
31. 在遭到英國領事館抗議之後，披汶發出備忘錄指示內政部官員，以後只能印製遭法國奪占土地的地圖。See NAT มท. 0201.2.1.14/1.
32. Suphaphorn, "Kanriakrong lae kanbokrong dindaen," p. 66.
33. *Bangkok Chronicle*, January 4, 1941.
34. Ivarsson, "Making Laos 'Our' Space," p. 245.
35. Wichit Wathakan, *Prathedthai: Rueang kansia dindaen kae Farangsed* [How Thailand Lost Its Territories to France] (Bangkok: Krom Khosanakan, 1940).
36. *Bangkok Chronicle*, January 4, 1941.
37. NAT ศธ. 0701.48/12.
38. NAT ศธ. 0701.48/8.
39. Thongchai, *Siam Mapped*, p. 152.
40. Patrick Tuck, The *French Wolf and the Siamese Lamb: The French Threat to Siamese Independence, 1858–1907* (Bangkok: White Lotus Press, 1995), p. 29. For a discussion of the contest for upper Laos, see p. 89.
41. David Streckfuss, "The Mixed Colonial Legacy in Siam: Origins of Thai Racialist Thought, 1890–1910," in Laurie J. Sears (ed.), *Autonomous Histories, Particular Truths: Essays in Honor of John R. W. Smail* (Madison: University of Wisconsin Center for Southeast Asian Studies, Monograph No. 11, 1993), pp. 123–153.
42. Ivarsson, "Making Laos 'Our' Space," p. 249.
43. William Clifton Dodd, *The Tai Race: Elder Brother of the Chinese* (Cedar Rapids, IA: Torch Press, 1923).
44. Scott Barmé, *Luang Wichit Wathakan and the Creation of a Thai Identity* (Singapore: Institute of Southeast Asian Studies, 1993), p. 125.

pp. 304–325.

3. Kobkua Suwannathat-Pian, *Thailand's Durable Premier: Phibun through Three Decades, 1932–1957* (Kuala Lumpur: Oxford University Press, 1995), p. 254.
4. NAT ก.ต. 1.2/8. *Singapore Free Press* interview, February 26, 1941.
5. France treated the Mekong as a French river and levied taxes on Thai commercial use. In 1935, French regulations prevented a Chiang Rai businessman from using the Mekong to float timber down to Saigon. See Direk Jayanama, *Thailand and World War II* (Chiang Mai: Silkworm Books, 2008), p. 11.
6. Flood, "1940 Franco-Thai Dispute," p. 307.
7. Kobkua, *Thailand's Durable Premier*, p. 255.
8. Direk, *Thailand and World War II*, p. 16.
9. Flood, "1940 Franco-Thai Dispute," pp. 309–310.
10. Direk, *Thailand and World War II*, p. 23.
11. Kobkua, *Thailand's Durable Premier*, pp. 257–258.
12. Soren Ivarsson, "Making Laos 'Our' Space: Thai Discourse on History and Race, 1900–1941," in Christopher E. Goscha and Soren Ivarsson (eds.), *Contesting Visions of the Lao Past: Lao Historiography at the Crossroads* (Copenhagen: Nordic Institute of Asian Studies, 2003), p. 256.
13. *Bangkok Chronicle*, September 14, 1940.
14. Flood, "1940 Franco-Thai Dispute," p. 325.
15. Krom Khosanakan, *Khamprasai khong phon than Nayok Rathamontri klaw kae muanchon chaw Thai thang withayu kracai siang wan thi 20 Tulakhom 1940 rueang kanprabprueng senkheddaen dan Indochin* [The prime minister's radio address to the Thai people on October 20, 1940, regarding the question of the border with French Indochina] (Bangkok: Krom Khosanakan).
16. 雷諾寫道，披汶（未經內閣同意）祕密向日本保證，如果日本支持他的收復失土主張，他就讓日軍安全通過泰國，攻擊新加坡。不過披汶之後反悔，並在1942年12月被迫履約。See E. Bruce Reynolds, *Thailand and Japan's Southern Advance, 1940–1945* (New York: Palgrave MacMillan, 1994), p. 38.
17. Flood, "1940 Franco-Thai Dispute," p. 325.
18. Thamrongsak Phertlert-anan, "Kanriakrong dindaen P.S. 2483" [Requesting Territories in 1940], *Samut Sangkhomsat* 12:3–4 (1990), pp. 23–81.
19. Ivarsson, "Making Laos 'Our' Space," p. 242.
20. 人民黨在執政之初就說，泰國不能再像過去一樣任由西方國家剝削。See Charnvit Kasetsiri, "The First Phibun Government and Its Involvement in World War II," *Journal of the Siam Society* 62:2 (1974), pp. 48–49.
21. Suphaphorn Bumrungwong, "Kanriakrong lae kanbokrong dindaen thi khuen cak

Monarchy in Siam" (Ph.D. diss., Australian National University, 1993), p. 14.
22. Ibid.
23. Patrick Tuck, *The French Wolf and the Siamese Lamb: The French Threat to Siamese Independence, 1858–1907* (Bangkok: White Lotus Press, 1995), p. 126.
24. Ibid., pp. 294–296.
25. Ibid., p. 179.
26. Ibid., p. 180.
27. Ibid.
28. Ibid.
29. Wyatt, *Thailand*, p. 191.
30. Ibid., p. 192.
31. 直到1919年，美國沒有與暹羅簽過任何可以與1907年暹羅與法國，以及1909年暹羅與英國相比的條約，所以與美國簽訂新約是暹羅的政策優先。See Peter B. Oblas, "A Very Small Part of World Affairs: Siam's Policy on Treaty Revision and the Paris Peace Conference," *Journal of Siam Society* 59:2 (1971), p. 58.
32. Ibid., p. 62.
33. 暹羅所以想宣戰，並不完全為了修改不平等條約，它同時也反映拉瑪六世提升國家地位的戰略。See Walter F. Vella, *Chaiyo! King Vajiravudh and the Development of Thai Nationalism* (Honolulu: University of Hawai'i Press, 1978), pp. 109–110.
34. Oblas, "A Very Small Part of World Affairs," pp. 62–63.
35. Ibid., p. 65.
36. Pridi Phanomyong, *Pridi by Pridi: Selected Writings on Life, Politics, and Economy* (Bangkok: Silkworm Books, 2000), p. 180.
37. David Wyatt provides an example of this narrative. He describes the signing of the 1926 treaties in the following terms: "The long battle was finally won; Siam had finally regained its sovereignty." See Wyatt, *Thailand*, p. 219.
38. Stefan Hell, *Siam and the League of Nations: Modernization, Sovereignty, and Multilateral Diplomacy, 1920–1940* (Bangkok: River Books, 2010), pp. 43–44.

第二章　國恥論的誕生

1. 這種作法的最有名的例子，是佛珍妮亞・湯普森（Virginia Thompson）的《泰國：新暹羅》（*Thailand: The New Siam*）(New York: MacMillan, 1941). See also J. L. Christian and Nabutake Ike, "Thailand in Japan's Foreign Relations," *Pacific Affairs* 15 (June 1942): pp. 195–221.
2. E. Thadeus Flood, "The 1940 Franco-Thai Border Dispute and Phibun Songkhram's Commitment to Japan," *Journal of Southeast Asian History* 10:2 (September 1969),

33. 騰蘇・努農的說法，是泰國學者以「竹子外交」解釋泰國外交政策的又一例證。但如果要相信泰國經歷多場衝突戰亂始終保持獨立，我們就得忽略許多史實，包括日本在1941年入侵、披汶對盟國宣戰、數以千計日軍在二戰期間進駐泰國，以及戰後英國殖民軍進駐等等。
34. Callahan, "Beyond Cosmopolitanism and Nationalism," p. 497.

第一章　架構損失：廢除暹羅的不平等條約

1. Luang Nathabanja, *Extra-territoriality in Siam* (Bangkok: Bangkok Daily Mail, 1924), p. 5.
2. M. B. Hooker, *Laws of Southeast Asia, vol. 2: European Laws in Southeast Asia* (Singapore: Butterworth and Company, 1988), p. 535.
3. David Wyatt, *Thailand: A Short History* (New Haven, CT: Yale University Press, 2003), p. 168.
4. Lysa Hong, " 'Stranger within the Gates': Knowing Semi-Colonial Siam as Extraterritorials," *Modern Asian Studies* 38:2 (2004), p. 350.
5. Luang Nathabanja, *Extra-territoriality in Siam*, pp. 2–3.
6. Ibid., p. 5.
7. Ibid., p. 6.
8. Ibid., p. 25.
9. Ibid., p. 38.
10. Kullada Kesboonchoo Mead, *The Rise and Decline of Thai Absolutism* (London: Routledge, 2009), pp. 1–3.
11. B. J. Terwiel, "The Bowring Treaty: Imperialism and the Indigenous Perspective," *Journal of Siam Society* 79:2 (1991), p. 43.
12. Ibid., p. 27.
13. Ibid., pp. 27–28.
14. Ibid., p. 30.
15. Ibid., pp. 30–31.
16. Ibid., p. 31 (italics mine).
17. Luang Nathabanja, *Extra-territoriality in Siam*, p. 25.
18. Constance Wilson, "State and Society in the Reign of Mongkut, 1851–1868: Thailand on the Eve of Modernization" (Ph.D. diss., Cornell University, 1970), p. 363.
19. Thongchai Winichakul, *Siam Mapped: A History of the Geo-Body of a Nation* (Honolulu: University of Hawai'i Press, 1994), p. 88.
20. Wilson, "State and Society," pp. 538–541.
21. Mathew Copeland, "Contested Nationalism and the 1932 Overthrow of the Absolute

16. David K. Wyatt, *Thailand: A Short History* (New Haven, CT: Yale University Press, 2003), pp. 189–190.
17. 它同時也證實，國土的喪失是王室傳承中令人尷尬的一面。
18. Vamik Volkan, *Bloodlines: From Ethnic Pride to Ethnic Terrorism* (New York: Farrar, Straus and Giroux, 1997), p. 147.
19. Ibid.
20. Volkan lists many such examples. The Czechs hold onto the memory of Bila Hora, the Lakota retain images of Wounded Knee, and Crimean Tartars define themselves by the shared experience of being deported from the Crimea. See Volkan, *Bloodlines*, p. 49.
21. 電影《暹羅玫瑰》（*Siamese Renaissance*）大體上根據的就是泰國小說《情牽兩世》（*Thawiphob*）。
22. Rachel Harrison, "Mind the Gap: (En)countering the West and the Making of Thai Identities on Film," in Harrison and Jackson (eds.), *Ambiguous Allure of the West*, p. 114.
23. There are several accounts of this incident. See Lawrence Palmer Briggs, "The Aubaret versus Bradley Case at Bangkok, 1866–1867," *Far Eastern Quarterly* 6:3 (1947), pp. 262–282.
24. Baker and Pasuk, *A History of Thailand*, pp. 76–77.
25. Harrison and Jackson, *Ambiguous Allure of the West*, pp. 52–53.
26. Ibid., p. 12.
27. Benedict Anderson, "The State of Thai Studies: Studies of the Thai State," in Eliezer B. Ayal (ed.), *The Study of Thailand: Analyses of Knowledge, Approaches, and Prospects in Anthropology, Art History, Economics, History, and Political Science*, Southeast Asia series, no. 54 (Athens: Ohio University Center for International Studies, 1978), p. 197.
28. Harrison and Jackson, *Ambiguous Allure of the West*, p. 12.
29. See Kasian Tejapira, *Commodifying Marxism: The Formation of Modern Thai Radical Culture, 1927–1958* (Kyoto: Kyoto Areas Studies on Asia No. 3, 2001); Thongchai Winichakul. "The Quest for *'Siwilai'*: A Geographical Discourse of Civilizational Thinking in the Late Nineteenth and Early Twentieth-Century Siam." *Journal of Asian Studies* 59:3 (2002); Maurizio Peleggi, *Lords of Things: The Fashioning of the Siamese Monarchy's Modern Image* (Honolulu: University of Hawai'i Press, 2002).
30. Peleggi, *Lords of Things*, p. 6.
31. Harrison and Jackson, *Ambiguous Allure of the West*.
32. *Wan khru*, January 19, 1938.

附註

前言　泰國史話中的「失落」概念

1. *Bangkok Post*, March 1, 2001.
2. Rachel Harrison makes this point in her introduction. See Rachel V. Harrison and Peter A. Jackson (eds.), *The Ambiguous Allure of the West: Traces of the Colonial in Thailand* (Hong Kong: Hong Kong University Press, 2010).
3. Marc Askew (ed.), *Legitimacy Crisis in Thailand* (Chiang Mai: Silkworm Books, 2010), p. 14.
4. Thongchai Winichakul, "Siam's Colonial Conditions and the Birth of Thai History," in Volker Grabowsky (ed.), *Southeast Asian Historiography: Unraveling the Myths* (Bangkok: River Books, 2011), p. 21.
5. Ibid.
6. 威集・瓦他幹的姓氏前面冠有「鑾」（Luang）這個字，以彰顯他的皇室身分。See Pra-onrat Buranamat, *Luang Wichitwathakan kap lakhon prawattisat* [The Historical Plays of Luang Wichitwathakan] (Bangkok: Thammasat University Press, 1985), p. 168.
7. Chris Baker and Pasuk Phongpaichit, *A History of Thailand* (Cambridge: Cambridge University Press, 2005), p. 45.
8. 「竹子外交」這個概念，直到今天仍在泰國外交政策學者間流行。For a recent example, see Arne Kislenko, "Bending with the Wind: The Continuity and Flexibility of Thai Foreign Policy," *International Journal* 57:4 (August 2002), pp. 537–561.
9. Thamsook Numnonda, *Thailand and the Japanese Presence, 1941–1945* (Singapore: Institute of Southeast Asian Studies, 1977), p. vi.
10. For an explanation of how Western spatial conceptions replaced traditional understandings of geography, see Thongchai Winichakul, *Siam Mapped: A History of the Geo-Body of a Nation* (Honolulu: University of Hawai'i Press, 1994).
11. Lysa Hong, " 'Stranger within the Gates': Knowing Semi-Colonial Siam as Extraterritorials," *Modern Asian Studies* 38:2 (2004), p. 5.
12. William A. Callahan, "Beyond Cosmopolitanism and Nationalism: Diasporic Chinese and Neo-Nationalism in Thailand," *International Organization* 57:3 (2003), pp. 481–517.
13. Noel Alfred Battye, "The Military, Government and Society in Siam, 1868–1910: Politics and Military Reform during the Reign of Chulalongkorn" (Ph.D. diss., Cornell University, 1974), p. 315.
14. 所謂「RS 112」是「Rthanakosin Era」的簡稱，指卻克里王朝紀元112年。
15. Thongchai, "Siam's Colonial Conditions," p. 30.

South書房2

從暹羅到泰國：失落的土地與被操弄的歷史

2019年6月初版 定價：新臺幣390元

著者	Shane Strate
譯者	譚天
叢書編輯	王盈婷
校對	馬文穎
內文排版	林婕瀅
封面設計	廖韡
編輯主任	陳逸華

出版者	聯經出版事業股份有限公司
地址	新北市汐止區大同路一段369號1樓
編輯部地址	新北市汐止區大同路一段369號1樓
叢書主編電話	(02)86925588轉5316
台北聯經書房	台北市新生南路三段94號
電話	(02)23620308
台中分公司	台中市北區崇德路一段198號
暨門市電話	(04)22312023
台中電子信箱	e-mail：linking2@ms42.hinet.net
郵政劃撥帳戶	第0100559-3號
郵撥電話	(02)23620308
印刷者	文聯彩色製版印刷有限公司
總經銷	聯合發行股份有限公司
發行所	新北市新店區寶橋路235巷6弄6號2樓
電話	(02)29178022

總編輯	胡金倫
總經理	陳芝宇
社長	羅國俊
發行人	林載爵

行政院新聞局出版事業登記證局版臺業字第0130號

本書如有缺頁，破損，倒裝請寄回台北聯經書房更換。 ISBN 978-957-08-5307-0 (平裝)
聯經網址：www.linkingbooks.com.tw
電子信箱：linking@udngroup.com

國家圖書館出版品預行編目資料

從暹羅到泰國：失落的土地與被操弄的歷史/
Shane Strate著．譚天譯．初版．新北市．聯經．2019年6月
（民108年）．344面．14.8×21公分（South書房2）
譯自：The lost territories: Thailand's history of national humiliation
ISBN 978-957-08-5307-0（平裝）

1.泰國史

738.21 1080055703